क्या आप मां बनने जा रही हैं......?

गर्भावस्था में देखभाल

सुरक्षित मातृत्व हेतु उपयोगी

I0153245

वी एण्ड एस पब्लिशर्स

प्रकाशक

वी एण्ड एस पब्लिशर्स

F-2/16, अंसारी रोड, दरियागंज, नई दिल्ली-110002
☎ 23240026, 23240027 • फैक्स: 011-23240028
E-mail: info@vspublishers.com • *Website:* www.vspublishers.com

क्षेत्रीय कार्यालय : हैदराबाद
5-1-707/1, ब्रिज भवन (सेन्ट्रल बैंक ऑफ इण्डिया लेन के पास)
बैंक स्ट्रीट, कोटी, हैदराबाद-500 095
☎ 040-24737290
E-mail: vspublishershyd@gmail.com

शाखा : मुम्बई
जयवंत इंडस्ट्रिअल इस्टेट, 2nd फ्लोर - 222,
तारदेव रोड अपोजिट सोबो सेन्ट्रल मॉल, मुम्बई - 400 034
☎ 022-23510736
E-mail: vspublishersmum@gmail.com

फ़ॉलो करें:

हमारी सभी पुस्तकें **www.vspublishers.com** पर उपलब्ध हैं

मुद्रक: रेप्रो नॉलेजकास्ट लिमीटेड, ठाणे

प्रस्तावना

गर्भावस्था प्रत्येक महिला के जीवन की एक महत्त्वपूर्ण अवस्था है, जिसमें उसे न सिर्फ अपना बल्कि अपने होने वाले शिशु के स्वास्थ्य का ध्यान रखना पड़ता है। गर्भावस्था में उसे विशेष रूप से उचित खानपान, व्यायाम, चिकित्सकीय जांच तथा जरूरत पड़ने पर कुछ दवाओं की भी आवश्यकता पड़ती है।

प्रस्तुत पुस्तक में गर्भावस्था में देखभाल से जुड़ी प्रत्येक छोटी-से छोटी बातों का ध्यान रखा गया है। जिसमें डॉक्टर से परामर्श, गर्भावस्था की समस्याएं एवं समाधान, योगासन एवं व्यायाम, गर्भावस्था के दौरान सेक्स, गर्भपात एवं प्रसव के बारे में विस्तारपूर्वक वर्णन किया गया है। पुस्तक में आवश्यक जगहों पर मातृत्त्व से जुड़ी शारीरिक प्रणाली को चित्रों तथा तालिकाओं द्वारा दर्शाया गया है।

आजकल हमारे देश में एकल दम्पत्ति की संख्या में बेतहशा वृद्धि देखी जा रही है। ऐसे में गर्भधारण करने जा रही प्रत्येक महिला तथा गर्भवती के लिए गर्भावस्था के दौरान वह अपनी देखभाल कैसे करें, इसका समुचित ज्ञान होना आवश्यक है। पुस्तक में समाज में फैली गर्भावस्था से जुड़ी कुछ भ्रान्तियों के समाधान भी दिये गये हैं।

यद्यपि पुस्तक की भाषा आसान एवं सहज है, फिर भी पुस्तक में प्रयोग किए कठिन शब्दों के साथ उसके अंग्रेजी रूपान्तर दिए गये हैं जिससे उन्हें समझने में कोई कठिनाई न हो।

विषय-सूची

1

गर्भावस्था के लक्षण

सामान्य रूप से गर्भावस्था 13 से 50 वर्ष तक की अवस्था में हो सकता है। सामान्य रूप से गर्भावस्था 40 सप्ताह अथवा 280 दिन की मानी जाती है। गर्भावस्था की गणना रजोस्राव चक्र के अन्तिम दिन से प्रसव के दिन तक की जाती है। गर्भावस्था की पहचान कुछ विशेष संकेतों तथा लक्षणों द्वारा की जाती है। लक्षण और संकेत, दोनों को सम्मिलित करके डॉक्टर गर्भावस्था की पहचान करता है। संकेत और लक्षणों को तीन भागों में विभक्त किया जा सकता है, जैसे विधायक संकेत, सम्भाव्य संकेत तथा पूर्वकल्पित या व्यक्तिगत संकेत।

विधायक संकेत चौथे मास के बाद ही पहचान में आते हैं। भ्रूण के हृदय की गति को सुनना एवं गिनना, परीक्षण द्वारा भ्रूण की सक्रिय गतिशीलता का ज्ञान, एक्सरे द्वारा भ्रूण के कंकाल को पहचानना आदि विधायक संकेत के अन्तर्गत आते हैं। सम्भाव्य संकेतों को बहुत जल्द पहचाना जा सकता है। पेट के भाग का बढ़ जाना, गर्भाशय की आकृति, आकार एवं बनावट में परिवर्तन, ग्रीवा में परिवर्तन, गर्भाशय की पेशियों का लगातार, पीड़ा रहित, अनियमित प्रकुंचन, भ्रूण की स्थिति की रूपरेखा को निर्धारित करना, वजन का बढ़ना आदि संभाव्य संकेत के अन्तर्गत आते हैं। मासिक धर्म का रुक जाना, स्तनों का बढ़ना, पीड़ा होना, चूचुकों के रंग में परिवर्तन आना, उल्टी आना, जी का मिचलाना, गर्भ स्पन्दन या भ्रूण का हिलना, योनि एवं ग्रीवा का रंग नीला होना, बार-बार मूत्र त्याग करना आदि पूर्वकल्पित या व्यक्तिगत संकेत के अन्तर्गत आते हैं।

गर्भावस्था की पहचान अवधि के अनुसार दो तरह से की जाती है–

1. प्रथम 5 माह के संकेत एवं लक्षण,
2. द्वितीय 5 माह के संकेत एवं लक्षण।

गर्भावस्था के लक्षण (Symptoms of Pregnancy)

प्रथम 5 माह की अवधि के लक्षण

(1) **मासिक चक्र का रुक जाना**–मासिक चक्र के रुकने के कई कारण हैं। जैसे–संवेगात्मक तनाव, हार्मोन का असंतुलन, स्थानीय गर्भाशयी स्थिति, वातावरण या परिवेश में बदलाव, नाड़ी विकास आदि। लेकिन यदि किसी स्त्री का रजोधर्म नियमित रहा हो और अचानक मासिक चक्र रुक जाए तो गर्भ की संभावना बढ़ जाती है। बच्चे को दूध पिलाते समय भी ऋतु स्राव नहीं होता है। यदि मासिक धर्म के रुकने के साथ ही साथ, स्तनों का बढ़ना, बार-बार मूत्र त्याग करना आदि लक्षण भी मौजूद हों तो स्त्री के गर्भवती होने की प्रबल संभावना होती है।

(2) **जी मिचलाना और उल्टी आना**–जी मिचलाना और उल्टी आना गर्भवती स्त्री के सामान्य लक्षण हैं। प्रातःकाल गर्भवती स्त्री का जी मिचलाना व उल्टी आना सामान्य सी बात है। गर्भ धारण करने के उपरान्त छठे सप्ताह से बारहवें सप्ताह तक यह लक्षण अत्यन्त सामान्य है। लेकिन चौदहवें सप्ताह के बाद यह लक्षण विलीन होते देखे गए हैं। जी मिचलाना व उल्टी आने का एक कारण यह भी हो सकता है कि रक्त में शोनेडोट्रोपिन-जरायु युक्त हार्मोन के प्रभाव से आमाशय की गतिविधियों पर नियन्त्रण कम हो जाता है। अधिक वमन से रक्त गाढ़ा पड़ने लगता है और अम्लीयता की स्थिति उत्पन्न हो सकती है। इस समय निर्जलीकरण की स्थिति भी उत्पन्न हो सकती है। अतः यदि दो से अधिक बार वमन होता है तो इस स्थिति को असामान्य समझकर तुरन्त डॉक्टर की सलाह लेना उचित होगा। यह लक्षण 50% स्त्रियों में ही पाया जाता है। इसमें जिह्वा साफ होती है और स्वास्थ्य भी साधारण होता है। यह लक्षण सुबह के अतिरिक्त दोपहर के भोजन के पश्चात् भी देखा जा सकता है।

(3) **स्तनों के आकार और आकृति में बदलाव**–गर्भवती स्त्री के स्तनों के आकार व आकृति में बदलाव आता है जैसे, स्तनों के आकार में वृद्धि होती है, वे नरम होने लगते हैं और इनमें कभी-कभी पीड़ा भी होती है। इस अवस्था में स्तनों के आकार बड़े हो जाते हैं और चुचूकों का रंग गहरा होने लगता है। शिराओं का जाल बढ़ने लगता है और इनमें गाँठे पड़ने जैसा अनुभव होने लगता है लेकिन वास्तव में छूने पर अपेक्षाकृत नरम प्रतीत होते हैं। चुचूकों के रंग का गहरा होना स्थायी होती है। कभी-कभी चुचूकों से साफ पीले रंग के तरल पदार्थ का स्राव भी होता है। गर्भावस्था में पेट के आकार की वृद्धि से पहले ही स्तनों के वृद्धि को देखा जा सकता है।

(4) **बार-बार मूत्र त्यागना**–गर्भाधान के प्रथम बारह सप्ताह तक बढ़ते हुए गर्भाशय का भार मूत्राशय पर पड़ने के कारण गर्भवती स्त्री को बार-बार मूत्र त्यागने की इच्छा होती है। यह क्रिया रात्रि की तुलना में दिन में अधिक बार होती है, क्योंकि खड़े होने की स्थिति में बढ़ते गर्भाशय का भार मूत्राशय पर पड़ता है। मूत्राशय की श्लेष्मिक झिल्लियों की भरे होने से भी अधिक बार मूत्र त्यागने की इच्छा का अनुभव होता है। बार-बार मूत्र त्यागने की क्रिया से स्त्री को असुविधा और पीड़ा का अनुभव होता है।

(5) **पेट का बढ़ना**–गर्भाशय के आकार में वृद्धि होने से पेट का बढ़ना सहज ही है लेकिन आँतों के फूल जाने से भी पेट बढ़ जाता है। इसके अतिरिक्त अण्डाशय की पुटी ट्यूमर या वसा के जमने से भी पेट बढ़ने लगता है।

(6) **भ्रूण की सक्रियता**–भ्रूण की सक्रियता का अनुभव गर्भाधान के लगभग 20 वें सप्ताह बाद अनुभव किया जाता है। ऐसा लगता है कि उदर में कोई सजीव वस्तु गतिशील है। प्रथम बार उसे बेहोशी हो सकती है और उसका जी भी मिचला सकता है। 'जी मिचलाना' का सम्पूर्ण गर्भावधि में विद्यमान रहना भी सम्भव है। भ्रूण की इस गतिशीलता की तिथि का विशेष महत्त्व होता है, क्योंकि इससे प्रसव के दिन के बारे में निश्चित रूप से कहा जा सकता है।

अन्तिम 5 मास की अवधि के लक्षण

(1) **स्तनों के आकार और भार में वृद्धि**–गर्भावस्था के अन्तिम पाँच मासों में स्तनों का भार अधिक बढ़ जाने के कारण गर्भवती स्त्री को अत्यधिक असुविधा अनुभव होती है। ऐसा ग्रन्थियों के विकसित होने के कारण ही होता है।

(2) अन्तःउदरीय रक्तचाप का बढ़ना–इस अवस्था में अन्तःउदरीय रक्तचाप में वृद्धि होती है। इस वृद्धि के कारण ही पेशियों में पीड़ादायक संकुचन होने लगते हैं। इस अवधि में पैरों में सूजन का आना तथा योनिमार्ग एवं पैरों की शिराओं का फूल जाना भी सम्भव होता है।

(3) श्वास लेने में असुविधा–गर्भावस्था की इस अवधि में मध्य पेट पर अधिक दबाव पड़ने से श्वास लेने में कठिनाई होती है। इससे उथले श्वास या हवा की भूख उत्पन्न हो सकती है तथा हृदय की धड़कन भी बढ़ जाती है।

(4) हल्कापन का अनुभव–प्रसव के दो अथवा तीन सप्ताह पहले लक्षणों में एकदम से परिवर्तन आता है। इसको हल्का होने का अनुभव कहते हैं। इस स्थिति में भ्रूण का सिर नीचे की ओर उतरता है, इससे उदरीय चाप कम हो जाता है। इससे राहत महसूस होती है।

गर्भावस्था के संकेत (Signs of Pregnancy)

प्रथम 5 माह की अवधि के संकेत

गर्भवती स्त्री के प्रथम 5 मास की अवधि में उत्पन्न कुछ प्रमुख संकेतों के आधार पर डॉक्टर स्त्री को गर्भवती घोषित करता है जो इस प्रकार हैं–

(1) **गर्भाशय के परिवर्तनों से उत्पन्न संकेत**–गर्भाशय के आकार की वृद्धि से चिकित्सक को यह पता चल जाता है कि स्त्री गर्भवती है। गर्भवती होने के बाद गर्भाशय का आकार गोल हो जाता है और वह पहले की तुलना में अधिक नरम हो जाता है। इस स्थिति का मुख्य कारण रक्त प्रवाह का बढ़ना होता है। ग्रीवा एवं योनि मार्ग का नीला होना तथा दोनों का अधिक नरम होना भी गर्भवती होने का संकेत है। गर्भाशय का अग्रभाग जिसे कण्डस कहा जाता है, 16 वें सप्ताह से 22 वें सप्ताह के बीच नाभि तक पहुँच जाता है। इस अवधि में इसके नाभि तक न पहुँच सकने की स्थिति में यह समझ लेना चाहिए कि भ्रूण या तो कुपोषण का शिकार बन गया है अथवा मृत हो गया है। परीक्षण द्वारा ही यह पता किया जा सकता है कि गर्भाशय की पेशियों में पीड़ा रहित प्रकुंचन होने लगती है जो कि 30 सेकण्ड तक रहती हैं।

(2) **भ्रूण की उपस्थिति से उत्पन्न संकेत**–लगभग सोलहवें सप्ताह तक भ्रूण के आकार की अपेक्षा उल्व की मात्रा अधिक होती है जिससे पेट पर हाथ रखकर योनि परीक्षण करने से भ्रूण का उछलना स्पष्ट पता चल जाता है। इसको गोल ताड़ना कहते हैं। चौबीसवें सप्ताह के बाद भ्रूण के विभिन्न भागों का, उसकी गतिशीलता का पता लग जाता है। इस समय स्टेथोस्कोप द्वारा भ्रूण के हृदय की धड़कन भी सुन सकते हैं। यह माता के हृदय की गति से दुगुनी होती है। कहने का आशय यह है की यह धड़कन प्रति मिनट 120 से 160 बार होती है।

(3) **स्तनों एवं त्वचा के परिवर्तनों से उत्पन्न संकेत**–चिकित्सक स्तन ग्रन्थियों के किनारे पर बन आये गाँठ का अनुभव करके तथा चुचुकों के रंग के गहरापन का निरीक्षण करके भी गर्भ होने की स्थिति की सूचना दे सकने में समर्थ होता है। बारहवें सप्ताह में चुचुकों की वर्णकता तथा इनसे साफ पीले रंग के तरल पदार्थ के स्राव द्वारा भी स्थिति की जानकारी करना आसान हो जाता है। इस अवस्था में स्त्री के अनन्तर स्तनों पर शिराएँ दिखाई देने लगती हैं और निशान भी बन जाते हैं।

अन्तिम 5 माह की अवधि के संकेत

चिकित्सकों ने अपने निरीक्षण के बाद गर्भावस्था के अन्तिम पाँच माह में निम्नलिखित संकेतों की जानकारी दी है–

(1) **भ्रूण के हृदय की धड़कन को अनुभव करके उसकी गणना करना**–भ्रूण के हृदय की धड़कन सामान्यतः प्रति मिनट 120 से 160 बार होती है। आधुनिक काल में भ्रूण के हृदय की गति को एवं भ्रूण की गतिशीलता को जानने के लिए एक नए उपकरण अल्ट्रासोनिक डिटेक्टर का प्रयोग हो रहा है। सन् 1965 ई. में श्री डोनाल्ड नामक वैज्ञानिक ने इस उपकरण का आविष्कार किया था। नियमित मासिक धर्म के दस दिन बाद ही इस उपकरण की सहायता से पता लगाया जा सकता है कि गर्भ ठहर गया है या नहीं। यदि उत्तर सकारात्मक होता है तो यह भी ज्ञात किया जा सकता है बच्चा अकेला है या जुड़वाँ। यह उपकरण यद्यपि मंहगा है तथापि संकट की सम्भावना की स्थिति में इसकी सहायता उपयोगी सिद्ध होती है।

(2) **भ्रूण की गतिशीलता का प्रत्यक्षीकरण**–इस अवधि में चिकित्सक पेट तथा योनि का परीक्षण करके भ्रूण की स्थिति के बारे में जानकारी दे सकता है।

(3) **भ्रूण की बाह्य परिधि का पता करना**–डॉक्टर गर्भावस्था के अन्तिम पाँच माह में उदर पर हाथ द्वारा परीक्षण करके भ्रूण की परिधि का पता लगा सकता है।

(4) **अन्य परीक्षण**–इस अवधि में गर्भवती स्त्री के सुबह के मूत्र के परीक्षण से चिकित्सक यह पता लगा लेता है कि उसमें जरायु गोनेडोट्रोपिन हार्मोन विद्यमान है या नहीं। उसको जब नर चूहों के शरीर में इन्जेक्ट किया जाता है तब कुछ ही घण्टों में चूहों की ग्रन्थियों में सक्रियता पाई जाती है। गर्भवती स्त्री के रक्त में भी इस जरायु गोनेडोट्रोपिन की उपस्थिति होती है। इस परीक्षण को चौथे सप्ताह करके भी निश्चित रूप से कहा जा सकता है कि स्त्री गर्भवती है या नहीं। जब गर्भवती स्त्री के मूत्र की ऐसे रक्त वारी के साथ प्रतिक्रिया की जाती है जिसमें एण्टी कोरिओनिंक गोनेडोट्रोपिन पाया जाता है, तब वह अदापीन हो जाता है। यदि स्त्री गर्भवती नहीं है तो मूत्र के मिलाने पर लाल रक्त कण परस्पर चिपक जाते हैं तथा पीले भूरे रंग का अवक्षेप देते हैं।

कुछ चिकित्सक गर्भावस्था का पता लगाने के लिए स्त्री को अधिक मात्रा में हार्मोन ईस्ट्रोजन तथा प्रोजेस्टीरोन देते हैं जिससे स्त्री के, गर्भवती न होने की अवस्था में अल्प समय में ही रक्त स्राव हो जाता है। रक्त स्राव न होने की दशा में यह स्पष्ट हो जाता है कि स्त्री गर्भवती है। आजकल यह परीक्षण सुरक्षित नहीं माना जाता क्योंकि इस प्रकार के परीक्षण से गर्भपात होने की प्रबल सम्भावना होती है।

गर्भ परीक्षण (Pregnancy Test)

गर्भ परीक्षण में रक्त अथवा मूत्र में उस विशिष्ट हारमोन को परखा जाता है, जो गर्भवती होने पर ही महिला में रहता है। ह्यूमक कोरिओनिक गोनाडोट्रोपिन (एच सी जी) नामक हारमोन को गर्भ हारमोन भी कहते हैं जब निषेचित अण्डा गर्भाशय से जुड़ जाता है तो आपके शरीर में एच.सी.जी. नामक गर्भ हारमोन बनता है। सामान्यतः गर्भधारण के छह दिन बाद ऐसा होता है।

घर में गर्भ परीक्षण (एच.पी.टी.)

यह गर्भ परीक्षण स्वयं अपने घर पर सुगमता पूर्वक किया जा सकता है। यह एक सर्वसुलभ परीक्षण कीमत 40-50 रुपये होती है। महिला को एक साफ शीशी में अपना 5 मिली मूत्र लेना होता है और परीक्षण के लिए किट में दिए गए विशिष्ट पात्र में दो बूंद मूत्र डालना होता है। उसके बाद कुछ मिनट तक इन्तजार करना होता है। अलग-अलग ब्रान्ड के किट इन्तजार का समय अलग-अलग हैं। समय बीतने पर रिजल्ट विंडों पर देखें। यदि एक लाईन या जमा का चिन्ह देखे तो समझ लें कि आपने

गर्भ धारण कर लिया है। लाईन हल्की हो तो भी कोई फर्क नहीं पड़ता। हल्की हो या स्पष्ट अर्थ सकारात्मक माना जाता है।

एक बार पीरियड न होने पर कितनी जल्दी एच.पी.टी. से सही सही परिणाम प्राप्त कर सकते हैं? बहुत से एच.पी.टी. पीरियड के निश्चित तिथि तक न होने पर 99 प्रतिशत उसी दिन सही परिणाम बताने का दावा करते हैं। एच.पी.टी. से नकारात्मक परिणाम पाकर भी क्या गर्भ धारण की सम्भावना हो सकती है? हाँ, इसलिए अधिकतर एच.टी.पी. महिलाओं को कुछ दिन या सप्ताह बाद पुनः परीक्षण करने का सुझाव देते हैं।

रक्त और पेशाब की जाँच

एक स्वस्थ महिला को प्रत्येक माह मासिक-स्राव (माहवारी) होता है। गर्भ ठहरने के बाद मासिक-स्राव होना बँद हो जाता है। इसके साथ-साथ दिल का खराब होना, उल्टी होना, बार-बार पेशाब का होना तथा स्तनों में हल्का दर्द बना रहना आदि साधारण शिकायतें रहती हैं। इन शिकायतों को लेकर महिलाएँ, स्त्री रोग विशेषज्ञ के पास जाती हैं। डॉक्टर महिला के पेट और योनि की जाँच करती है और बच्चेदानी की ऊँचाई को देखती है। गर्भधारण करने के बाद बच्चेदानी का बाहरी भाग मुलायम हो जाता है। इन सभी बातों को देखकर डॉक्टर महिला को माँ बनने का संकेत देता है। इसी बात को अच्छे ढंग से मालूम करने के लिए डॉक्टर रक्त या मूत्र की जाँच के लिए राय देता है।

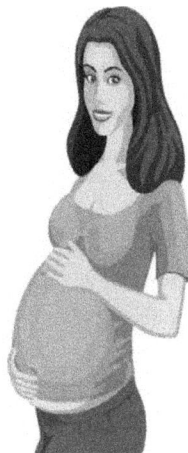

गर्भवती महिलाओं के रक्त और मूत्र में एच.सी.जी. होता है जो कोरिऔन से बनता है। ये कोरिऔन ओवल बनाती है। ओवल का एक भाग बच्चेदानी की दीवार से तथा नाभि से जुड़ा होता है। इसके शरीर में पैदा होते ही रक्त और मूत्र में एच.सी.जी. आ जाता है। इस कारण महिला को अगले महीने के बाद से माहवारी होना रुक जाता है। एच.सी.जी. की जाँच रक्त या मूत्र से की जाती है। साधारणतया डॉक्टर मूत्र की जाँच ही करा लेते हैं। जाँच माहवारी आने के तारीख के दो सप्ताह बाद करानी चाहिए ताकि जाँच का सही परिणाम मालूम हो सके। यदि जाँच दो सप्ताह से पहले ही करवा लिया जाए तो परिणाम हाँ या नहीं में मिल जाता है। यह वीकली पजीटिव कहलाता है।

सामान्य परीक्षण

सामान्य गर्भावस्था में भी किन-किन रोगों का परीक्षण नियमित रूप से किया जाता है?

लगभग सभी सामान्य गर्भों के दौरान एड्स, हैपेटिटिस-बी, सिफलिस, आर.एच. अनुपयुक्तता और रूबेला का नियमित परीक्षण किया जाता है। गर्भकाल में अलग-अलग समय पर रक्त के सैम्पल लेकर डॉक्टर इन स्थितियों का परीक्षण करते हैं।

जन्मजात रोगों के सम्बन्ध में कब चिन्ता करनी चाहिए?

आपके बच्चे को जन्मजात रोगों का खतरा अधिक हो सकता है, यदि वह निम्नलिखित तीन कारणों में से किसी में आता है–

1. पहले बच्चे में जन्मजात रोग।
2. परिवार में जन्मजात विकारों का इतिहास जिनके दोहराये जाने की सम्भावना रहती है।
3. यदि माँ की उम्र 35 वर्ष से अधिक हो तो बच्चे में अभावपरक संलक्षणों का खतरा बढ़ जाता है।

क्या सामान्य रक्त परीक्षणों से जन्मजात विकारों को परखा जा सकता है?

अध्ययन से पता चलता है कि प्रसव पूर्व होने वाली रक्त की जाँचों से 90 प्रतिशत जन्मजात विकारों का पता नहीं चल पता है। जाने जा सकने योग्य 10 प्रतिशत जन्मजात रोगों के लिए अलग से चार प्रकार के टेस्ट हैं–एमनियोसेन्टीसिस, करौलिक विलि सैम्पलिंग, अल्फा फैटो प्रोटीन (ए एफ पी) जैसे टेस्ट और अल्ट्रासाउण्ड स्कैनस।

गर्भस्थ शिशु का विकास (Prenatal Development)

गर्भकालीन अवस्था गर्भाधान से लेकर शिशु जन्मपूर्व तक की सम्पूर्ण अवस्था को मानी जाती है, जो कम से कम 180 दिन और अधिक से अधिक 334 दिन की होती है।

गर्भित डिम्ब का आरोपण तथा वृद्धि

गर्भाधान के 24 घन्टों के अन्दर ही गर्भित अण्डाणु के विकास की क्रिया प्रारंभ हो जाती है। विकास क्रम में एक कोशिका एक से दो, दो से चार, चार से आठ इसी क्रम में बढ़ती जाती है, जो लगभग 9 माह में सम्पूर्ण मानव शिशु के रूप में विकसित हो जाती है। कोशिका वृद्धि की सबसे बड़ी विशेषता यह होती है कि प्रत्येक नयी कोशिका गुण व रूप में अलग-अलग भागों, जैसे–अस्थियों माँसपेशियों, त्वचा, तांत्रिकाओं आदि का निर्माण करती है। लगभग नौ दिनों तक गर्भित अण्डाणु में यह कोशिका विभाजन की क्रिया चलती रहती है। 9 से 10 वें दिन के बीच यह गर्भित अण्डाणु खिसककर गर्भाशय में पहुँच जाता है और गर्भाशय की दीवार में गहराई से चिपक जाता है,

गर्भकालीन विकास की विशेषतायें

गर्भकालीन विकास में निम्न विशेषतायें पायी जाती हैं–

1. यह अवस्था गर्भाधान से लेकर जन्म के पूर्व तक चलती है।
2. इस अवस्था में अन्य अवस्थाओं की तुलना में विकास की गति बहुत तीव्र होती है।
3. इस अवस्था में मुख्यतः शारीरिक विकास ही होता है।
4. समस्त शरीर रचना, भार, आकार तथा आकृतियों का निर्माण इसी अवस्था में होता है।

इस क्रिया को आरोपण कहते हैं। इस समय शिशु माँ पर अपने पोषण के लिये आश्रित हो जाता है।

आरोपण क्रिया के दौरान गर्भित अण्डाणु की ऊपरी परत फटकर असमान आकार ग्रहण कर लेती है। यह परत उसे गर्भाशय की दीवार से चिपकाये रखने का कार्य करती है। अब इसमें दो परतें होती हैं। बाह्य परत कोरिऑन तथा अंदर वाली परत एम्नीऑन कहलाती है। प्रथम तीन सप्ताह के अन्दर कोरिऑन में उंगलियों जैसे नुकीले उभार बन जाते हैं। इन उभारों में से कुछ ही दिनों में रुधिर वाहिनियाँ बन जाती हैं जिनमें से कुछ रुधिर वाहिनियाँ मिलकर नाभि धमनी और नाभि शिरा का निर्माण करती हैं। दो नाभि धमनियाँ तथा एक नाभि शिरा मिलकर नाभि रज्जु का निर्माण करती हैं।

गर्भाशय की दीवार में जिस स्थान पर गर्भित अण्डाणु आरोपित होता है वहाँ की दीवार का पृष्ठ भाग गर्भनाल के रूप में विकसित होता है। इसे अपरा भी कहते हैं। सम्पूर्ण गर्भकालीन अवस्था में यह बढ़कर लगभग 15 से 18 सेमी. व्यास की तथा 450 ग्राम भार की हो जाती है। शिशु जन्म के समय यह स्वतः ही गर्भाशय की दीवार से अलग हो जाती है। गर्भनाल माँ के रक्त से शिशु को पोषित करने का कार्य करती है। गर्भनाल का निर्माण शिशु और माँ दोनों के ही शरीर के भागों से होता है। इसमें गर्भाशय की दीवार की भीतरी परत तथा गर्भित अण्डाणु की बाह्य परत कोरिऑन सम्मिलित रहती है।

चौथे माह से गर्भस्थ शिशु का पोषण नाभि रज्जु की दो धमनियों द्वारा होने लगता है। नाभि धमनियाँ शुद्ध रक्त माँ के शरीर से लेकर गर्भनाल तक पहुँचाती हैं जिससे शिशु का पोषण होता है। अतः भ्रूण का पोषण नाभि रज्जु द्वारा गर्भनाल से रक्त प्राप्त करके होता है।

रक्त के साथ-साथ ऑक्सीजन भी गर्भस्थ शिशु माता से ही प्राप्त करता है, कार्बन डाइ-ऑक्साइड नाभि रज्जु द्वारा माता के रक्त को शिशु तक पहुँचाती हैं तथा नाभि शिरायें भ्रूणीय अशुद्ध रक्त को गर्भनाल में पहुँचाती हैं।

प्रारम्भ से ही भ्रूण की आंतरिक परत एम्नीऑन झिल्ली के अंदर पीले रंग का तरल पदार्थ का भरना आरंभ हो जाता है, जो शिशु को चारों ओर से घेरे रहता है। इसका प्रमुख कार्य शिशु को बाह्य आघातों से बचाना है। यह तरल पदार्थ गर्भाशय के तापमान को एक सा बनाये रखता है। प्रसव के समय यह थैली फट जाती है जिससे प्रसव आसान हो जाता है।

गर्भकालीन विकास की अवस्थायें

गर्भकालीन अवस्था में विकास की गति बहुत तीव्र होती है। इसलिए अध्ययन की सुविधा की दृष्टि से इसे तीन भागों में विभक्त किया गया है।

1. डिम्बावस्था।
2. भ्रूणावस्था।
3. गर्भस्थ शिशु की अवस्था।

डिम्बावस्था

डिम्बावस्था को बीजावस्था का भी नाम दिया गया है। यह अवस्था गर्भाधान से लेकर दो सप्ताह तक चलती है। इस अवस्था में गर्भस्थ जीव अण्डे के आकार का होता है, इसे जाइगोट कहते हैं। इसका आकार आलपिन के सिर के समान होता है और इसके अंदर लगातार कोशिका विभाजन की क्रिया चलती रहती है लेकिन ऊपर से इसके स्वरूप में कोई बदलाव नहीं आता है। लगभग एक सप्ताह तक यह अण्डाकार जीव गर्भाशय की दीवार से चिपक जाता है। इस क्रिया को आरोपण कहते हैं। यह क्रिया गर्भाधान के 10 दिन के पश्चात् होती है। आरोपण क्रिया में थायरॉइड और पिट्यूटरी ग्रंथि मद्दगार होती है।

अगर माँ के शरीर में थायराइड तथा पिट्यूटरी ग्रंथियाँ अपना कार्य ठीक तरह से नहीं करती हैं तो आरोपण क्रिया सम्पन्न नहीं हो पाती है। परिणामस्वरूप जाइगोट अपना पोषण स्वयं अधिक दिनों तक न कर पाने के कारण मृतप्राय हो जाता है जिससे आगे का विकास समाप्त हो सकता है।

आरोपण क्रिया के क्रम में जाइगोट की ऊपरी परत फट कर असमान आकार ले लेती है और यही उसे गर्भाशय से चिपकाये रखने का कार्य करती है। यहीं से गर्भनाल की रचना शुरू हो जाती है। गर्भनाल से ही डिम्ब माता के रक्त से अपना पोषण करता है।

भ्रूणावस्था

यह गर्भकालीन विकास की दूसरी अवस्था है, जो तीसरे सप्ताह से लेकर दूसरे मास के अंत तक चलती है। गर्भकालीन विकास की दृष्टि से यह अत्यन्त महत्त्वपूर्ण अवस्था है क्योंकि समस्त शरीर रचना, आकार तथा आकृतियों का निर्माण इसी अवस्था में होता है। इस अवस्था के अन्त तक भ्रूण मानव आकृति प्राप्त कर लेता है। इस अवस्था में विकास की गति बहुत तीव्र होती है जिससे भ्रूण के अंदर अनेकों महत्त्वपूर्ण परिवर्तन होते हैं। शरीर के सभी प्रमुख अंगों का निर्माण इसी अवस्था में होता है। दूसरे माह के अंत तक भ्रूण का स्वरूप नवजात शिशु के समान नहीं होता है। सिर का आकार अन्य अंगों की अपेक्षा बड़ा होता है, कान भी सिर से काफी नीचे प्रतीत होते हैं, नाक में भी केवल एक छिद्र होता है और माथा काफी चौड़ा दिखायी देता है।

भ्रूणावस्था में जो भी विकास होता है वह तीन परतों से होता है। कोशिका विभाजन की निरन्तरता से डिम्ब तीन परतों में बँट जाता है। प्रथम परत बाह्य परत कहलाती है। इससे त्वचा, बाल नाखून, दाँत त्वचा, त्वचा ग्रंथियाँ तथा नाड़ी मण्डल का निर्माण होता है। द्वितीय परत मध्य परत कहलाती है। इससे त्वचा के भीतरी भाग माँसपेशियों का निर्माण होता है। तीसरी परत आंतरिक परत कहलाती है। इससे सम्पूर्ण पाचन तंत्र, फेफड़े, यकृत तथा विभिन्न ग्रंथियों का निर्माण होता है।

भ्रूणावस्था का महत्त्व–प्राणी के विकास की दृष्टि से भ्रूणावस्था अत्यधिक महत्त्वपूर्ण अवस्था है। इस अवस्था में होने वाला विकास जीवनपर्यन्त तक विकास के विभिन्न क्षेत्रों को प्रभावित करता है क्योंकि समस्त शरीर रचना, आकार तथा आकृतियों का निर्माण इसी अवस्था में होता है। इसलिये यदि इस अवस्था के विकास में कोई रूकावट आ जाती है या किसी अंग का विकास नहीं हो पाता है तो बाद के विकास क्रम में उसका विकसित होना संभव नहीं होता है। अतः इस अवस्था में गर्भवती महिलाओं को विशेष सावधानी रखने की आवश्यकता होती है। अनुपयुक्त तथा असंतुलित भोजन, मानसिक तनाव, संवेगात्मक आघात, रोग व चोट, गर्भकालीन एक्सरे, गर्भकालीन औषधियाँ सभी भ्रूण के विकास को प्रभावित करती हैं। अतः गर्भवती महिलाओं को चाहिये कि वह संतुलित व पौष्टिक भोजन लें, संवेगात्मक तनावों से बचें तथा भ्रूण को हानि पहुँचाने वाली सभी परिस्थियों से बचें। असावधानी से गर्भपात हो जाता है।

भ्रूणावस्था में नाभिनाल का विकास भी तीव्र गति से होता है। प्रारंभ में यह पतले धागे के समान होती है परन्तु धीरे-धीरे यह अंगूठे की मोटाई के आकार की हो जाती है। एक ओर यह भ्रूण से तथा दूसरी ओर यह नाभि रज्जु से जुड़ी रहती है।

भ्रूणावस्था में ही भ्रूण के चारों ओर थैली का निर्माण हो जाता है। इसमें तरल पदार्थ भरा होता है जिसे उल्व कहते हैं। यह तरल पदार्थ भ्रूण को चोट आदि से बचाता है। शिशु विकास के साथ-साथ इस सुरक्षात्मक थैली का आकार भी बढ़ता जाता है। इस थैली में भरा हुआ तरल

पदार्थ प्रसव के समय शिशु को गर्भ द्वार से बाहर आने में मद्द करता है। नाभिनाल तथा नाभि रज्जु शिशु को ऑक्सीजन, पानी और भोजन रक्त के द्वारा पहुँचाती है। नाभिनाल छलनी का भी कार्य करती है।

गर्भस्थ शिशु की अवस्था

गर्भकालीन विकास की तीसरी तथा आखिरी अवस्था गर्भस्थ शिशु की अवस्था कहलाती है। यह तीसरे माह के प्रारंभ से जन्म लेने के पूर्व तक होती है। यह अवस्था निर्माण की नहीं अपितु विकास की होती है क्योंकि भ्रूणावस्था में जिन-जिन अंगों का निर्माण हो जाता है, उन्हीं का विकास इस अवस्था में होता है। इस अवस्था के प्रारंभ होने से अंत तक प्रत्येक माह गर्भस्थ शिशु के भार तथा लम्बाई में निरंतर वृद्धि होती रहती है।

तीसरा माह–तीसरे महीने से प्रत्येक महीने गर्भस्थ शिशु के भार तथा आकार में वृद्धि होती रहती है। तीसरे माह के अंत तक लम्बाई 6 सेमी. तथा भार 3/4 औंस हो जाता है। हाथ तथा पैरों में अँगुलियाँ बन जाती हैं तथा समस्त शरीर पर पतली मुलायम गुलाबी रंग की त्वचा आ जाती है। गर्भ का पोषण अब गर्भनाल से नाभि रज्जु द्वारा होने लगता है।

चौथा माह–चौथे माह में शिशु का सिर अधिक बड़ा हो जाता है तथा सिर पर छोटे-छोटे बाल भी आ जाते हैं। इस समय शिशु की लम्बाई 11-13 सेमी. तथा भार 110 ग्राम हो जाता है। हाथ पैर की उँगलियों में नाखून बन जाते हैं तथा कमर स्पष्ट हो जाती है तथा मसूड़ों के अंदर दाँतों के विकास की प्रक्रिया प्रारंभ हो जाती है। गर्भवती के पेट का आकार कुछ बड़ा हो जाता है।

पाँचवाँ माह–पाँचवें माह में शिशु की लम्बाई 20 सेमी. तथा भार 300 ग्राम हो जाता है। हृदय की धड़कन प्रारंभ हो जाती है। माँसपेशियाँ सक्रिय हो जाती हैं जिससे शिशु की क्रियाशीलता में वृद्धि हो जाती है। समस्त आंतरिक अंग भी अपना कार्य प्रारंभ कर देते हैं।

छठा माह–छठवें माह में त्वचा रोंयेदार हो जाती है तथा शिशु शरीर पर तरल पदार्थ एकत्रित होने लगता है। इस अवस्था में सिर का विकास भी तीव्र गति से होता है। सिर जो कि तीसरे माह के अंत तक सम्पूर्ण शरीर का 1/3 भाग होता है, वह छठवें माह के अंत तक सम्पूर्ण शरीर का 1/2 भाग हो जाता है।

सातवाँ माह–सातवें माह में शिशु माँ के पेट में स्थिर हो जाता है और जन्म लेने तक उसी स्थिति में पड़ा रहता है।

आठवाँ माह–आठवें माह में शिशु का वजन 5 पौंड तथा लम्बाई 18 इंच हो जाती है। त्वचा लाल तथा झुरींदार हो जाती है। समस्त अस्थियों का निर्माण कार्य पूर्ण हो जाता है, किन्तु शरीर पर वसा भी एकत्र होने लगती है। हृदय, फेफड़े तथा नाड़ी मण्डल अनुपात में आ जाते हैं और अपना कार्य प्रारंभ कर देते हैं।

नौंवा माह–नवें माह में शिशु की त्वचा पर स्वभाविक रंग आ जाता है। सिर पर घने बाल आ जाते हैं। इस समय से शिशु गर्भाशय में धीरे-धीरे नीचे की ओर खिसकने लगता है और जन्म तक इसी स्थिति में रहता है। शिशु के जन्म के लिये 275 से 280 दिन की आवश्यकता होती है।

गर्भस्थ शिशु का क्रमिक शारीरिक विकास

गर्भस्थ शिशु का क्रमिक शारीरिक विकास निम्नलिखित तरह से होता है–

(1) **गर्भाधान के उपरांत**–इस समय इसका आकार आलपिन के सिर के समान होता है। यह धीरे-धीरे आगे गर्भाशय की ओर खिसकता है। 3 से 5 दिन में यह गर्भाशय तक पहुँच जाता है। इस समय अपना पोषण स्वयं ही करता है।

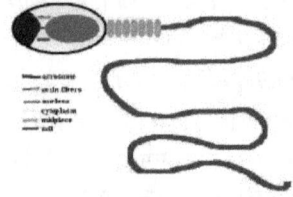

(2) **6 दिन बाद**–डिंब कोशिका विभाजन की क्रिया से बहुकोशिकीय हो जाता है और गर्भाशय की दीवारों से सम्बन्ध स्थापित कर लेता है। यह क्रिया आरोपण कहलाती है। गर्भाशय की रक्त कोशिकाओं के साथ सम्बन्ध हो जाने से अब डिंब अपना पोषण माँ के शरीर से करता है।

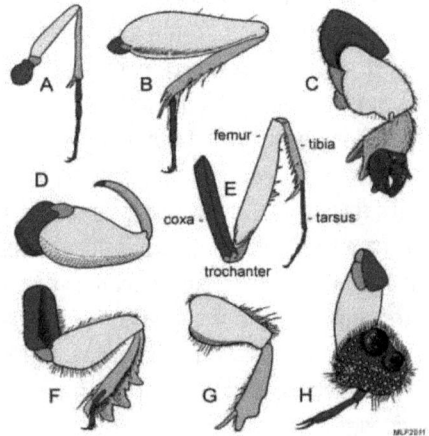

(3) **9-10 दिन**–डिंब की बाह्य सुरक्षात्मक परत समाप्त हो जाती है और डिंब के चारों ओर छोटी-छोटी अँगुलियों के समान उभारदार संरचनायें बन जाती हैं, जो गर्भनाल की रचना करती हैं।

(4) **दूसरा सप्ताह**–बहुकोशिकीय डिंब तीन अलग-अलग परतों में विभक्त हो जाता है।

(5) **तीसरा सप्ताह**–कोशिकाओं का समूह विकृत आकार का हो जाता है और शिशु के विभिन्न अंगों का निर्माण कार्य प्रारंभ हो जाता है। सिर तथा मस्तिष्क का विकास तीव्र गति से होता है, आँखों की जगह गड्ढे बन जाते हैं।

(6) **चौथा सप्ताह**—इस अवस्था में इसका आकार लगभग 0.4 सेमी. तक हो जाता है। विकास की गति तीव्र, हृदय, यकृत, पाचन तंत्र, मस्तिष्क तथा फेफड़ों का निर्माण प्रारंभ हो जाता है। इस समय माँ को यह अनुभूति होती है कि वह गर्भवती है।

(7) **पाँचवाँ सप्ताह**—इस समय इसका आकार लगभग 1 सेमी. तक हो जाता है। भ्रूण कमान की तरह झुक जाता है और देखने में अर्द्धचन्द्राकार दिखायी देता है। रीढ़ की अस्थि का बनना प्रारंभ हो जाता है। अन्य अंगों की तुलना में सिर के विकास की गति तीव्र जाती है। इस अवस्था में हाथ पैर का बनना प्रारंभ हो जाता है।

(8) **छठा सप्ताह**—इस अवस्था में लम्बाई लगभग 2.5 सेमी. तक हो जाती है। हाथ तथा पैर में उंगलियाँ बनना प्रारंभ हो जाता है। छोटी सी पूँछ भी बन जाती है। इस अवस्था में हृदय की धड़कन भी आरंभ हो जाती हैं।

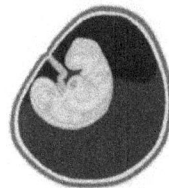

(9) **सातवाँ सप्ताह**—इस अवस्था में कान तथा पलकों का बनना प्रारंभ हो जाता है। इस समय मानव स्वरूप स्पष्ट हो जाता है। आन्तरिक अंगों का विकास भी प्रारंभ हो जाता है।

(10) **आठवाँ सप्ताह**—इस अवस्था में गर्भनाल और सुरक्षात्मक झिल्ली पूरी तरह विकसित हो जाती है। इस अवस्था में झिल्ली के समान पदार्थ भी स्रावित होने लगती है, जिसमें शिशु तैरता रहता है। इस अवस्था में आँखें तथा नाक का बनना प्रारंभ हो जाता है।

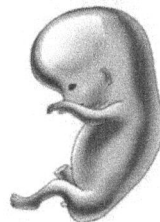

(11) तीसरा माह–इस समय इसका आकार लगभग 14.2 ग्राम तक हो जाता है। लम्बाई लगभग 6.5 सेमी. तक हो जाती है। इस समय आकार में वृद्धि होती है। पूँछ समाप्त हो जाता है, शरीर पर पतला पारदर्शी त्वचा चढ़ जाता है। पेट के आकार में भी वृद्धि होती है।

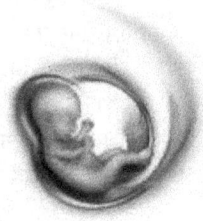

(12) चौथा माह–इस समय वजन लगभग 113.6 ग्राम तक हो जाता है। इसकी लम्बाई लगभग 10-12.5 सेमी. तक हो जाती है। इस समय हाथ तथा पैर की अँगुलियों का पूर्ण विकास होता है, नाखून बनना प्रारंभ हो जाता है, सिर सीधा तथा पीठ झुकी हुई संरचना में होती है, सिर पर एक दो बाल भी उग जाते हैं, मसूड़ों में दाँतों का विकास भी प्रारंभ हो जाता है, वाह्य जननांगों का निर्माण भी शुरू हो जाता है, फेफड़ों का निर्माण भी हो जाता है, लेकिन ये श्वसन के लिये तैयार नहीं होते हैं। इस समय माँसपेशियों की क्रियाशीलता भी प्रारंभ हो जाती है।

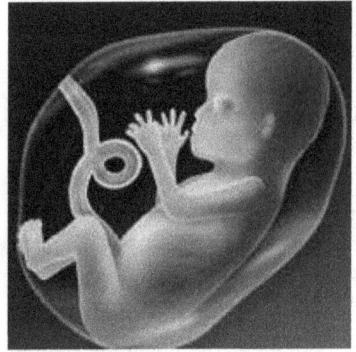

(13) पाँचवाँ माह–इस समय इसका वजन लगभग 298 ग्राम होता है तथा लम्बाई लगभग 20 सेमी. तक होती है। इस समय भ्रूण की हलचल भी प्रारम्भ हो जाती है, माँ के पेट के आकार में वृद्धि होने लगती है। इस अवस्था में शिशु की हृदय की धड़कन को आसानी से स्ट्रेथोस्कोप द्वारा सुना जा सकता है। माँ के द्वारा भ्रूण की हलचल का अनुभव भी किया जा सकता है।

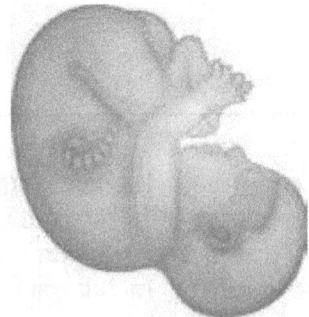

(14) **छठा माह**–इस अवस्था में इसका
वजन लगभग 600 ग्राम तक होता है।
इसकी लम्बाई 30 सेमी. तक होती
है। इस समय लम्बाई में तेजी से
वृद्धि होती है। गतिशीलता में भी वृद्धि
होती है। इस समय भ्रूण जल्दी-जल्दी
अपनी स्थिति में परिवर्तन करता है,
वह दायें-बायें, ऊपर-नीचे गति करता
रहता है। इस अवस्था में सिर पर
बाल आ जाते हैं।

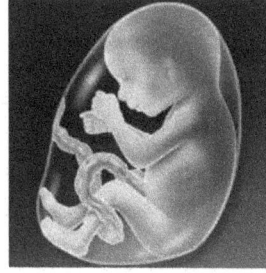

(15) **सातवाँ माह**–इस समय इसका
वजन लगभग 1.1 किग्रा. होता है
तथा लम्बाई 35 सेमी. होती है।
आँखें खुल जाती हैं, फेफड़े पूरी तरह
तैयार हो जाते हैं, भ्रूण की क्रियाशीलता
में कमी, भ्रूण एक स्थिति में स्थिर हो
जाता है, अधिकांशतः सिर नीचे और
पैर ऊपर रहते हैं, जन्म लेने तक
इसी स्थिति में रहता है। भ्रूण स्वतंत्र
जीवन के लिए तैयार हो जाता है।
अगर किसी कारण से 7 माह में
शिशु का जन्म हो जाता है तो वह
उचित देखभाल के द्वारा जीवित रह
सकता है।

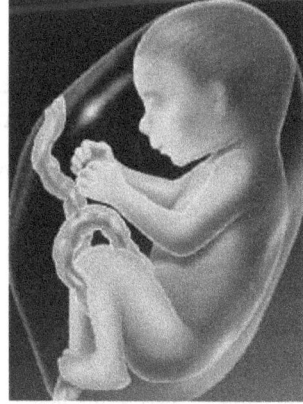

(16) **आठवाँ माह**–इस समय उसका
वजन लगभग 1.9 किग्रा. होता है
तथा लम्बाई लगभग 40 सेमी. होती
है। इस समय शरीर पर रोंयेदार
बाल आ जाते हैं, त्वचा का रंग लाल
हो जाता है।

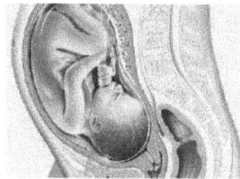

(17) **नौवाँ माह**–इस समय उसका वजन
लगभग 2.75 किग्रा. होता है तथा
लम्बाई लगभग 45 सेमी. होती है।
इस समय सिर पर घने बाल आ जाते
हैं, त्वचा के नीचे वसा एकत्र होने

लगता है। ऊपरी त्वचा लाल तथा झुर्रीदार होती है लेकिन अस्थियों का विकास पूर्ण लेकिन लचीली होती है।

(18) **नौवें माह की समाप्ति तक**—इस समय उसका वजन लगभग 3.7 किग्रा. होता है तथा लम्बाई लगभग 50 सेमी. होती है। इस समय शरीर के सभी अंगों का पूर्ण विकास हो चुका होता है और शिशु धीरे-धीरे नीचे गर्भाशय में खिसकना प्रारम्भ कर देता है, जिससे गर्भाशय का दबाव मूत्राशय पर पड़ता है तथा गर्भवती को बार-बार पेशाब की शिकायत होती है।

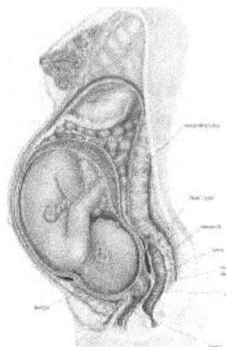

गर्भकालीन विकास को प्रभावित करने वाले तत्त्व (Elements Affecting Gestational Development)

शिशु के गर्भकालीन विकास की प्रक्रिया पर अनेक तत्त्वों का प्रभाव पड़ता है जैसे—गर्भवती स्त्री का आहार, गर्भवती स्त्री का स्वास्थ्य, माता-पिता की उम्र, माँ की संवेगात्मक अनुभूतियाँ आदि।

1. **माँ का आहार**—माँ के आहार का गर्भस्थ शिशु के विकास पर बहुत अधिक प्रभाव पड़ता है। इसलिए गर्भवती स्त्री को संतुलित आहार ग्रहण करना चाहिए।

2. **माँ का स्वास्थ्य**—गर्भस्थ शिशु माँ के स्वास्थ्य से प्रभावित होता है। अतः गर्भवती के स्वास्थ्य की उचित देखभाल करनी चाहिए।

3. **मादक द्रव्य तथा तम्बाकू**—गर्भवती को मादक द्रव्य एवं तम्बाकू का सेवन नहीं करना चाहिए। ये गर्भस्थ शिशु के स्वास्थ्य पर प्रतिकूल प्रभाव डालते हैं।

4. **माँ की संवेगात्मक अनुभूतियाँ**—अगर स्त्री गर्भावस्था में प्रसन्न रहती है, उसे किसी तरह का भय नहीं रहता है तो गर्भस्थ शिशु का विकास भी ऐसा ही होता है।

5. **माता-पिता की उम्र**—अधिक उम्र के माता-पिता की संतान का स्वास्थ्य अच्छा नहीं रहता है। वे प्रायः अस्वस्थ होते हैं जबकि कम उम्र के माता-पिता की संतान बौद्धिक एवं शारीरिक दोनों रूप से स्वस्थ होते हैं।

6. **जन्म का महीना**—गर्भकालीन विकास को जन्म का महीना भी प्रभावित करता है। जिस शिशु का जन्म गर्भ के 7 वें या 8 वें महीने में हो जाता है वे प्रायः अस्वस्थ रहते हैं।

2

शारीरिक परिवर्तन

गर्भ-धारण की प्रक्रिया पुरुष और स्त्री के सम्भोग के उपरान्त होती है। इसके लिए आवश्यक है कि पुरुष द्वारा स्त्री की योनि के माध्यम से गर्भाशय में शुक्राणुओं को प्रवेश कराया जाए। गर्भाशय में शुक्राणु स्त्री के डिम्ब (Ovum) को निषेचित करते हैं। निषेचन कि प्रक्रिया के बाद भ्रूण स्त्री के गर्भ में रहता है और एक निश्चित समय तक विकसित होता है। यह समय लगभग 240 से 260 दिनों का होता है। इस समय की गणना स्त्री के रजोस्राव के अन्तिम दिन से की जाती है। उसके पश्चात स्त्री के गर्भ से शिशु बाहर आता है। यह प्रक्रिया वंश परम्परा को कायम रखने के लिए जरूरी है। मनुष्य में एक निश्चित उम्र तक ही प्रजनन करने की क्षमता होती है। उसके बाद यह क्षमता समाप्त हो जाती है। प्रजनन क्षमता की प्राप्ति पूर्व किशोरावस्था में प्राप्त हो जाती है। उसके बाद लगभग 45 से 50 वर्ष तक रहती है। यह एक अनुमान है। स्वास्थ्य, जलवायु आदि के अनुसार इसमें परितर्वन भी हो सकते हैं। गर्भ-धारण यौन क्रिया का परिणाम होता है। इसमें नर व मादा के प्रजनन अंगों की महत्त्वपूर्ण भूमिका होती है।

सामान्यतः औरतें माहवारी के न होने को गर्भधारण की सम्भावना से जोड़ती हैं, परन्तु गर्भधारण की प्रारम्भिक स्थिति में अधिकतर महिलाएँ अन्य लक्षण एवं चिन्हों का अनुभव भी करती हैं इनमें शामिल हैं (1) स्तनों में सूजन महसूस करना, ढीलापन या दर्द (2) घबराहट एवं उल्टी जिसे कि पारम्परिक रूप से प्रातःकालीन बीमारी से जोड़ा जाता है। (3) बार-बार मूत्र त्याग (4) थकावट (5) खाने की चीज से जी मितलाना या तीव्र चाहत (6) मूड में उतार चढ़ाव (7) निप्पल के आस-पास का रंग गहरा हो जाना (8) चेहरे के रंग का काला पड़ना।

एक बार माहवारी का न होना सामान्यतः गर्भ धारण का चिन्ह होता है, हालाँकि किसी-किसी महिला को उस समय के आस-पास कुछ रक्त स्राव हो सकता है या धब्बे लग सकते हैं। हाँ, जिस औरत की माहवारी नियमित नहीं रहती उस को यह पता लगने से पहले कि वास्तव में माहवारी नहीं हुई अन्य प्रारम्भिक लक्षणों से पता चल सकता है।

पहले सप्ताह में माँ के शरीर में होने वाले परिवर्तन

1. गर्भाशय (Uterus) में दर्द महसूस हो सकता है, खासकर स्तनपान कराने पर यह दर्द शुरू हो सकता है, क्योंकि इससे गर्भाशय सिकुड़ने लगता है। स्तनों में दर्द भी महसूस हो सकता है।
2. स्तनों का आकार बढ़ जाता है। गर्भधारण करने के दूसरे या तीसरे दिन से आकार बढ़ने लगता है, जो थोड़ा असुविधाजनक हो सकता है। पेट मुलायम लगता है।

3. प्रसव के बाद कुछ सप्ताह बाद तक योनि स्राव होता है। शुरुआत में यह स्राव लाल रंग का होता है। कुछ दिनों बाद रंग भूरा-गुलाबी होता है और धीरे-धीरे यह और भी हल्का होता चला जाता है। इस दौरान सेनिटरी टॉवेल का इस्तेमाल कर सकती हैं।
4. कई महिलाएँ प्रसव के बाद कुछ दिनों तक काफी रुआँसा महसूस करती हैं। ऐसा हार्मोन के स्तर में परिवर्तन के कारण होता है और यह प्रसव के बाद के अवसाद से भिन्न अवस्था है।
5. सामान्य प्रसव के दौरान मांसपेशियों में खिंचाव के कारण पेशाब रोकने में परेशानी हो सकती है। हँसते, खाँसते या छींकते हुए पेशाब छूट जाता है। इसे नित्य-कर्म पर नियंत्रणहीनता (Incontinence) कहा जाता है।
6. प्रसव के बाद माँ के लिए आराम और पौष्टिक भोजन बहुत जरूरी होते हैं। चिकित्सक की सलाह लेकर व कुशल प्रशिक्षक की देखरेख में व्यायाम भी शुरू करना चाहिए।

गर्भवती स्त्री के शरीर में निम्नलिखित आन्तरिक परिवर्तन होता है–

पेट की दीवारों एवं श्रोणि जोड़ों में होने वाले बदलाव (Changes Occur in Stomach walls and Pelvic Joint)

गर्भावस्था के दौरान गर्भाशय का विकास होता है। गर्भाशय के लिए स्थान बनाने में पेट की दीवारें विकसित होकर फैलती जाती हैं। प्रसव के बाद भी कुछ सीमा तक यह फैली ही रह जाती हैं। इस प्रयत्न में त्वचा के लचीले तन्तुओं के फट जाने से पेट पर लम्बे धारीदार निशान पड़ जाते हैं। इस अवस्था में श्रोणि जोड़ों के स्नायु ढीले एवं नरम हो जाते हैं। गर्भावस्था में इन जोड़ों की गतिशीलता में वृद्धि भी देखने को मिलता है।

पेशी–कंकाल में होने वाले बदलाव

गर्भावस्था में ऐच्छिक माँसपेशियों का स्वरक कम हो जाता है। इससे कभी-कभी कंधे की मेखला का नीचे उतरना भी सम्भव है। इसका प्रभाव श्वसन संस्थान पर भी होता है। बढ़ते हुए गर्भाशय के फलस्वरूप गर्भावस्था में शरीर का संतुलन बनाए रखने में कठिनाई होती है। इससे पीठ में दर्द होने लगता है। उदर की पेशियों के अधिक फैलने से उनमें ढीलापन आ जाता है। इसका प्रभाव गुदाद्वार के आस-पास की रक्त नलिकाओं पर भी देखा जाता है।

बढ़ता हुआ गर्भाशय (बच्चेदानी)

पहले तीन महीनों में गर्भाशय की वृद्धि केवल श्रोणी (पेड़ू) तक ही सीमित होती है। सिर्फ आन्तरिक जाँच से ही इसका पता चल सकता है। छठे से आठवें हफ्ते में गर्भस्थ गर्भाशय की साफ पहचान की जा सकती है। यह मुलायम और बड़ा हो जाता है। गर्भावस्था वाले गर्भाशय में गर्भाशय ग्रीवा मुलायम होता है। पहले तीन महीनों (बारह हफ्तों) के बाद गर्भाशय श्रोणी के (जघन हड्डी) के ऊपर की ओर बढ़ने लगता है। चौथे महीने में पेट में मुलायम बच्चेदानी महसूस की जा सकती है। गर्भाशय की वृद्धि लगातार होती रहती है। गर्भाशय के आकार के हिसाब से हम गर्भकाल का पता लगा सकते हैं। छठे महीने तक गर्भाशय नाभि तक पहुँच जाता है। नौवें महीने तक यह छाती के तल तक पहुँचता है।

श्वसन क्रियाओं में बदलाव (Changes in Breathing Activities)

गर्भावस्था में ऑक्सीजन का उपभोग 10-32 प्रति मिनट तक बढ़ जाता है। इससे श्वसन क्रिया में उथलापन आ जाता है। जैसे-जैसे गर्भावस्था का समय बढ़ता जाता है वैसे-वैसे श्वसन क्रिया का उथलापन भी बढ़ता जाता है। इस अवस्था में मध्यपेट की क्रिया में बाधा पड़ने से श्वसन का कार्य छाती तक ही सीमित रहता है। परिणाम स्वरूप उदर की पेशियाँ श्वसन क्रिया में सक्रिय भाग नहीं ले पाती हैं। इस उथले श्वास का कारण रक्त प्रवाह में विद्यमान प्रोजेस्टीरोन भी हो सकता है।

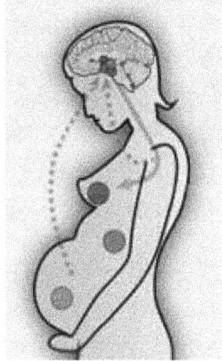

इन परिवर्तनों के अतिरिक्त पितरंजक तथा कोलेस्टोरोल अधिक निर्मित होने लगते हैं और यकृत को अधिक कार्य करना पड़ता है। इस अवस्था में भ्रूण के यकृत में लोहे का संग्रह अधिक होता है।

गर्भाशय, ग्रीवा एवं योनिमार्ग में बदलाव (Changes in Uterus, Cervix and Vaginal Opening)

गर्भावस्था में हार्मोन्स का प्रभाव प्रजनन मार्ग के तन्तुओं पर ज्यादा पड़ता है। गर्भावस्था के पेशीय तन्तु, पूर्व स्थिति की अपेक्षा गर्भावधि में लम्बाई में 15 गुना बढ़ जाते हैं। गर्भाशय का भार 50 ग्राम से 950 ग्राम तक बढ़ जाता है। दूसरे माह के अन्त तक गर्भाशय का आकार नाशपाती के जैसा ऊपर से विस्तृत एवं नीचे सामान्य हो जाता है। आठवें सप्ताह तक इसका व्यास 2 इंच, बारहवें सप्ताह तक 3.5 से 4 इंच और सोलहवें सप्ताह तक 6 इंच बढ़ जाता है। गर्भाशय का अग्रभाग 24 वें सप्ताह तक नाभि के ऊपर तक पहुँच जाता है। गर्भावस्था के अन्तिम माह में गर्भाशय अपनी उच्चतम सीमा पर पहुँच कर निचली पसलियों तक पहुँच जाता है। इसी अन्तिम मास में गर्भाशय का अग्रभाग पुनः नीचे की ओर गिरता है। गर्भाशय अब एक श्रोणि अंग न रहकर एक बड़ी माँसपेशीय थैली का आकार ले लेता है, जिसमें भ्रूण, अपरा, उल्व तरल आदि को शरण प्राप्त होती है। इसके आकार में परिवर्तन के मुख्य कारण प्रत्येक पेशीय तन्तु की गुणन क्रिया, प्रत्येक तन्तु के आकार में वृद्धि, अधिक फैलाव और गर्भाशयी रक्त नलिकाओं के आकार में बहुत अधिक वृद्धि आदि है। अधिक प्रसरण से गर्भाशयी दीवारों की पेशियाँ पतनी पेशी को ऊपर की तरफ धकेलता है। गर्भिणी के सीधे खड़े होने पर भारी गर्भाशय का निम्न महाशिरा पर दबाव पड़ता है जिससे रक्त प्रवाह में बाधा आती है। पेशियों के आकार का बढ़ना ईस्ट्रोजन और प्रोजेस्टीरोन के कारण होता है।

गर्भाशयी पेशियों के तीन मुख्य स्तर होते हैं–(क) बाह्य पेशीय आवरण (ख) आंतरिक स्तर पेशी जाल (ग) इन दोनों के मध्य से रक्त नलिकाएँ विभिन्न दिशाओं से प्रवेश करती हैं। गर्भावधि में सामान्य रूप से विशेष प्रकार का पेशीय संकुचन पाया जाता है। जिसकी गति पहले अनियमित होती है लेकिन बाद में नियमित हो जाती है। इस संकुचन का कारण एक विशेष प्रकार का हार्मोन होता है। यह हार्मोन सामान्यतः पेशीय कोशों में पाया जाता है। इसकी साँद्रता के बढ़ने से अस्थि पेशियों की यांत्रिक संकुचन की क्रियाएँ बढ़ जाती है एवं रक्त प्रवाह की मात्रा भी बढ़ जाती है।

कुछ गर्भाशयी परिवर्तन भी होते हैं जैसे–पतनिका का विकास, माँसपेशी स्तर की वृद्धि, नलिकाओं का फैलाव, ग्रीवा का नरम होना आदि। गर्भाशयी अन्तः स्तर की वृद्धि का कारण हार्मोन उत्तेजन के अतिरिक्त पेशियों का फैलना भी है जिससे वृद्धि के लिए उत्तेजना मिलती है। प्रथम कुछ सप्ताहों में संयोजन तन्तुओं एवं पेशियों के ऊतकों में सक्रिय समसूत्री कोष विभाजन होता है। इससे गर्भाशय का आकार अति शीघ्र बढ़ता है। अन्तिम सप्ताहों में गर्भाशय का आकार कोश विभाजन से न होकर प्रत्येक कोश के आकार के बढ़ने से बढ़ता है। सम्पूर्ण गर्भावधि में विशेष प्रकार के गर्भाशयी संकुचन पाए जाते हैं जो प्रसव के संकुचन से मिलते जुलते हैं लेकिन ये पूर्णतः अनैच्छिक एवं पीड़ारहित होते हैं।

गर्भाशय की अपेक्षा ग्रीवा का आकार कम बढ़ता है। ग्रीवा के मार्ग की ग्रन्थियों का आकार बढ़ता है, ग्रीवा नरम हो जाती है और हल्के नीले रंग की दिखाई देती है। ग्रन्थियाँ श्लेष्मा से भर जाती है। जिसको श्लेष्मा डॉट भी कहते हैं। ग्रीवा के नीले रंग का कारण शिराओं का घनापन होता है। रक्त नलिकाओं का जाल बढ़ जाता है और कुछ सीमा तक ग्रीवा में सूजन भी आ जाती है।

ग्रीवा के मार्ग में पाए जाने वाले स्तम्भाकार उपकला तन्तु ग्रीवा की सूजन के परिणाम स्वरूप योनि के स्राव से सरलता से प्रभावित हो जाते हैं। ग्रीवा के परिवर्तन का प्रमुख कारण ईस्ट्रोजन है जो कि ग्रीवा के संयोजक तन्तुओं को अधिक आर्द्रता ग्राही बनाकर, जोड़ने वाले अम्लीय म्यूकोपॉली सैक्रेइड को ढीला बनाते हैं। इससे प्रसव के समय ग्रीवा सरलता से विस्फारित हो जाती है।

योनिमार्ग की श्लेष्मिक झिल्ली अधिक मोटी होती है एवं पेशियाँ भी बढ़ जाती है। ईस्ट्रोजन के कारण इनमें भी परिवर्तन होते हैं। गर्भावस्था में योनि मार्ग का रंग भी हल्का नीला हो जाता है और योनि की दीवारें ढीली एवं नरम हो जाती है। स्राव की प्रतिक्रिया अम्लीय होती है जो संक्रमण की सम्भावनाओं को कम करता है। योनि मार्ग की शिराएँ कुछ शरीर वैज्ञानिक कारणों से अधिक फूल जाती है।

स्तनों में होने वाले बदलाव (Changes in Breast)

गर्भावस्था में स्तनों की ग्रन्थियों का आकार बढ़ जाता है जो संयोजक तन्तुओं के जाल को प्रभावित करता है। स्तनों की सतह की पालिका तनावपूर्ण हो जाती है। इस अवस्था में स्तनों पर कुछ गाँठें दिखाई देती हैं लेकिन स्पर्श करने पर नरम लगते हैं। चुचुक तथा उसके आस-पास का भाग गहरे काले रंग का हो जाता है और अब चुचुकों को दबाने से साफ पीले रंग का स्राव निकलता है। इन पर 10 से 20 तक छोटी वर्णरहित ग्रन्थिकाएँ उत्पन्न हो जाती है। यह वसामय ग्रन्थियों की बहुत अधिक वृद्धि के कारण उत्पन्न होते हैं। स्तनों में रक्त नलिकाओं की शाखाओं प्रशाखाओं में भी वृद्धि होती हैं और शिराएँ विस्फारित हो जाती है। इससे स्तनों पर धारियाँ दिखाई देने लगती हैं। उपयुक्त परिवर्तन अग्रपीयूष ग्रन्थियों से निकलने वाले प्रोलेक्टीन के उद्दीपन के परिणामस्वरूप दिखाई देते हैं। ईस्ट्रोजन के कारण चुचुकों का दृढ़ होना, सक्रियता आदि लक्षण उत्पन्न होते हैं। स्तनों की सतह पर होने वाली सूजन के कारण गर्भवती को कभी-कभी पीड़ा और चुभने जैसा अनुभव होता है।

इस अवस्था में प्रत्येक स्तन का आयतन, सामान्य स्थिति के आयतन से लगभग एक तिहाई तक बढ़ जाता है। चुचुकों से होने वाला साफ पीले रंग का स्राव बारहवें सप्ताह से शुरू होने लगता है। इसको कोलेस्ट्रम कहते हैं। इसमें वसा, जल, आल्ब्यूमिन, लवण तथा कोलोस्ट्रम के कोश पाए जाते हैं। इस अवस्था में चुचुकों का क्षेत्रफल भी बढ़ जाता है तथा अधिक अच्छायी या ऊर्ध्वशोषी होता है।

स्तनों में होने वाले बदलाव

गर्भावस्था की आरम्भिक अवस्था से ही स्तन बढ़ने लगते हैं। सबसे पहले भारीपन लगता है। फिर निपल के पास की गुलाबी त्वचा काली पड़ने लगती है। ये सारे बदलाव ऐस्ट्रोजन के कारण होते हैं। महिला खुद स्तनों के बदलावों को महसूस कर सकती है।

बाद की गर्भ की तुलना में स्तनों में बदलाव पहली गर्भ में ज्यादा स्पष्ट होते हैं। पहली गर्भावस्था के दौरान इनके आकार में जो वृद्धि हुई होती है उसमें से थोड़ी वैसी ही बनी रहती है। यहाँ तक की निपल का रंग भी वैसा ही बना रहता है।

हार्मोन्स स्राव में बदलाव (Changes in Hormones)

अपरा के हार्मोन पतनिका का भरण पोषण करते हैं, प्रजनन अंगों की कोशिकाओं की मात्रा बढ़ाते हैं तथा स्तनों की ग्रन्थि के कोशों के कम प्रसरण को भी बढ़ाते हैं। गर्भावस्था में ACTH, थाइरोट्रोपिन की क्रियाशीलता बढ़ जाती है तथा अधिवृक्क ग्रन्थियों से स्रावित कार्टिकोस्टीरोन हार्मोन की मात्रा बढ़ जाती है जिससे पेट पर निशान बढ़ जाते हैं। इस अवस्था में उच्च रक्तचाप, मूत्र में ग्लूकोज की मात्रा भी बढ़ जाती है। हार्मोन के कारण वजन भी बढ़ सकता है। गर्भावस्था में थाइराइड का आकार बढ़ जाता है जो मुख्यतः कलिन के निक्षेपण के कारण होता है। इसके अतिरिक्त गर्भावस्था में आयोडिन का निष्कासन गुर्दों के द्वारा अधिक मात्रा में होता है। परिणामस्वरूप रक्तवारी में आयोडिन की मात्रा कम हो जाती है।

उपापचय की क्रिया में होने वाले बदलाव (Changes Occur in Activity of Metabolism)

गर्भावस्था में भ्रूण द्वारा अधिक पोषण एवं ऑक्सीजन की माँग, गर्भाशय की वृद्धि एवं विकास तथा स्तनपान कराने के लिए आवश्यक तैयारी के कारण माता की अपचयात्मक एवं पोषक माँगों में वृद्धि होती है। पाचन प्रणाली की माँसपेशियाँ ढीली पड़ जाती हैं जिससे गर्भावस्था में कई कठिनाइयाँ उत्पन्न हो जाती हैं। आमाशयिक स्राव का कम हो जाना तथा आहार का आमाशय में अधिक देर पड़े रहना इनमें प्रमुख हैं। प्रसव के पहले तो 48 घंटे तक आहार आमाशय में पड़ा रहता है। आँतों की धीमी गति के कारण अवशोषण पर अच्छा प्रभाव पड़ता है लेकिन कब्ज होने की सम्भावना बनी रहती है। गर्भावस्था के प्रारम्भिक सप्ताहों में रक्त में जरायुजन्य ग्रोनेडोट्रोपिन की उपस्थिति के कारण, मनोवैज्ञानिक भी हो सकता है। लेकिन अधिक वमन की मात्रा एवं गति नाड़ी दौर्वल्य के कारण होती है। गर्भावस्था के 14 वें सप्ताह के बाद भूख अच्छी लगती है। प्रोजेस्टीरोन के मुलायम पेशियों पर विमोचन प्रभाव के कारण आँतों की पेशियों में शिथिलता आ जाती है। आमाशय की कार्डियक संवरणी के ढीली होने से छाती में जलन अनुभव होती है।

गर्भवती स्त्री का वजन सामान्य की अपेक्षा अधिक हो जाता है। वजन में 7 से 17 किग्रा. की वृद्धि तक हो सकती है। इसका कारण है, भ्रूण का 3.5 किग्रा अपरा का 0.5, उल्व तरल 0.5 किग्रा गर्भाशय का 1 किग्रा. स्तनों का वजन 1 किग्रा बढ़ना। इस प्रकार कुल वजन में 6.5 किग्रा. वृद्धि हो जाती है। अन्य शारीरिक तन्तुओं की वृद्धि से वजन में 5.5 किग्रा तक वृद्धि हो जाती है। तरल

पदार्थों के एकत्रित होने से 1.5 किग्रा. तथा शारीरिक वसा एवं प्रोटीन की वृद्धि से भी वजन पर प्रभाव पड़ता है। अपरा के हार्मोन्स से भी वजन में वृद्धि होना सम्भव है।

गर्भावस्था में आधारीय उपापचयन (BMR) 10 से 25% तक बढ़ जाता है। मूत्र में ग्लूकोज की मात्रा बढ़ती है लेकिन रक्त में ग्लूकोज की मात्रा सामान्य बनी रहती है क्योंकि वृक्कीय नलिकाओं द्वारा ग्लूकोज का पुनः शोषण नहीं हो पाता है। प्रोटीन की माँग, भ्रूण की वृद्धि, अपरा, गर्भाशय तथा स्तनों के विकास के कारण बढ़ जाती है।

गर्भावस्था के बढ़ने के साथ-साथ आमाशय की स्थिति बदलकर अधिक क्षैतिज बनने लगती है। महाप्राचीरा पेशी पर दवाब पड़ने से कार्डियक संवरणी की क्षमता कम हो जाती है जिससे अम्ल युक्त आहार पुनः भोजन नली से मुँह तक आ जाता है। अम्ल के कारण छाती में जलन महसूस होती है। लेकिन आमाशयिक रस में सामान्य रूप से अम्लीयता कम हो जाती है। बड़ी आँतों द्वारा पानी का पुनः अवशोषण बढ़ जाता है और आँतों की पेशियों की क्रियाशीलता अथवा गतिशीलता कम हो जाती है। जिससे गर्भावस्था में कब्ज होना एक साधारण सी बात हो जाती है।

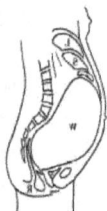

गर्भ के प्रारम्भिक दिनों में घबराहट और उल्टी

गर्भ की प्रारम्भिक स्थिति से सम्बधित घबराहट और उल्टी दिन और रात में किसी भी समय हो सकती है।

गर्भ सम्बन्धित घबराहट और उल्टी से कैसे निपटना चाहिए?

मितली को रोकने एवं सहज करने के लिए कुछ निम्नलिखित टिप्स की आजमायें (1) थोड़ी-थोड़ी देर के बाद थोड़ा-थोड़ा खायें, दिन में तीन बार मुख्य भोजन लेने की अपेक्षा इसे थोड़ा-थोड़ा कर 6-8 बार ले लें। (2) मोटापा बढ़ाने वाले तले हुए और मिर्ची वाले पदार्थ न लें। (3) जब जी मितलाये तब स्टार्च वाली चीजें खायें जैसे रस्क या टोस्ट। अपने बिस्तर के पास ही कुछ ऐसी चीजें रख लें ताकि सुबह बिस्तर से उठने से पहले खा सकें। अगर अधिक रात को जी मितलाये तो उन चीजों को लें (4) बिस्तर से धीरे-धीरे उठें। (5) घबराहट होने पर नींबू चूसने का प्रयास करें।

मितली के लिए क्या डॉक्टर से परामर्श लेना चाहिए?

यदि आपको लगे कि उल्टी बहुत ज्यादा हो रही है तो डॉक्टर से सलाह लेनी चाहिए। अत्यधिक उल्टी से शरीर के अन्दर का पानी खत्म हो सकता है, ऐसी स्थिति में अस्पताल में भर्ती करने की जरूरत पड़ सकती है।

रक्त परिसंचरण में होने वाले बदलाव (Changes Occur in Blood Circulation)

गर्भावस्था में रक्त की मात्रा 30% तक बढ़ जाती है। हृदय की क्रिया में भी वृद्धि होती है। रक्त के कणों की अपेक्षा रक्तवारी का आयाम बढ़ जाता है। कुल हिमोग्लोबिन की मात्रा में अधिकता पाई जाती है लेकिन शरीर में रक्त अल्पता की स्थिति उत्पन्न हो जाती है। अतः अतिरिक्त लोहा (आयरन) साँद्र रूप से लेना चाहिए। गर्भावस्था में स्वेत रक्त कणों की संख्या में भी वृद्धि होती

है। लेकिन रक्त में कैल्शियम की मात्रा कम हो जाती है। फाईबिनोजन, बिम्बाणु की वृद्धि होती है। रक्त चाप प्रकुंचन 110 से 120 रहता है तथा अनुशिथिलन 65 से 80 रहता है। यदि यह रक्तचाप 140/90 तक पहुँच जाता है तो पूर्व गर्भाक्षेपक की स्थिति उत्पन्न हो जाती है। 200-250 के बाद वाली स्थिति को गर्भाक्षेपक कहते हैं। रक्तचाप का बढ़ना 30 वें सप्ताह के बाद ही सामान्यतः होता है। टाँगों की शिराएँ फूल जाती है। क्योंकि बढ़ते हुए गर्भाशय का दबाव इन पर पड़ता है। अतः शिराओं का प्रसरण होने की सम्भावना रहती है। नाड़ी की गति भी कुछ सीमा तक बढ़ जाती है क्योंकि हृदय की क्रियाशीलता में वृद्धि होती है। इस समय नाड़ी की गति लगभग प्रति मिनट 78 बार होती है। गुर्दों की ओर रक्त का प्रवाह बढ़ता है तथा त्वचा के नीचे पाई जाने वाली कोशिकाएँ अधिक फूल जाती हैं जिससे हाथ-पैर गर्म रहते हैं।

मूत्र नलिकाओं में होने वाले बदलाव (Changes Occur in Uretus)

गर्भावस्था में गुर्दों की तरफ अधिक रक्त प्रवाहित होने लगता है जिससे कोशिका गुच्छ के या निस्पंदन फिल्टरन की गति 50% तक बढ़ जाती है और अधिक यूरिया या यूरिक अम्ल का निष्कासन होने लगता है। इसके अलावा इस अवस्था में ग्लूकोज के पुनः अवशोषण की गति कम हो जाती है जिससे मूत्र में यदि ग्लूकोज की उपस्थिति हो तो इसको कोई असामान्य बात नहीं माननी चाहिए। मूत्र नलिकाओं की पेशियों के तन्तु प्रोजस्टीरोन के कारण इस अवस्था में फूल जाते हैं परिणामस्वरूप मूत्रवाहिनी के ढीले होने और वक्र होने का भय रहता है। सामान्य रूप से 11% गर्भवती स्त्रियाँ एक विशेष प्रकार के अण्डाणु को विसर्जित करती हैं जिनमें तीव्र संक्रमण होने की सम्भावना होती है।

मूत्र त्याग करने की संख्या में वृद्धि लगभग 12 सप्ताह तक हो जाती है। इसका मूल कारण, बढ़ते हुए गर्भाशय का भार मूत्राशय पर पड़ना है।

गर्भावस्था में बार-बार मूत्र त्याग की जरूरत क्यों पड़ती है?

गर्भ की प्रारंभिक स्थिति में बढ़ते हुए गर्भाशय से ब्लैडर दबता है। इसी से बार-बार मूत्रत्याग करना पड़ता है।

त्वचा के कार्यों में होने वाले बदलाव (Changes Occur in Skin Activities)

गर्भावस्था में स्वेद ग्रन्थियों एवं वसामय ग्रन्थियों की क्रियाशीलता बढ़ जाती है। इसके अलावा गर्भावस्था में शरीर के कुछ भागों पर, जैसे–मुँह में, गालों पर, नाक पर, चूचुक के आस-पास तथा माथे पर, भूरे रंग की वर्णकता और वर्णकण हो जाते है। इसका मूल कारण होता है एक विशेष प्रकार का हार्मोन जो कि रक्त में प्रवाहित होता रहता है। गर्भावस्था में रक्त में अधिवृक्क ग्रन्थियों के रस के अधिक प्रवाह के फलस्वरूप त्वचा का लचीला स्तर अलग हो जाता है और पेट की त्वचा का तनन यांत्रिक क्रिया से हो जाता है। सामान्य रूप से यह तनन नाभि के नीचे की ओर ज्यादा होता है। जाँघों पर भी त्वचा का तनन देखा जा सकता है। त्वचा के तनन के ये निशान 5 से 6 सेमी लम्बे तथा 0.5 सेमी चौड़े होते हैं। प्रारम्भिक अवस्था में ये निशान गुलाबी रंग के होते हैं लेकिन बाद में फीके होकर रेशामय हो जाते हैं। ये प्रसव के बाद भी बने रहते हैं।

नाड़ी संस्थान में होने वाले बदलाव

सामान्य रूप से गर्भावस्था में स्वभाव में चिड़चिड़ापन आ जाता है, नींद कम आती है, आलस्य छाया रहता है। इस अवस्था में असामान्य इच्छाएँ जैसे विशेष पदार्थों को खाने की इच्छा आदि उत्पन्न होती रहती है। परिणामस्वरूप चिन्तातुर रहने और भय के कारण, गर्भिणी के तन में कम्पन, अधिक पसीने का स्राव, सिरदर्द, हृदय की गति का बढ़ना, रक्तचाप का बढ़ना, उल्टी (वमन) आना, मुँह का सूखा-सूखा रहना, सामान्य से अधिक बार मल-मूत्र का त्याग करना और नींद का कम आना आदि लक्षण देखे जाते हैं। कभी-कभी तो गर्भावस्था में जीवन के प्रति निराशा, एकाग्रता का अभाव और आत्महत्या करने तक का भाव गर्भवती स्त्री के मन में पैदा होते हैं।

गर्भ की दूसरी ट्रिमस्टर के लक्षण एवं चिन्ह

दूसरी स्थिति में (1) मित्तली और थकावट कम हो जाती है। (2) पेट बढ़ जाता है (3) वजन बढ़ता है (4) पीठ दर्द (5) पेट पर फैलाव के निशान (6) चेहरे का रंग बदलना।

गर्भ धारण की तीसरी ट्रिमस्टर के लक्षण एवं चिन्ह

तीसरी स्थिति में निम्नलिखित लक्षण एवं चिन्ह उभरते हैं–(1) बच्चे के बढ़ने से दबाव के कारण श्वास लेने में कठिनाई बढ़ जाती है। (2) जल्दी-जल्दी मूत्र त्याग (3) छाती में जलन वाली दर्द (4) कब्ज (5) सूजे हुए ढीले स्तन (6) अनिद्रा (5) पेट में मरोड़।

आम शिकायतें

सुबह वाली मितली

गर्भावस्था में सुबह होने वाली तकलीफ हार्मोनों के कारण होती है और यह तीसरे से चौथे महीने तक आते-आते ठीक हो जाती है। सुबह-सुबह कुछ सूखा (जैसे बिस्कुट या रोटी) खा लेने से मितली में राहत मिलती है। कई बार में थोड़ा-थोड़ा खाने से पेट की तकलीफ से बचा जा सकता है। अगर इन उपायों से काम न चले तो सूतशेखर गोली दें। अगर इससे भी फायदा न हो तो डॉक्टर की मदद लें।

घरेलु इलाज–एक चम्मच चीनी डालकर अनार का रस लें। एक मुट्ठी मुरमुरे को एक लीटर उबले हुए पानी में डालें और इसे ठण्डा होने दें। इसमें स्वादानुसार नमक व चीनी मिलाएँ और इस मिश्रण को हर 2-3 घण्टों में घूँट-घूँट पिएँ। इससे सुबह होने वाली तकलीफ में आराम मिलता है।

होमियोपैथी–कालकारिआ कार्ब, फैरम फोस,लायकोपोडिअम, नॅट मूर, नक्स वोमिका, फॉस्फोरस, पलसेटिला, सेपिआ, सिलिसिआ और सल्फर में से कोई एक दवा चुन लें। आप फैरम फोस, काल फोस, काली सल्फ और सिलिका में से एक दवा भी चुन सकते हैं।

अम्लता

आमाशय में जलन या अम्लता भी गर्भावस्था की एक आम शिकायत है। यह शिकायत आखिरी तीन महीनों में सबसे ज्यादा होती है क्योंकि इस समय तक बढ़ता हुआ गर्भाशय आमाशय को दबाने लगता है।

एक कप सादा दूध या हल्का खाना खाने से जलन में आराम मिल सकता है। दूध पीने के तुरन्त बाद लेटें नहीं। लेटते समय सिर को थोड़ा उँचा उठाकर रखें ताकि खाना वापस ग्रासनली (हलक) में वापस न जाए। अगर इन तरीकों से फायदा न हो तो आप एंटी एसिड गोलियों का इस्तेमाल कर सकते हैं। गर्भवती महिला को मिर्च और मसाले कम खाने चाहिए।

बार-बार पेशाब जाने की इच्छा होना

पहले तीन महीनों में गर्भाशय द्वारा मूत्राशय (पेशाब की थैली) को दबाने के कारण बार-बार पेशाब जाने की इच्छा होती है। यह शिकायत आमतौर पर अपने आप ठीक हो जाती है क्योंकि बच्चेदानी बढ़कर श्रोणी से उपर उभरती है। इससे मूत्राशय को पर्याप्त स्थान मिलता है।

पेशाब रुक जाना

पहले 2 से 3 महीनों में भारी बच्चेदानी द्वारा मूत्रमार्ग को दबाने से पेशाब रुक जाती है। ऐसे में जलन और मूत्रमार्ग का संक्रमण होने की सम्भावना होती है। यह शिकायत भी अपने आप तीसरे से चौथे महीने में ठीक हो जाती है। कुछ मामलों में रबर की मूत्रनली (कॅथेटर) लगाने की जरूरत पड़ सकती है। इसके लिए थोड़े से प्रशिक्षण और अनुभव की जरूरत होती है। इसमें पूरी सफाई की जरूरत होती है ताकि संक्रमण न हो जाए। कभी-कभी अस्पताल में दाखिल किए जाने की भी जरूरत होती है।

कब्ज

भारी बच्चेदानी से गुदा के दब जाने के कारण कभी-कभी कब्ज संभव है। ज्यादा देर पेट के अन्दर रहने के कारण मल सूखकर कड़ा हो जाता है। हार्मोनों के प्रभाव के कारण आंतों के संचलन में कमी आने के कारण यह होता है। इस तकलीफ को दूर करने के लिये खूब सारी सब्जियाँ खाएँ। इससे मल की मात्रा बढ़ेगी। अधिक पानी पियें। विरेचक दवाओं के इस्तेमाल से बचें क्योंकि इनसे गर्भपात होने का खतरा होता है। इसबगोल और द्रवीय पैराफीन सौम्य होने के कारण आमतौर पर उपयोगी रहते हैं।

गर्भ के दौरान कब्ज से छुटकारा

कुछ गर्भवती महिलाओं का अर्धांश इस कब्ज से पीड़ित रहता है। कुछ सामान्य उपचार के साधन हैं। (1) 1-2 गिलास जूस सहित कम-से-कम 8 गिलास पानी पियें।(2) अपने भोजन में अनाज, कच्चे फल और सब्जियों की मात्रा अधिक करें उन में फाइबर अधिक हो (3) हर रोज व्यायाम करें-सैर करना व्यायाम की अच्छी शैली है। व्यायाम एवं अच्छी शारीरिक स्थिति व्यक्ति को उसका पेट साफ रखने में मदद देती है। (4) अगर कब्ज बार-बार होने लगे तो डॉक्टर की सलाह से कोई कब्ज निवारक दवा दें।

मसूड़े सूजना

गर्भवती महिलाओं में यह हार्मोनों से होता है। इसके लिए किसी भी इलाज की जरूरत नहीं है। यह बच्चे के जन्म के बाद अपने आप ठीक हो जाता है। गर्भावस्था में सारे समय मुँह की सफाई का ध्यान रखें। दिन में दो बार दंतमंजन करे, कम-से-कम एक बार गुनगुने नमक पानी से कुल्ला करें। (एक कप पानी में एक छोटी चम्मच नमक)

उभरी हुई शिराएँ और बवासीर

बढ़ा हुआ गर्भाशय पेट की मुख्य शिराओं पर दबाव डालता है। इसलिए पैर की शिराएँ सूज जाती हैं। बवासीर भी इसी कारण से होता है। शिराओं का सूजना भी एक अस्थाई तकलीफ है। इसके लिए किसी भी इलाज की जरूरत नहीं होती। लेटते समय पैरों के तले तकिया लगाकर थोड़ा उठाकर रखने से शिराएँ खाली हो जाती हैं और चैन पड़ जाता है। अगर बवासीर ज्यादा तकलीफ देता हो तो खाने में घी-तेल की मात्रा बढ़ा दें।

गर्भ के दौरान मसूड़ों का सूजना या उनसे रक्त आना

कुछ गर्भवती महिलाओं का अर्धांश इस कब्ज से पीड़ित रहता है। कुछ सामान्य उपचार के साधन हैं। (1) 1-2 गिलास जूस सहित कम से कम 8 गिलास पानी पियें। (2) अपने भोजन में अनाज, कच्चे फल और सब्जियों की मात्रा अधिक करें उन में फाइबर अधिक हो (3) हर रोज व्यायाम करें-सैर करना व्यायाम की अच्छी शैली है। व्यायाम एवं अच्छी शारीरिक स्थिति व्यक्ति को उसका पेट साफ रखने में मदद देती है। (4) अगर कब्ज बार बार होने लगे तो डॉक्टर की सलाह से कोई कब्ज निवारक दवा दें।

पीठदर्द

पेट में बढ़ते बच्चे के हड्डी बनने के लिए माँ के खून से कैल्शियम जाता है, अगर खून में यह पर्याप्त न हो, तो इस माँ के हड्डियों से निकाला जाता है। कैल्शियम की कमी से हड्डियों में से कैल्शियम निकल जाता है। गर्भावस्था के दौरान या उसके बाद पीठ का दर्द इसी कारण से होता है। रोज के भोजन में बहुत ज्यादा कैल्शियम नहीं होता। इसलिए आहार में दूध, मटर, हड्डी समेत माँस मछली, आदि शामिल करने चाहिए क्योकि इनमें काफी कैल्शियम होता है। इसके अलावा भी प्रतिदिन कैल्शियम गोली लेने की जरूरत पडती है।

बच्चे के जन्म से छः महीने पहले से छः महीने बाद तक माँ को कैल्शियम की गोली लेना जरूरी है। ऐसा इसलिए क्योंकि बच्चे की हड्डियों के बनने के लिए भी कैल्शियम की जरूरत होती है।

योनि से सफेद पानी (प्रदर)

योनि में से सफेद पानी निकलना गर्भावस्था में बढ़ जाता है। इसके लिए तब तक किसी इलाज की जरूरत नहीं होती जब तक यह योनि संक्रमण या योनि की कोई और बीमारी न हो। योनि में संक्रमण होने पर साथ में खुजली और जलन भी होगी।

पेशाब के रास्ते में संक्रमण

पहले तीन महीनों में गर्भाशय द्वारा मूत्रमार्ग को दबाने से पेशाब रुक जाता है। इससे संक्रमण होने का खतरा होता है। गर्भवती महिला को सलाह दें कि वो जितनी ज्यादा बार हो सके पेशाब करे। संक्रमण से जलन होती है। ज्यादा पानी पीने से आमतौर पर यह जलन ठीक हो जाती है। सोडे का पानी पीने से भी फायदा होता है। यह पेशाब के अम्लीयता को कम कर देता है। अगर बुखार है तो यह संक्रमण का लक्षण है। इसके लिए ऐमोक्सीस्लीन से इलाज किया जाना चाहिए। पेशाब में संक्रमण होने से समय से पहले प्रसव होने का डर रहता है।

3

गर्भावस्था में
देखभाल/खानपान

सामान्य स्त्रियों की पोषण की माँग दो बातों पर निर्भर करती है—आधारी उपापचयन की दर तथा उसके श्रम पर। सामान्य रूप से आधारीय उपापचयन की दर 1500 कैलोरी प्रतिदिन होती है तथा परिश्रम के लिए 1800 कैलोरी प्रतिदिन की आवश्यकता होती है। गर्भावस्था में आधारीय उपापचयन की दर 10% तक बढ़ जाती है। क्योंकि भ्रूण की गतिविधियों के बढ़ने से ऑक्सीजन का उपयोग भी बढ़ जाता है। इससे गर्भवती स्त्री को कुल मिलाकर प्रतिदिन 2500 कैलोरी की आवश्यकता होती है। परिश्रम के लिए सामान्य से अधिक कैलोरी बढ़ाने की आवश्यकता नहीं होती है क्योंकि जैसे-जैसे गर्भावस्था आगे बढ़ती है वैसे-वैसे दैहिक परिश्रम कम होने लगता है। बढ़ते हुए शिशु, अपरा, गर्भाशय एवं स्तनों के लिए इसके विपरीत अधिक ऊर्जा की माँग होती है। गर्भावस्था जीवन की एक महत्त्वपूर्ण अवस्था है, जिसमें महिला को न सिर्फ अपना, बल्कि अपने होने वाले शिशु के स्वास्थ्य का भी ख्याल रखना होता है। गर्भावस्था में उचित खुराक, आराम, व्यायाम, चिकित्सकीय देखभाल, जाँचों और जरूरत पड़ने पर कुछ दवाओं की जरूरत होती है। इन सभी पहलुओं पर ध्यान देना आवश्यक है।

गर्भावस्था के प्रारंभिक तीन महीनों में कई महिलाओं को मॉर्निंग सिकनेस या मितली आने की शिकायत होती है। इस अवधि में सुबह बिस्तर से निकलने से पहले ही सूखा बिस्किट खा लें। थोड़ी बहुत चाय-कॉफी और हल्का खाना, फल, सलाद खाते रहें। बच्चे के समुचित विकास के लिए माँ की खुराक में ज्यादा कैलोरी, प्रोटीन, आयरन और कैल्शियम आवश्यक है। आमतौर पर भारतीय शाकाहारी होते हैं। इसलिए खुराक में प्रोटीन की आपूर्ति के लिए दालों और अंकुरित अनाज भी खाना आवश्यक है। यदि चार-पाँच प्रकार की दालें मिलाकर बनाएँ तो और अच्छा है। इनके अलावा मूँगफली, छोले, राजमा, भुने चने और हो सके तो सूखे मेवे का नियमित सेवन करना चाहिए। सोयाबीन भी प्रोटीन का बहुत अच्छा स्रोत है।

महिलाओं में लौह तत्व की कमी से एनीमिया होना भी बहुत अधिक पाया जाता है। इससे बचने के लिए हरी पत्तेदार सब्जियाँ, फल, सलाद खाना आवश्यक है। आयरन की गोली अवश्य लें। विटामिन-सी के सेवन से आयरन का अच्छी तरह से अवशोषण होता है। कैल्शियम के लिए आहार में रोज प्रचुर मात्रा में दूध, दही या मट्ठा होना चाहिए। कमी अधिक हो तो कैल्शियम की गोली भी लेना चाहिए। हर गर्भवती महिला को रात में कम-से-कम आठ घंटे की नींद जरूर लेना चाहिए। साथ ही दिन में भी एक-दो घंटा आराम की जरूरत है। गर्भावस्था में रोजमर्रा का हल्का-फुल्का काम किया जा

सकता है, लेकिन भारी काम से पूरी तरह परहेज करें। साथ ही उचित व्यायाम करना आवश्यक है। गर्भावस्था के व्यायाम की जानकारी स्त्री रोग विशेषज्ञ से ले सकते हैं। विशेषज्ञ से सलाह लिए बगैर अपने मन से व्यायाम न करें। बेहतर होगा कि व्यायाम योग्य प्रशिक्षक की मौजूदगी में करें।

गर्भवती स्त्री के आहार के सम्बन्ध में कुछ महत्वपूर्ण बातें–

1. कार्बोज का मुख्य स्रोत अनाज होता है। गर्भावस्था में कार्बोज का अनुपात कुछ कम कर देना चाहिए क्योंकि प्रोटीन की मात्रा के बढ़ने से कैलोरी की मात्रा भी बढ़ जाती है। गर्भावस्था में 400 ग्राम कार्बोज साधारणतः स्त्री ले सकती है जिससे 1600 कैलोरी ऊर्जा प्राप्त होती है।
2. वसा ऊर्जा का द्वितीय स्रोत है लेकिन इसका संगठन असंतृप्त वसा अम्ल तेल का बना होना चाहिए। यह प्रतिदिन 10 ग्राम से अधिक नहीं होना चाहिए।
3. गर्भावस्था में अधिक उल्टी होने से शरीर में कार्बोज की कमी आ सकती है, उस स्थिति में वसा का विघटन ऊर्जा के लिए तीव्र गति से होने लगता है। इससे रक्त में अम्लीयता बढ़ती है जो कुछ सीमा तक मूत्र द्वारा निष्कासित हो जाती है। इस अवस्था में प्रोटीन की माँग अन्य तत्त्वों की अपेक्षा अधिक बढ़ जाती है। वह भी विशेषकर बीसवें सप्ताह के बाद जब भ्रूण की वृद्धि तीव्र गति से होने लगती है।
4. सामान्य उपापचयात्मक एवं रक्षात्मक कार्यों के सम्पादन के लिए खनिज-लवण एवं विटमिनों की जरूरत होती है। लौह तत्त्व की माँग गर्भावस्था में अधिक होती है, परिणामस्वरूप अधिकतर गर्भवती स्त्रियों में रक्ताल्पता पाई जाती है। पोषण हीनता के मुख्य परिणाम असमय प्रसव, गर्भकालीन विषाक्तता, भ्रूण की मृत्यु और प्री-एक्लाम्पसिया आदि हैं। अतः गर्भावस्था में अच्छे और संतुलित पोषक तत्त्व ग्रहण करना महत्त्वपूर्ण होता है।
5. गर्भिणी के लिए आहार सामान्य रूप से पका हुआ होना चाहिए। अधिक चटपटा और मसालेदार आहार गर्भावस्था में हानिकारक होता है। अधिक चावल एवं आलू, शक्कर, मक्खन तथा घी का प्रयोग वर्जित है। गर्भावस्था में कब्ज की शिकायत होना एक सामान्य सी बात है अतः हरी पत्तेदार सब्जी, चोकर सहित आटा तथा छिलके वाली दाल का उपयोग लाभदायक होता है। यदि गर्भिणी दूध लेना पसन्द न करे तो दूध के बने पदार्थ जैसे पनीर, दही, आइसक्रीम, खोया आदि देना चाहिए। ताजा फल और सब्जियों का प्रयोग भोजन में विशेष लाभप्रद होता है। तरल पदार्थों का सेवन पर्याप्त मात्रा में करना तथा विटामिन और लौहतत्त्व (आयरन) का उपयोग साँद्र रूप में करना गर्भवती स्त्री के लिए आवश्यक है।

खानपान (Fooding)

गर्भावस्था में गर्भस्थ शिशु के शरीर निर्माण हेतु अतिरिक्त पौष्टिक तत्वों की आवश्यकता होती है। गर्भवती महिलाओं को संतुलित पौष्टिक आहार की जरूरत होती है। उनके आहार में प्रोटीन, विटामिन्स और मिनरल्स शामिल होना चाहिए। गर्भावस्था के अंतिम तीन महीनों में आयरन, फोलिक एसिड की एक गोली रोज लेना जरूरी है। इसकी कमी से नवजात शिशु में कटे तालू और कटे होंठों की समस्या पैदा हो जाती है। दाल, चावल, सब्जियाँ, रोटी और फलों को रोज के आहार में शामिल करें।

सुबह-शाम दूध पीना न भूलें। गर्भस्थ शिशु का शरीर जब बढ़ रहा होता है तब वह अपनी सभी जरूरतें माता के शरीर से लेकर पूरी करता है। फोलिक एसिड को फोलेट भी कहते हैं। यह कई तरह के आहार में विटामिन बी के रूप में विद्यमान होता है। चूँकि आहार से गर्भवती महिला की लौह तत्वों की आपूर्ति नहीं हो पाती, इसलिए आयरन, और फोलिक एसिड की गोलियाँ खाना जरूरी है।

सामान्य महिला को जहाँ रोजाना 2100 कैलोरी चाहिए, वहीं गर्भवती महिला को 2500 कैलोरी की जरूरत होती है। स्तनपान कराने वाली महिला को 3000 कैलोरी प्रतिदिन चाहिए। 10 प्रतिशत कैलोरी प्रोटीन से तथा 35 प्रतिशत कैलोरी वसा यानी तेल, घी और मक्खन से तथा 55 प्रतिशत कैलोरी कार्बोहाइड्रेट से आना चाहिए।

क्या करें—

गर्भवती महिलाओं को गहरे हरे रंग की सब्जियाँ जरूर खाना चाहिए। दलिया या साबुत अनाज से बनी रोटियाँ भी अपने आहार में शामिल करना चाहिए। मैदे का उपयोग कम से कम करें। संतरा, अंगूर और केले को रोज की खुराक में शामिल करें। सभी तरह की दालें, बीन्स, दूध और दही रोज के आहार में रहना चाहिए। सूखे मेवे विटामिन्स और खनिजों के भरपूर स्रोत होते हैं। गर्भवती महिलाओं को कॉफी, चाय और कार्बोनेटेड ड्रिंक्स की मात्रा में कमी करना चाहिए। कोला पेय में कैफीन की मात्रा अधिक होती है।

गर्भावस्था और पोषण का स्तर

गर्भावस्था के दौरान गर्भवती महिला के पोषण आवश्यकताओं का इस बात से गहरा सम्बन्ध होता है कि उसका गर्भाधान के पूर्व पोषण स्तर कैसा रहता है, क्योंकि सुपोषित महिला के पास विभिन्न पोषक तत्वों का एक रिजर्व स्टॉक रहता है, जो गर्भावस्था के दौरान किसी तत्त्व की कमी होने पर कुपोषण से जच्चा-बच्चा दोनों की रक्षा करता है।

अतः यह कहा जा सकता है कि गर्भधारण के पूर्व अच्छा पोषण स्तर बनाए रखना गर्भधारण की एक अनिवार्य आवश्यकता है। गर्भावस्था के पूर्व महिला का वजन क्या है इसका सीधा प्रभाव गर्भस्थ शिशु के वजन पर पड़ता है।

सामान्य से कम वजन की महिलाएँ प्रायः कम वजन के शिशु को जन्म देती हैं, भले ही गर्भावस्था के दौरान उनका पोषण ठीक रहा हो और उनके वजन में भी सामान्य रूप से वृद्धि हुई

हो। सामान्य से अधिक वजन की महिलाओं में गर्भावस्था के दौरान विभिन्न जोखिम बढ़ जाते हैं एवं गर्भावस्थाजन्य डायबिटीज होने का खतरा भी बढ़ जाता है।

गर्भावस्था में रखें खास ख्याल

हरी एवं पत्तेदार सब्जियों एवं ताजे फलों का सेवन नियमित रूप से करें। इससे कब्ज से छुटकारा मिलता है।

यदि सुबह जी मिचलाता है या उल्टियाँ होती है तो भूख लगने से पहले कुछ खाएँ, थोड़ी-थोड़ी मात्रा में कई बार खाएँ, खूब सारा पानी पियें, अच्छी नींद लें और रिलेक्स करें।

सुबह एकदम से बिस्तर से न उठें।

बिस्तर से उठने से पहले बिस्किट अथवा हल्के नाश्ते को बीस मिनट में लें। फिर उठकर आराम से नाश्ता करें। संतुलित आहार के साथ नियमित रूप से आयरन एवं विटामिनों का सेवन करें। दवाइयाँ इत्यादि समय से लें।

खाने के बाद कुछ देर के लिए सीधे बैठें अथवा घूमें। इससे पेट में जलन अथवा बदहजमी से छुटकारा मिलेगा। सोने से पहले भारी भोजन न करें।

यदि पेट में जलन अथवा बदहजमी की शिकायत रहती हो तो तले हुए, चिकनाईयुक्त, मिर्च-मसाले वाले भोजन, मटन, चॉकलेट, कॉफी, पेपरमिंट, चाइनीज अथवा जंक फूड का कम से कम प्रयोग करें।

गर्भावस्था में पोषण की आवश्यकताएँ

गर्भावस्था में ग्रहण किया जाने वाला आहार अन्य दिनों की अपेक्षा अधिक संतुलित तथा पोषक होना चाहिए क्योंकि इसकी अनुपस्थिति में माँ के स्वास्थ्य के साथ बच्चे का स्वास्थ्य भी प्रभावित होता है, गर्भावस्था में पोषण की आवश्यकता निम्न कार्यों के लिये विशेष तौर पर अनिवार्य होती है–

1. भ्रूण के विकास के लिये
2. प्रसव व स्तनपान समय के लिये पौष्टिक तत्त्वों का समूह
3. सामान्य स्वास्थ्य के लिये
4. गर्भाशय, गर्भनाल, प्लेसेन्टा व स्तन के विकास के लिये।

उपरोक्त विन्दुओं का वर्णन निम्नवत हैं–

1. **भ्रूण विकास व वृद्धि के लिये**–भ्रूण का गर्भ में बहुत तेजी से वृद्धि और विकास होता है। भ्रूण अपनी वृद्धि के लिए सभी आवश्यक पोषक तत्व माँ के शरीर से प्राप्त करता है। यदि माँ का आहार अपर्याप्त होगा तो भ्रूण के पोषक तत्वों की आपूर्ति के लिए माँ के उत्तक टूटकर उसे पोषक तत्व प्रदान करेंगे और यह माँ और बच्चे दोनों के लिए उचित नहीं होगा। अतः दैनिक भोजन में माँ तथा गर्भस्थ शिशु दोनों की आवश्यकताओं का ध्यान रखना जरूरी है।
2. **प्रसव के लिये तत्त्वों का संग्रह**–माता के शरीर में ही कुछ पौष्टिक तत्त्वों का संग्रह हो जाता है जो शिशु के जन्म के समय माँ तथा शिशु दोनों की सुरक्षा करते हैं। उदाहरण के लिये-शरीर में संग्रहित वसा स्तनपान काल में ऊर्जा प्रदान करती है।
3. **सामान्य स्वास्थ्य के लिए**–संतुलित आहार लेने वाली सामान्य स्त्री जिसके शरीर में पोषक

तत्त्वों का पर्याप्त भंडार है अपेक्षाकृत सहज गर्भावस्था से गुजर सकती है। सामान्य स्त्री का उचित पोषण उसकी आयु और श्रम पर निर्भर करता है। उसकी इन्हीं सामान्य आवश्यकताओं को बढ़ती हुई आवश्यकताओं में शामिल करना चाहिए।

4. **गर्भावस्था, गर्भनाल व स्तन विकास के लिये**–प्लेसेण्टा और गर्भनाल के विकास के साथ-साथ गर्भाशय तथा उसकी सहयोगी माँसपेशियों का आकार बड़ा हो जाता है तथा दुग्ध निर्माण की तैयारी हेतु स्तनों का आकार बढ़ जाता है। शरीर में विभिन्न द्रव्यों की भी बढ़ोत्तरी होती है। गर्भावस्था में इन सबकी वृद्धि के कारण भार बढ़ता है जिसके परिणामस्वरूप पोषण अनिवार्य हो जाता है।

गर्भकाल तीन भागों में वर्गीकृत किया जा सकता है।

1. पहला त्रिमास–0-3 महीने
2. दूसरा त्रिमास–3-6 महीने
3. तीसरा त्रिमास–6-9 महीने

इन तीनों त्रिमासों में वजन में लगातार वृद्धि होती है। परन्तु यह देखा गया है कि दूसरे तथा तीसरे त्रिमास में ही वजन में अधिकतम वृद्धि होती है। पहले त्रिमास में भ्रूण काफी छोटा होता है तथा उसकी आहार सम्बन्धी आवश्यकताएँ महत्त्वपूर्ण नहीं होती। इसलिए इस अवधि में माँ के लिए पोषक तत्वों की अतिरिक्त मात्रा देने की सलाह नहीं दी जाती। अधिकांश पोषक तत्वों की आवश्यकता दूसरे त्रिमास से ही बढ़ती है।

आई. सी. एम. आर द्वारा सन् 1990 में गर्भवती महिलाओं के लिये पोषण तत्वों की जिन मात्रा का निर्धारण किया गया उसे निम्नलिखित सारणी के माध्यम से देखा जा सकता है।

क्र.सं	पोषक तत्व	प्रस्तावित दैनिक मात्रा
1	नियासीन (कि .ग्रा.)	+0.2
2.	थायमीन (मि.ग्रा.)	+0.2
3	फोलिक अम्ल (μ ग्रा.)	400
4	राइबोफ्लेबिन (मि. ग्रा.)	+0.2
5	ऊर्जा (कि. कैलोरी.)	+300
6	कैल्शियम (मि.ग्रा.)	1000
7	प्रोटीन (ग्राम)	+15
8	लौह तत्त्व (मि.ग्रा.)	38
9	विटामिन 'ए'	600
	रेटिनाल	
	कैरोटीन (ग्राम.) (μ ग्रा.)	2400
10	विटामिन 'बी'$_{12}$ (ग्राम.)	1
11	एस्कार्बिक अम्ल (मि.ग्रा.)	40

गर्भावस्था में ध्यान देने योग्य बाते–गर्भावस्था में निम्नलिखित बातों पर विशेष ध्यान देना चाहिए।

1. पर्याप्त मात्रा में तरल पदार्थों को शामिल करना चाहिए।

2. जलन तथा भारीपन जैसी शिकायतें, जो प्रायः गर्भावस्था में हो जाती हैं, से बचने के लिए वसायुक्त पदार्थ और मिर्च मसालों का प्रयोग कम कर देना चाहिए।

3. कब्ज को रोकने के लिए अधिक रेशेयुक्त पदार्थ जैसे-फल, सब्जियाँ, साबुत अनाज/दालें चोकर-युक्त आटा आदि अधिक मात्रा में शामिल करने चाहिए।

4. गर्भवती स्त्री को अधिक तेज सुगन्ध वाले, तीखे मसालेदार और बासी व्यंजन नहीं देने चाहिए।

5. गर्भवती स्त्री को तनाव रहित वातावरण में भोजन परोसना चाहिए और साथ ही यह सुनिश्चित करें कि हर आहार के बाद वह पर्याप्त विश्राम करे।

6. गर्भावस्था के दौरान सुबह के समय होने वाली परेशानियाँ, जैसे–जी मिचलाना, उल्टी या चक्कर आना आदि को दूर करने के लिए गर्भवती स्त्री को सुबह चाय के साथ कार्बोज युक्त पदार्थ, जैसे– बिस्कुट, रस्क आदि देना चाहिए।

7. मुख्य आहारों के मध्य पेय पदार्थ, जैसे–नींबू-पानी, लस्सी, नारियल पानी आदि कुछ देर के अन्तराल में लेते रहना चाहिए। इससे कब्ज की शिकायत से भी बचा जा सकता है।

गर्भ का पहला महीना

मातृत्व प्राप्त करना नारी के लिए सर्वोत्तम उपलब्धि होती है, क्योंकि मातृत्व का उपलब्ध होना नारी जीवन की सर्वश्रेष्ठ उपयोगिता है। गर्भवती होना नारी का सौभाग्य होता है, गर्भ नौ माह तक चिकित्सा होती है, जिसे नौ मास चिकित्सा कहते हैं। गर्भकाल अवधि की उपेक्षा, लापरवाही व अनुचित ढंग से गुजार देना गर्भवती नारी ही नहीं आने वाले शिशु के लिए भी हानिकारक होता है।

यहाँ प्रथम महीने में क्या किया जाए व गर्भ की देखभाल किस तरह की जाए, इसकी जानकारी दी जा रही है।

जब गर्भावस्था के लक्षण प्रकट हों, उसे प्रथम माह मानकर स्त्री को मिश्री मिला दूध पीना चाहिए। 1 चम्मच मक्खन, 1 चम्मच मिश्री और स्वादानुसार काली मिर्च मिलाकर चाट लें। पानी के नारियल का सफेद भाग चबा-चबाकर खाएँ। अंत में 1-2 चम्मच सौंफ खूब देर तक चबा-चबाकर खा लें। इसके प्रभाव से गर्भस्थ शिशु का शरीर भी पुष्ट और सुडौल होता है। बच्चा गौरवर्ण पैदा होता है।

गर्भावस्था में विशेष आहार की आवश्यकता

1. कैल्शियम व फॉस्फोरस
2. जल तथा रेशीय पदार्थ
3. प्रोटीन
4. आयोडीन तथा जिंक
5. विटामिन
6. ऊर्जा
7. लौह तत्त्व

उपरोक्त तत्त्वों का विवरण निम्नलिखित है–

1. **कैल्शियम व फॉस्फोरस**–गर्भवती के शरीर में कैल्शियम व फॉस्फोरस की आवश्यकता भ्रूण

की हड्डियों और दाँतों के निर्माण के लिए बहुत बढ़ जाती है। शरीर में कैल्शियम का अवशोषण भी बढ़ जाता है जो शरीर की बढ़ी हुई माँग को पूरा करने के लिए होता है। स्तन्यकाल में कैल्शियम और फॉस्फोरस की आवश्यकता काफी बढ़ जाती है। अतः आहार में इनकी मात्रा बढ़ा देनी चाहिए ताकि ये खनिज दूध में पर्याप्त मात्रा में स्रावित हो सकें। स्तन्यकाल में दूध की उत्पत्ति के लिए माता के शरीर में प्रयाप्त कैल्शियम का भंडार गर्भावस्था में ही संग्रहित हो जाना चाहिए नहीं तो इसकी कमी को बाद में पूरा करना काफी कठिन हो जाता है। आहार में इसके अतिरिक्त आवश्यकता की पूर्ति के लिए दूध और दूध से बने पदार्थों का होना अति आवश्यक है। यदि भोजन में कैल्शियम की मात्रा काफी हो तो फॉस्फोरस की कमी नहीं रहती। यदि माता के शरीर में कैल्शियम संग्रहित न हो और आहार भी कैल्शियम युक्त न हो तो भी माता के दूध की कैल्शियम की मात्रा कम नहीं होती। अतः उस कमी को पूरा करने के लिए माता के शरीर की अस्थियाँ तथा दाँतों से कैल्शियम दूध में स्रावित होता है, जिससे वह कमजोर हो जाते हैं।

2. **जल तथा रेशीय पदार्थ**—जल व रेशे शरीर को व्यवस्थित रखने में सहायता करते हैं। छिलकेयुक्त अनाज, दालें, हरी पत्तेदार सब्जियों से शरीर को रेशे की मात्रा काफी मिलती है जिससे मल निष्कासन में आसानी रहती है व गर्भवती महिलाओं को कब्ज की शिकायत नहीं होती।

3. **प्रोटीन**—गर्भवती महिलाओं की प्रोटीन आवश्यकताओं की तुलना सामान्य महिलाओं से कीजिए। भारतीय चिकित्सा अनुसंधान समिति द्वारा दी गई आहार प्रोटीन आवश्यकता के अनुसार गर्भवती महिला को प्रतिदिन 15 ग्राम अतिरिक्त प्रोटीन की आवश्यकता होती है। यह प्रोटीन उसे दूध, दूध से बने पदार्थों, सोयाबीन, दालें व दलहन, अंडे व माँस से मिल सकती है।
गर्भावस्था में निम्नलिखित शिशु का विकास गर्भ से ही प्रारम्भ हो जाता है।

गर्भस्थ शिशु को गर्भवती महिला द्वारा पोषण मिलता है। भ्रूण में आहार की आवश्यकताएँ महिला से अधिक महत्त्वपूर्ण होती है अर्थात यदि महिला के आहार में पौष्टिक तत्वों की कमी है, तब भी भ्रूण की पौष्टिक आवश्यकता पूरी होती है। ये आवश्यकता महिला में संचित पौष्टिक तत्वों से पूरी होती है। उदाहरण के लिए यदि महिला के आहार में कैल्शियम की मात्रा कम है तो भी शिशु को कैल्शियम महिला के संचित कैल्शियम से मिलती रहेगी और माता के कैल्शियम की मात्रा कम हो जाएगी। अतः गर्भवती महिला की स्थिति से महिला व शिशु दोनों के स्वास्थ्य पर प्रभाव पड़ता है। एक स्वस्थ व सेहतमंद महिला एक सेहतमंद व स्वस्थ शिशु को जन्म देती है जबकि कम सेहतमंद महिला कम स्वस्थ बच्चे को जन्म देती है।

गर्भवती को वही भोजन चाहिए जो उसके अपने लिए व गर्भस्थ शिशु की जरूरतों को पूरा करे। इसका अर्थ यह नहीं है कि उसको दो व्यक्तियों की मात्रा जितना भोजन करना चाहिए। वैसे गर्भधारण करने के प्रारंभिक तीन महीनों में उसे कुछ अधिक मात्रा में भोजन जरूर करना चाहिए।

गर्भ के समय महिला की पौष्टिक आवश्यकताएँ बढ़ जाती हैं, क्योंकि उसके शरीर में बहुत-से परिवर्तन होते हैं, जैसे गर्भस्थ शिशु का तेज विकास, गर्भनाल का विकास (जिसके द्वारा महिला से शिशु को आहार व ऑक्सीजन प्राप्त होती है), तरल पदार्थ की संरचना, जिससे बच्चे को दुर्घटना से सुरक्षा मिलती है, स्तनों व गर्भ ऊतकों का विकास, रक्त में बढ़ोतरी, बच्चे के दाँतों व रक्त के उचित विकास के लिए पोषक तत्वों का संरक्षण।

4. **आयोडीन तथा जिंक**—गर्भावस्था के दौरान दो प्रकार के खनिज तत्त्व आयोडीन व जिंक का विशेष महत्त्व होता है। जिंक की आवश्यकता वृद्धि तथा प्रोटीन के संश्लेषण के लिए और

आयोडीन की आवश्यकता भ्रूण की शारीरिक और मानसिक वृद्धि को नियंत्रित करने के लिए होती है। आयोडीन की कमी होने से नवजात शिशु मानसिक रूप से अपंग या शारीरिक रूप से कमजोरी का शिकार हो जाता है।

5. **विटामिन**—अकसर महिलाएँ परिवार का तो ध्यान रखती हैं, लेकिन खुद की देखभाल के प्रति उदासीन रहती हैं। लेकिन महिलाओं को खासतौर से गर्भवती महिलाओं को पर्याप्त मात्रा में पोषक तत्वों की आवश्यकता होती है। इनमें से एक है विटामिन। आइए जानते हैं कि गर्भवती महिलाओं को कितनी मात्रा में विटामिन्स की जरूतत होती है।

विटामिन ए की आवश्यकता भी गर्भावस्था में बढ़ जाती है, क्योंकि यह भावी शिशु की शारीरिक वृद्धि, त्वचा व श्लेष्मिक झिल्ली के स्वास्थ्य के लिए आवश्यक है। यह महिला एवं गर्भस्थ शिशु की आँखों को स्वस्थ रखने हेतु एक जरूरी विटामिन है एवं सामान्य रूप से इसकी 800 माइक्रोग्राम मात्रा गर्भावस्था के पूर्व एवं गर्भावस्था के दौरान लिया जाना आवश्यक है। यह फल-फूल, मछली, माँस आदि में प्रचुर मात्रा में उपस्थित होता है।

बी समूह के विटामिन थायमीन, राइबोफ्लेविन तथा नियासीन की आवश्यकता ऊर्जा की आवश्यकता के बढ़ने के साथ-साथ बढ़ जाती है। इनकी प्रचुरता से गर्भवती स्त्री में जी मिचलाना, उल्टी होना या कब्ज आदि की शिकायतें नहीं होती। गर्भावस्था के दौरान फोलिक अम्ल की मात्रा बढ़ाकर 400 माइक्रोग्राम कर देनी चाहिए।

विटामिन बी-1 11 से 15 मिलीग्राम,

विटामिन बी-2 13 से 16 एमजी,

विटामिन बी एवं सी 15 से 22 मिलीग्राम,

विटामिन बी-12 - 2 से 22 एमसीजी,

विटामिन डी कैल्शियम और फॉस्फोरस के अवशोषण में सहायक होता है, जिससे उनकी बढ़ती हुई माँग को पूरा किया जा सकता है। गर्भावस्था में विटामिन डी की मात्रा केवल सूर्य की किरणों से ही पूरी नहीं होती बल्कि इसके लिए आहार में दूध या दूध से बने पदार्थ, हरी सब्जियाँ आदि सम्मिलित करना आवश्यक है।

विटामिन-डी 200 से 400 आययू,

विटामिन-ई 8 मिलीग्राम,

विटामिन-के 60 मिलीग्राम।

6. **ऊर्जा**—निरंतर विकास के लिए ऊर्जा की आवश्यकता होती है। गर्भवती स्त्रियों की कैलोरी आवश्यकता सामान्य से 300 कैलोरी अधिक होती है जो सामान्य महिला की आवश्यकता से 13% अधिक होती है। किंतु कैलोरी की आवश्यकता आयु, कद, वजन, क्रियाशीलता व गर्भ की स्थिति के अनुसार बदल सकती है। प्रारंभिक तीन महीनों में कैलोरी की आवश्यकता आमतौर पर नहीं बढ़ती, परंतु दूसरी तिमाही में ऊर्जा की आवश्यकता बढ़ जाती है तथा तीसरी तिमाही में क्रियाशीलता कम होने के कारण कुछ घट जाती है।

7. **लौह तत्त्व**—दूध लोहे (आयरन) का अच्छा साधन नहीं है, अतः माता को लोहा अधिक देने से बच्चे को अतिरिक्त लोहा नहीं मिलता परन्तु पर्याप्त मात्रा में लोहा माता के अपने स्वास्थ्य के लिए आवश्यक है। इसकी पूर्ति के लिए आहार में हरी पत्तेदार सब्जियाँ, अण्डे व चोकर सहित आटे का इस्तेमाल करना चाहिए।

गर्भवती महिला के लिए प्रस्तावित खाद्य पोषक तत्व

नाम :	अर्चना	आयु :	30 वर्ष
गर्भ की स्थिति :	द्वितीय तिमाही	क्रिया :	मध्यम
खानपान :	शाकाहारी E		

	आहार आवश्यकताएँ	प्रस्तावित आहार आवश्यकताएँ	
दूध	325 मि. लि.		
चीनी	40 ग्राम		
घी, तेल	35 ग्राम		
हरी पत्तेदार सब्जियाँ	150 ग्राम	कैल्शियम	1000 मि. ग्राम
फल	30 ग्राम		
अन्य सब्जियाँ	75 ग्राम	लौह तत्त्व	30 मि. ग्राम
कंदमूल	75 ग्राम	विटामिन 'ए'	2400 कैरोटीन
अनाज	400 ग्राम	कैलोरीज	2525
दालें	70 ग्राम	प्रोटीन	65 ग्राम

आहार	मीनू	मात्रा
सुबह की चाय	चाय	1 कप
	बिस्कुट	2
सुबह का नाश्ता	मक्खन, डबल रोटी	2 स्लाइस
	टिक्की (हरी चटनी के साथ)	2
	दूध	1 कप
मध्याह्न	संतरा	1
	मटर पोहा	1 कटोरी
दोपहर का भोजन	उबले चावल	1 प्लेट
	चपाती	2
	अरहर दाल	1 कटोरी
	मेथी आलू सब्जी	1 कटोरी
	प्याज टमाटर रायता	1/2 कटोरी

आहार	मीनू	मात्रा
शाम की चाय	मूँगफली की चिक्की	2 टुकड़े
	दूध	1 कप
रात का भोजन	चपाती	2
	न्यूट्रीनीगेट सब्जी	1 कटोरी
	फूलगोभी सब्जी	1 कटोरी
	सिवईं की खीर	1 कटोरी

गर्भावस्था में क्या खाएं, क्या ना खाएं

खान-पान पर दें विशेष ध्यान–गर्भावस्था के दौरान महिलाओं को विटामिन, प्रोटीन, आयरन युक्त भोजन लेना चाहिए। हरी पत्तेदार सब्जियाँ, दूध, फल, जूस का सेवन नियमित रूप से करना चाहिए। ऐसे समय में फास्ट फूड, ऑयली, स्पाइसी फूड नहीं लेना चाहिए। इस दौरान फोलिक एसिड, डीएचए टेबलेट भी अनिवार्य रूप से लेना चाहिए।

सावधानी जरूरी–अधिक उम्र में गर्भावस्था के दौरान महिलाओं को विशेष सावधानी रखनी चाहिए। ऐसे समय में थाइराइड, ब्लडप्रेशर, शुगर का रेग्युलर चेकअप कराते रहें। बच्चे के विकास की जानकारी के लिए समय-समय पर सोनोग्राफी अवश्य करायें। कोई भी समस्या आने पर तुरंत डॉक्टर से संपर्क करें। इस दौरान जितना हो सके ज्यादा दूरी के सफर से बचना चाहिए।

सब्जियाँ–आठ से नौ सप्ताह में शिशु की आँख का विकास होता है, इसलिए इन्हें भोजन में प्राथमिकता दें। इसमें पाए जाने वाले विटामिन ए और सी के साथ अन्य विटामिन्स, मिनरल्स और फाइबर कब्ज को दूर करने में मददगार होते हैं। विटामिन सी युक्त जैसे गोभी, ग्रीन बीन्स और टमाटर बॉडी को कैल्शियम प्रदान करते हैं।

संतुलित आहार का नियोजन

आहार को मोटे तौर पर उसकी पोषण शक्ति या मूल्य के अनुसार, निम्नलिखित 11 समूहों में विभाजित किया जा सकता हैं 1. अनाज और ज्वार बाजरा, 2. दालें (फलियाँ), 3. गिरियाँ और तिलहन, 4. सब्जियाँ, 5. फल, 6. दूध और दुग्ध पदार्थ, 7. अण्डे, 8. मांस, मछली और अण्डे, 9. वसा और तेल, 10. शकर एवं अन्य स्टार्चयुक्त लेने के लिये आहार तथा, 11. मिर्च एवं मसाले, संतुलित आहार विभिन्न भोज्य पदार्थों की पोषण शक्ति की जानकारी नीचे दी जा रही है।

अनाज और ज्वार बाजरा

विश्व के अधिकांश देशों के लोगों का यही मुख्य आहार है। इसकी मुख्य वजह अधिक मात्रा में उपलब्धता, प्राप्ति में आसानी, कम कीमत का होना है। चूँकि सामान्य वर्ग की क्रयशक्ति कम होती है इसलिए उसकी क्रयक्षमता सिर्फ इन मोटे अनाजों तक ही सीमित रहती है। इस श्रेणी में चावल, गेहूँ के अलावा ज्वार, बाजारा, रागी आदि आते हैं। भारत और विकासशील देशों के अधिकांश गरीब लोग अपने 70 से 80 प्रतिशत तक आहार में इन्हीं पदार्थों का उपयोग करते हैं, इनमें प्रोटीन की मात्रा 6 से 12 प्रतिशत और B-विटामिन जैसे थायमिन, नियासीन, पेन्टोथेनिक एसिड, विटामिन और अन्य खनिज अच्छी मात्रा में पाये जाते हैं। इसलिए इन अनाजों के द्वारा गरीब वर्ग की कैलोरी, प्रोटीन और अन्य पोषक तत्वों की 70 से 80 प्रतिशत तक आवश्यकताओं की पूर्ति हो जाती है, रागी को छोड़कर शेष सभी अनाजों में कैल्शियम साधारण से लेकर सामान्य मात्रा तक मिल जाता है, रागी में सर्वाधिक कैल्शियम पाया जाता है इससे लगभग 0.4 प्रतिशत कैल्शियम पाया जाता है। अनाजों में विटामिन A, D, और C पर्याप्त मात्रा में नहीं होते हैं। पीली मक्का में केरोटीन (प्रोविटामिन A) अच्छी मात्रा में पाया जाता है। भारत के गरीब लोग धानियों (फूलों) का उपयोग नाश्ते के रूप में करते है।

दालें

देश में दालों का अधिक उपयोग उत्तरी राज्यों के अलावा बिहार और उत्तर प्रदेश और मध्य प्रदेश में होता है।

सूची दालों में प्रोटीन की मात्रा 1.9 से 24 प्रतिशत तक होती है। इनमें B-विटामिन और खनिज भी अच्छी मात्रा में पाये जाते हैं लेकिन इनमें विटामिन A, D, और C की मात्रा बहुत कम होती है। दालों से अनाज में जो कमियाँ हैं उनकी पूर्ति अच्छी तरह से हो जाती है। सिंके हुए चने और मटर कम आय वर्ग में नाश्ते के रूप में प्रयुक्त किये जाते हैं, हरे चने, हरे मटर आदि में विटामिन C पर्याप्त मात्रा में पाया जाता है।

गिरी और तिलहन

गिरी और तिलहन में (केवल खोपरे को छोड़कर) 18 से 40 प्रतिशत तक प्रोटीन पाये जाते हैं, ये प्रोटीन के मुख्य स्त्रोत है। सोयाबीन में 40 प्रतिशत प्रोटीन होता है। यह प्रोटीन का सबसे मुख्य स्त्रोत है। इनमें से कुछ गिरियाँ और तिलहन, वसा, विटामिन B और विटामिन E और कुछ खनिजों के बहुत अच्छे स्त्रोत हैं। उदाहरण के लिए इनमें फॉस्फोरस और आयरन बहुत अच्छी मात्रा में पाया जाता है। लेकिन इनमें विटामिन A, D, और C नहीं पाया जाता है।

तिल्ली में कैल्शियम की प्रचुर मात्रा पाया जाता है, लेकिन यह तिल्ली के छिलकों में कैल्शियम ऑक्सेलेट के रूप में पाया जाता है। चूँकि गिरियों और तिलहनों में वसा और प्रोटीन अच्छी मात्रा में पाये जाते हैं। इसलिए इनका उपयोग वैकल्पिक दूध (Milk Substitue) बनाने में किया जा सकता है। इस प्रकार का दूध शिशुओं को पिलाया जा सकता है। यह दूध उन क्षेत्रों मे भी काम में लाया जा सकता है जहाँ दूध पर्याप्त मात्रा में नहीं मिलता।

सब्जियाँ

पोषकीय तत्त्वों के मामले में रूणिजनों की भूमिका महत्त्वपूर्ण है। पोषकीय तत्वों की दृष्टि से सब्जियाँ

तीन वर्गों में विभाजित की जा सकती है- 1. हरी पत्ते वाली सब्जियाँ, 2. कन्द और मूल तथा 3. अन्य सब्जियाँ।

हरी पत्ते वाली सब्जियाँः हरी पत्ते वाली सब्जियों में केरोटीन (प्रो विटामिन A) बहुत अच्छी मात्रा में पाया जाता है। इनमें कैल्शियम, रिबोफलेविन, फोलिक एसिड, और विटामिन C भी अच्छी मात्रा में पाये जाते हैं। यदि वयस्क व्यक्ति 100 ग्राम और बालक 50 ग्राम हरी पत्ते वाली सब्जियाँ प्रतिदिन है तो इससे केरोटीन, फोलिक एसिड, विटामिन C की पूर्ति और कैल्शियम तथा रिबोफलेविन को आंशिक पूर्ति हो सकती है। सरंक्षणात्मक भोज्य पदार्थों में ये सबसे सस्ते हैं।

कन्द मूलः इस वर्ग के मुख्य भोज्य पदार्थ हैं-आलू, शकरकन्द, कसावा, गाजर, घुइंया आदि, सामान्यतौर पर इनमें स्टार्च अच्छी मात्रा में पाया जाता है। इनमें प्रोटीन की मात्रा बहुत कम होती है। आलू इसका अपवाद है। आलू में प्रोटीन अच्छी मात्रा में पाया जाता है, गाजर और पीले शकरकन्द में केरोटीन की अच्छी मात्रा मिल जाती है। लेकिन आलू, शकरकन्द, कसावा में केरोटीन नहीं पाया जाता है। इस वर्ग के पदार्थों में प्रोटीन बहुत कम मात्रा में मिलता है और इसलिये इनका पूरक आहार के रूप में ही उपयोग किया जा सकता है। अफ्रीका, एशिया और लैटिन अमेरिका के देशों में बाल वर्ग में कसावा का बहुत उपयोग किया जाता है, इसी का परिणाम यह है कि इन देशों में कैलोरी प्रोटीन कुपोषण के उदाहरण भारी मात्रा में देखने में आते हैं।

अन्य सब्जियाँः इस वर्ग में कई सब्जियों को शामिल किया जाता है इनमें से कुछ में विटामिन C अच्छी मात्रा में पाया जाता है। पीले कद्दू में केरोटीन अच्छी मात्रा में पाया जाता है।

फल

सामान्यतौर पर फलों में विटामिन C अच्छी मात्रा में पाया जाता है। इनमें से कुछ में जैसे आम और पपीते में केरोटीन भी अच्छी मात्रा में पाया जाता है।

आँवले और अमरूद में विटामिन C भारी मात्रा में पाया जाता है। फलों में ये सबसे सस्ते फल हैं टमाटर, नींबू, संतरा, पपीता, अनन्नास, काजू आदि में भी विटामिन C पर्याप्त मात्रा में पाया जाता है। सेब, केला और अंगूर में विटामिन C बहुत कम मात्रा में होता है।

दूध से बने खाद्य पदार्थ

दूध अनादिकाल से शिशुओं के आहार तथा बालकों और वयस्कों के पूरक आहार के रूप में काम में लाया जाता है। विटामिन C, D, और आयरन को छोड़कर दूध सर्वगुण सम्पन्न आहार हैं, दूध प्रोटीन, जैविक दृष्टि से बहुत मूल्यवान है। गाय के एक लीटर दूध से 35g प्रोटीन, 35g वसा, 1g कैल्शियम, 1.5g रिबोफलेविन, 1500 I.U. विटामिन A और अच्छी मात्रा में B विटामिन और खनिज आदि प्राप्त होते हैं। भैंस का दूध भारत, पाकिस्तान और मिस्र में व्यापक रूप से काम में लाया जाता है। इसमें वसा की मात्रा गाय के दूध की तुलना में दुगुनी होती है।

पूर्ण वसा दुग्ध चूर्ण (Full Fat Milk Powder): सम्पूर्ण वसा सहित बनाया गया दूध का पाउडर गाय के दूध से 8 गुना उत्तम होता है। इसमें लगभग 26 प्रतिशत प्रोटीन और 26 प्रतिशत वसा होती है। इसमें 7 गुना गरम पानी मिलाकर इसे फिर दूध के रूप में तैयार कर काम में लाया जा सकता है।

वसा रहित दुग्ध चूर्ण (Skimmed Milk Powder): यह सप्रेटा दूध से जिसमें से वसा अलग कर ली जाती हैं तैयार किया जाता है। इसमें वसा और विटामिन A बिल्कुल नहीं होते, यह ताजे सप्रेटा दूध से 10 गुना उत्तम होता है, इसमें 35 प्रतिशत प्रोटीन होते हैं। यह बालकों के पूरक आहार के रूप में काम में लाया जा सकता है लेकिन यह शिशुओं को नहीं पिलाया जाना चाहिये।

अण्डा

मुर्गी के अण्डों में सर्वोत्कृष्ट गुणों वाला जैविक प्रोटीन 13 प्रतिशत और 13 प्रतिशत वसा होती है। इसमें विटामिन A और कुछ विटामिन पर्याप्त मात्रा में पाये जाते हैं। इनमें विटामिन D की सामान्य मात्रा होती है। लेकिन विटामिन C बिल्कुल नहीं होता, मुर्गी और बत्तख के अण्डों की रासायनिक सरंचना एक जैसी होती है। अण्डे की सफेदी में 12 प्रतिशत प्रोटीन कुछ विटामिन B होते हैं, लेकिन इनमें वसा और विटामिन A बिलकुल नहीं होता। अण्डे के पीले भाग जर्दी में 15 प्रतिशत प्रोटीन, और 27 प्रतिशत वसा होती है। इसमें विटामिन A अच्छी मात्रा में और आयरन साधारण मात्रा में होता है। इसलिये यह शिशुओं के पूरक आहार के रूप में काम में लाया जा सकता है।

मॉस, मछली और अन्य भोजन

पूरक पोषक आहार के रूप में इसकी उपयोगिता निर्विवाद है। चूँकि इसके असीमित मात्रा में उपलब्धता तथा इनके उपयोग काफी हद तक कृषि आहार पर दबाव कम करता है।

माँसः माँस में उच्च जैविक किस्म का प्रोटीन (18 से 22 प्रतिशत तक) होता है। इसमें विटामिन B साधारण मात्रा में पाया जाता है। इसमें विटामिन A, C और क बिल्कुल नहीं होते हैं।

मछलीः मछलियों में उच्च जैविक किस्म का प्रोटीन (18 से 22 प्रतिशत तक) होता है। इनमें B विटामिनों की सामान्य मात्रा पाई जाती है। मछलियों में विटामिन A और D की सामान्य मात्रा पाई जाती है। बड़ी मछलियों में फॉस्फोरस पाया जाता है लेकिन कैल्शियम नहीं होता है। यदि छोटी मछलियों को हड्डियों के सहित खाया जाये तो उनसे कैल्शियम की अच्छी मात्रा प्राप्त होती है।

यकृत (Liver): यकृत में 18 से 20 प्रतिशत तक प्रोटीन और विटामिन A और B कॉमप्लेक्स अच्छी मात्रा में होते हैं। यह विटामिन का सबसे उत्तम प्राकृतिक स्त्रोत हैं।

वसा और तेलः वसा और तेल मुख्य रूप से ऊर्जा के स्त्रोत के रूप में कार्य करते हैं। इनसे आवश्यक वसीय अम्ल भी प्राप्त होते हैं। मक्खन, घी और वनस्पति विटामिन A के अच्छे स्त्रोत है। (लगभग

2500 I.U. प्रति 100 ग्रा.) सामान्य वनस्पति तेलों में केरोटीन या विटामिन A नहीं होता, इनमें से कई विटामिन E के अच्छे स्त्रोत हैं।

शक्कर एवं अन्य कार्बोहाइड्रेट आहारः कार्बोहाइड्रेट आहारों में प्रमुख गन्ने की शकर, गुड़, ग्लूकोस, शहद, शरबत, कस्टर्ड पाउडर, अरारोट का मैदा और साबुनदाना हैं। ये मुख्य रूप से ऊर्जा के स्त्रोत के रूप में काम करते हैं। शहद और गुड़ में बहुत थोड़ी मात्रा में खनिज और विटामिन होते हैं।

मसाले और मिर्च : सामान्य आहार में मसाले और मिर्च का कोई पोषण मूल्य नहीं होता लेकिन इनका मुख्य उपयोग भोजन को सुस्वादु बनाने के लिए किया जाता है। इनमें कुछ आवश्यक तेल (Essential Oils) होते हैं। जो इन्हें रूचिकर बनाते हैं।

पेय पदार्थ

खाद्य पदार्थों के अलावा कुछ पेय पदार्थ भी हैं जिनका चलन है और ये हमें ऊर्जा प्रदान करते हैं। मूल रूप से पेय पदार्थ को तीन वर्गों में वर्गीकृत किया जा सकता है–

(1) **मादक पेय**–जैसे व्हिस्की, रम, ब्रान्डी, ताड़ी आदि।
(2) **अमादक पेय**–जैसे–कॉफी, चाय, कोको आदि।
(3) **मृदु पेय**–जैसे–सोडावाटर, कोकोकोला, विम्टों, लेमन आदि।

(1) **मादक पेय**–मादक पेय का सक्रिय घटक एथिल अल्कोहल है। बीयर में 5.6 प्रतिशत अल्कोहल और 11 औंस कैलोरी होती है। जिन, ब्रांडी, रम एवं व्हिस्की में 33.45 प्रतिशत अल्कोहल और 66.90 औंस कैलोरी होती है। प्रमुख वाइन जैसे–शेम्पेन, बरगंडी, क्लेरेट आदि में 10.13 प्रतिशत अल्कोहल और 20.30 औंस कैलोरी होती है। पुष्प वाइन जैसे–शेरी, पोर्ट आदि में 17.23 प्रतिशत अल्कोहल और 34.48 औंस कैलोरी होती है। अरेक या देशी शराब में 40 प्रतिशत अल्कोहल और 66.90 औंस कैलोरी होती है। ताड़ी में 2.3 प्रतिशत अल्कोहल और 10 औंस कैलोरी होती है।

(2) **अमादक पेय**–प्रमुख अमादक पेय हैं कॉफी, चाय कोको आदि। कॉफी में मूल रूप से केफीन, वाष्पशील तेल और टेनिक अम्ल रहते हैं। केफीन तन्त्रिका तन्त्र को उद्दीपत करता है। जब कॉफी के बीजों को भूना जाता है तब टेनिक अम्ल नष्ट हो जाता है, प्रोटीन स्वंदित हो जाते हैं और मधुर महक बिखरती है।

चाय भी एक प्रमुख अमादक पेय है। इसके दो मुख्य प्रकार हैं–हरी और काली। हरी चाय चीन, जापान और असम में बहुत अधिक लोकप्रिय है, क्योंकि यह काली चाय की तुलना में अधिक कड़क है। चाय में केफीन लगभग 2.6 प्रतिशत, टेनिक अम्ल–6.12 प्रतिशत, थियोफिलीन–सूक्ष्ममात्रा और आवश्यक वाष्पशील तेल–5 प्रतिशत विद्यमान होता है। पानी में पत्तों को उबालकर चाय बनती है। जब दूध मिलाया जाता है तब दूध का केसीन टेनिक अम्ल के साथ मिलकर हानिरहित मिश्रण तैयार कर देती है।

कोको फलियों से प्राप्त होती है। कोको में थियोब्रोमिन और केफीन रहते हैं। इसमें बसा खूब होता है।

(3) **मृदु पेय**–सोडावाटर, कोकाकोला, विम्टों, लेमन आदि प्रमुख मृदुल पेय पदार्थ हैं। मृदु पेय के मुख्य घटक हैं, कार्बन-डॉइ-आक्साइड, शक्कर, साइट्रिक अथवा टार्टेरिक अम्ल, रंग और गंध के कारक आदि।

आहारों का कार्यात्मक वर्गीकरण

पोषकीय आहार मानव शरीर को अनेक तरीके लाभान्वित करते हैं। इनके मानव के उपयोग करने के आधार पर तीन विस्तृत भागों में वर्गीकृत (श्रेणी) किया जा सकता है। 1. ऊर्जा प्रदान करने वाले आहार, 2. शरीर निर्माण करने वाले आहार और 3. सुरक्षात्मक आहार।

ऊर्जा प्रदान करने वाले आहार–इस वर्ग में वे आहार जिनमें कार्बोहाइड्रेस और वसा भारी मात्रा में होते हैं तथा शुद्ध वसा और कार्बोहाइड्रेटस शामिल किये जाते हैं, अनाज, कन्द मूल, सूखा मेवा और वसा प्रमुख ऊर्जा देने वाले आहार हैं, अनाज से ऊर्जा के अतिरिक्त प्रोटीन, खनिज और विटामिन भी प्राप्त होते हैं।

शरीर निर्माण करने वाले आहार (Body Building Foods)–प्रोटीन से परिपूर्ण आहार को शरीर बनाने वाले आहार कहा जाता है। इन्हें दो बड़े वर्गों में विभाजित किया जा सकता है। 1. दूध, माँस, अण्डे और मछली, जिनमें उच्च किस्म का जैविक प्रोटीन पाया जाता है। और 3. दालें, तिलहन, गिरी, कम तेल वाले तिलहनों का आटा जिनमें मध्यम मूल्य के प्रोटीन पाये जाते हैं।

सुरक्षात्मक आहार (Protective Foods)–वे आहार जिनमें प्रोटीन, विटामिन और खनिज अच्छी मात्रा में पाये जाते हैं, सुरक्षात्मक आहार कहे जाते हैं। सुरक्षात्मक आहार को दो बड़े भागों में विभाजित किया जा सकता हैं–1. वे आहार जिनमें उच्च जैविक मूल्य के प्रोटीन, खनिज और विटामिन पाये जाते हैं। दूध, अण्डे, मछली और यकृत आदि इस वर्ग के उदाहरण हैं। 2. वे आहार जिनमें केवल कुछ विटामिन और खनिज ही अच्छी मात्रा में पाये जाते हैं, हरी पत्ते वाली सब्जियाँ और कुछ फल इसके उदाहरण हैं।

संतुलित आहार का नियोजन (Planning of Balanced Diet)–वह आहार जिसमें सभी आहार वर्ग जैसे ऊर्जा देने वाले आहार, शरीर संवर्धन करने वाले आहार और सुरक्षात्मक आहार उचित प्रमाण में हों, जिससे कि व्यक्ति को सभी पोषक तत्व न्यूनतम मात्रा में प्राप्त हो जायें। संतुलित आहार विभिन्न आयु वर्ग, लिंग भेद, शारीरिक कार्य, आर्थिक स्थिति और शारीरिक स्थिति के लिये अलग-अलग होंगे। उदाहरणार्थ, गर्भावस्था और दुग्धस्त्रावण, विभिन्न आयु वर्गों के लिए संतुलित आहार अध्याय 15 से 19 तक दिये गये हैं।

कीमती संतुलित आहार (Balanced Diet at High Cost)–इस प्रकार के संतुलित आहार में दूध, अण्डे, माँस, मछली और फलों की माँग की पर्याप्त मात्रा होगी, अनाज, दाल, गिरी और वसा साधारण मात्रा में होंगे।

सममूल्य संतुलित आहार (Balanced Diet at Moderate Cost)–इस प्रकार के संतुलित आहार में दूध, मछली, माँस, फल और वसा सामान्य मात्रा में आर अनाज, दाल, गिरी और हरी पत्ते वाली सब्जियाँ पर्याप्त मात्रा में होंगी।

सस्ता संतुलित आहार (Balanced Diet at Low Cost)—इस प्रकार के संतुलित आहार में दूध, अण्डे, माँस, मछली और वसा कम मात्रा में और अनाज,दाल, गिरी और हरी पत्ती वाली सब्जियाँ पर्याप्त मात्रा में होंगी।

संतुलित आहार तालिका

खाद्य समूह	शाकाहारी
अनाज	400 ग्राम
दालें	85 ग्राम
कन्दमूल	85 ग्राम
अन्य ताजी सब्जियाँ	85 ग्राम
फल	85 ग्राम
शक्कर और गुड़	60 ग्राम
मक्खन, घी, तेल व हरे शाक	125 ग्राम
अन्य वसायुक्त पदार्थ	60 ग्राम
दूध	300 ग्राम
मूंगफली	30 ग्राम

यह आहार सामान्य क्रियाशील मनुष्य के लिये हैं, इसके द्वारा 3000 कैलोरीज व अन्य पोषक तत्व जैसे प्रोटीन 90 ग्राम, वसा 90 ग्राम, कार्बोहाइड्रेट 450 ग्राम एवं पर्याप्त मात्रा में खनिज पदार्थ तथा विटामिन्स प्राप्त होते हैं।

इस प्रकार का संतुलित आहार मानव की भोजन की आवश्यकता पूर्ति करने के साथ शारीरिक वृद्धि प्रतिरोधात्मक शक्ति का विकास करने के साथ-साथ पौष्टिकता से परिपूर्ण है।

गर्भावस्था में जरूरी अवसर आहार

गर्भावस्था के दौरान आहार को लेकर हमारे देश में कई भ्रांतियाँ हैं। अकसर कहा जाता है कि फलाँ चीज मत खाना, नहीं तो बच्चे का रंग काला हो जाएगा। कई समाजों में अनेक तरह के फल और सब्जियाँ गर्भवती महिलाओं के आहार में शामिल ही नहीं किए जाते हैं। अकसर केले इसलिए नहीं खाने दिए जाते हैं कि इससे गर्भस्थ शिशु को जन्म लेने के बाद सर्दी-जुकाम बना रहेगा। मछली खाने से रोका जाता है, क्योंकि इससे गर्भस्थ शिशु को सफेद दाग होने की आशंका जताई जाती है।

सामान्य देखभाल (Common Care)

स्वास्थ्य परक आहार पर बल देना

अपने अजन्मे बच्चे के पोषण की आप एकमात्र स्रोत हैं, आपके खाने की प्रवृत्ति का बच्चे के स्वास्थ्य और कुशलता पर काफी प्रभाव पड़ता है। बढ़ी हुई जरूरत को पूरा करने के लिए आपके शरीर को पर्याप्त पोषण की जरूरत होती है।

गर्भवती माँ को कैलोरी की जरूरत

गर्भवस्था के प्रारम्भिक महीनों में आप को अपने आहार में बदलाव लाने की जरूरत नहीं है। गर्भ के बढ़ने के साथ-साथ आप को कैलोरी की मात्रा में लगभग 300 अतिरिक्त कैलोरिज जोड़ लेने की जरूरत पड़ सकती है। ऐसा सामान्यतः दूसरे और तीसरे ट्रिमस्टर में होता है। यही आप अधिक खाते हैं तो आपका ही वजन बढ़ेगा न कि आपके बच्चे का। इसलिए ध्यान रखें कि आप बरगर, तले पदार्थ, बिस्कुट जैसे कैलोरी बढ़ाने वाले पदार्थ न लें। वस्तुतः आप को जरूरत होती है - प्रोटीन कार्बोहाइड्रेटस, मिनरल तथा विटामिन युक्त भोजन की जैसे चपाती, दालें, सोया, दूध, अण्डे और सामिष भोजन, मेवे, हरे पत्तों वाली सब्जियाँ और ताजे फल।

गर्भवती महिला के लिए सन्तुलित भोजन

गर्भकाल के दौरान आप के आहार में निम्नलिखित वस्तुएँ होने चाहिए–

1. 3 बार श्रेष्ठतम प्रोटीन - अण्डा, सोयाबीन, सामिष।
2. 2 बार विटामिन सी युक्त पदार्थ - रसीले फल, टमाटर
3. 4 बार कैल्शियम प्रधान पदार्थ (गर्भकाल में 4 बार स्तनपान में 5 बार) जैसे दूध, दही।
4. 3 बार हरी पत्तों वाली और पीली सब्जियाँ या फल पालक, बथुआ, छोले, सीताफल, पपीता, गाजर।
5. 1/2 बार अन्य फल एवं सब्जियाँ–बैंगन, बन्दगोभी
6. 4-5 बार साबुत अनाज और मिश्रित कार्बोहाइड्रेटस - चपाती चावल
7. 8-10 गिलास पानी

डॉक्टर के परामर्श के अनुसार आहारपरक दवाएं

एक गर्भवती महिला को अपने आहार में विटामिन, आयरन और कैल्शियम की जरूरत पड़ती है। आयरन फोलिक और कैल्शियम की गोलियाँ सभी सरकारी स्वास्थ्य केन्द्रों में मुफ्त उपलब्ध रहती हैं। ये दवाएँ आमतौर पर सुविधा से उपलब्ध होती हैं कौन सी दवा लेनी है इसका सुझाव डॉक्टर से लेना चाहिए।

स्वस्थ गर्भ में वजन का बढ़ना

महिला का वजन औसतन 11 से 14 किलो के बीच बढ़ना चाहिए।

ट्रिमस्टर के अनुसार वजन बढ़ने का आदर्श स्वरूप इस प्रकार है।

1. पहला ट्रिमस्टर - 1 से 2 किलो
2. दूसरा ट्रिमस्टर 5 से 7 किलो
3. चार से पाँच किलो।

कम पोषक तत्व वाले खाद्य पदार्थों की तीव्र इच्छा को कैसे वश में करें?

गर्भावस्था के दौरान आहार को लेकर हमारे देश में कई भ्रांतियाँ हैं। अकसर कहा जाता है कि फलाँ चीज मत खाना, नहीं तो बच्चे का रंग काला हो जाएगा। कई समाजों में अनेक तरह के फल और सब्जियाँ गर्भवती महिलाओं के आहार में शामिल ही नहीं किए जाते हैं। अकसर केले इसलिए नहीं खाने दिए जाते हैं कि इससे गर्भस्थ शिशु को जन्म लेने के बाद सर्दी-जुकाम बना रहेगा। मछली खाने से रोका

जाता है, क्योंकि इससे गर्भस्थ शिशु को सफेद दाग होने की आशंका जताई जाती है।

यदि किसी विशिष्ट अखाद्य पदार्थ को खाने की अनोखी इच्छा जगे तो कोई क्या करें?

डॉक्टर से परामर्श लेना चाहिए क्योंकि हो सकता है कि उस में कोई पोषण परक विकार पैदा हो रहा हो।

छाती में जलन से बचाव

छाती की जलन से बचने के लिए (1) बार-बार परन्तु थोड़ा-थोड़ा खायें, दिन में 2-3 बार खाने की अपेक्षा 5-6 बार खायें। भोजन के साथ अधिक मात्रा में तरल पदार्थ न लें। (2) वायु-विकार पैदा करने वाले, मसालेदार या चिकने भोजन से बचें। (3) सोने से पहले कुछ खायें या पियें नहीं (4) खाने के दो घन्टे बाद ही व्यायाम करें। (5) शराब या सिगरेट न पियें। (6) बहुत गर्म या बहुत ठन्डे तरल पदार्थ न लें।

गर्भावस्था की आसान देखभाल

1. गर्भावस्था में हलका-फुलका भोजन खाने से बच्चा तंदुरुस्त होता है।
2. होने वाली शांतिप्रिय संतान के लिए गर्भिणी स्त्री का वातावरण शांतिप्रिय होना चाहिए।
3. माता-पिता का रंग काला है तो गर्भावस्था के पाँचवें माह से नारी को दो नारंगी नित्य सेवन करना चाहिए। इससे बच्चा गोरा होगा।
4. पेट में पानी हो तो दो गोले नारियल का पानी नित्य सेवन करें।
5. गर्भवती महिलाओं को विशेषकर अंगूर सेवन ज्यादा करना चाहिए।
6. दही में बेसन मिलाकर उबटन की तरह मलें, शरीर की बदबू रफूचक्कर हो जाएगी।
7. साँस फूलने पर दही की कढ़ी में देसी घी डालकर कुछ दिन खायें।

गर्भकाल में विशेष देखभाल

1. गर्भवती महिला को सिर्फ अपने शरीर का ही नहीं, बल्कि अपने गर्भस्थ शिशु के शरीर का भी पालन-पोषण करना होता है।
2. गर्भवती के लिए उचित और पर्याप्त मात्रा में पोषक तत्वों से युक्त आहार की समुचित व्यवस्था करना पूरे परिवार की, खासकर पति की आवश्यक जिम्मेदारी होती है। यहाँ इस विषय में कुछ महत्त्वपूर्ण जानकारियाँ प्रस्तुत की जा रही हैं।
3. गर्भवती स्त्री को गर्भकाल के प्रारंभिक दिनों में भोजन में अरुचि हो जाती है, प्रातः काल उबकाई और उल्टी होने जैसा जी होता है, मितली आती है, मुँह का स्वाद ठीक नहीं रहता।

उपरोक्त कारणों से उसे खटाई खाने की इच्छा होती है, इसलिए गर्भवती को मौसमी फल, कच्चे सलाद और हलके पदार्थों का सेवन ज्यादा मात्रा में और भारी भोजन जैसे रोटी, पूड़ी-पराठें आदि का सेवन कम मात्रा में करना चाहिए, ताकि पाचन शक्ति पर ज्यादा बोझ न पड़े।

प्रतिदिन प्रातः या भोजन के बाद दोपहर में 1 चम्मच मक्खन, 1 चम्मच पिसी मिश्री और 1 पाव चम्मच पिसी काली मिर्च मिलाकर खाना चाहिए। इसके ऊपर कच्चे नारियल की गिरी के 2-3 टुकड़े खाकर 10 ग्राम सौंफ खूब चबाकर खाना चाहिए। यह प्रयोग पूरे गर्भकाल तक करना चाहिए। इसी के साथ शाम के भोजन के दो घंटे बाद और सोने से पहले एक गिलास मीठे गुनगुने दूध के साथ नौ मास चिकित्सा के अनुसार निर्देशित पदार्थ का सेवन करना चाहिए।

गर्भवती को भारी बोझ उठाने, झटके से उठने, बैठने, चलने या सीढ़ियाँ चढ़ने-उतरने तथा भारी परिश्रम के काम नहीं करना चाहिए। आलस्य भी नहीं करना चाहिए और घर के हल्के-फुल्के काम

बराबर करते रहना चाहिए, ताकि शरीर का व्यायाम होता रहे और शरीर में चुस्ती-फुर्ती तथा शक्ति बनी रहे।

गर्भावस्था में रखें खास ख्याल

1. किसी भी प्रकार के व्यायाम अथवा कसरत को शुरू करने से पहले चिकित्सक की सलाह जरूर लें। अत्यधिक व्यायाम न करें।
2. रोज पैदल घूमें। ये एक अच्छा व्यायाम है। इससे पेट साफ रहता है।
3. गर्भावस्था के दौरान भोजन कम करने का प्रयत्न न करें।
4. यदि कमर दर्द होता है तो ज्यादा देर तक खड़े अथवा बैठे न रहें। बीच-बीच में थोड़ा चल-फिर लें।
5. गर्भावस्था में ऊँची हिल के जूते-चप्पल न पहनें क्योंकि इससे आपका संतुलन बिगड़ सकता है और आप गिर सकती हैं।
6. भारी वस्तुएँ इत्यादि को उठाने के लिए सही तरीके का इस्तेमाल करें ताकि आपको कमर दर्द न हो।
7. एकदम झटके से वस्तु को न उठाएँ। पहले अपने शरीर को स्थिर करें। घुटने मोड़ें फिर धीरे से अपने आप को उठाएँ।
8. यदि आपके पैर दुखते हैं या सूजन आ जाती है तो फिटिंग वाली आरामदायक चप्पलों का इस्तेमाल करें।
9. गर्भावस्था के दौरान गरम पानी से स्नान करना फायदेमंद होता है। इससे माँसपेशियों और मस्तिष्क को आराम मिलता है।
10. गाड़ी में सीट बेल्ट का इस्तेमाल करना सुरक्षित होता है मगर यह सुनिश्चित रहे कि बेल्ट जाँघों पर अथवा पेट के नीचे हो पेट पर नहीं हो जिससे आपको या बच्चे को तकलीफ नहीं हो।
11. घुड़सवारी अथवा वाटर स्लाइड इत्यादि न करें।
12. चिकित्सक की सलाह के बिना कोई भी दवाई इत्यादि का सेवन न करें। अगर कहीं बाहर जा रही हैं तो चिकित्सक से सलाह लेने के बाद ही जाएँ।
13. गर्भावस्था के दौरान थकान होना, बार-बार पेशाब आना अथवा नींद आना स्वाभाविक प्रक्रिया है। इससे परेशान होने की जरूरत नहीं है। हमेशा ढीले-ढाले वस्त्र पहनें। कमर अथवा पेट के पास कपड़े टाइट न हों।
14. अत्यधिक लार पैदा होना स्वाभाविक है। चिंता न करें। शुरू के कुछ महीनों के बाद यह अपने आप समाप्त हो जाएगी।
15. गर्भावस्था के प्रथम छः महीनों में हवाई यात्रा सुरक्षित होती है। मगर यदि किसी प्रकार की अन्य तकलीफ जैसे रक्तचाप, डायबिटीज, रक्तस्राव होना अथवा पूर्व में जल्दी प्रसूति होने जैसी स्थिति में चिकित्सक की सलाह लें।
16. गर्भावस्था में चमड़े पर खिंचाव के निशान पैदा हो सकते हैं जो कि प्रसूति के कुछ समय बाद अपने आप कम हो जाते हैं। यदि ज्यादा खुजली इत्यादि हो तो चिकित्सक की सलाह पर क्रीम इत्यादि लगाएँ।
17. दाँतों में कुछ तकलीफ हो तो दंत चिकित्सक से परामर्श करें। उन्हें बताएँ कि आप गर्भवती है ताकि वो उचित इलाज कर सकें एवं एक्स-रे इत्यादि न करें।

18. हमेशा साफ एवं शुद्ध पानी का सेवन करें। कहीं बाहर जाए तो अपने साथ अपना पानी लेकर जायें।
19. भूखे न रहें। थोड़ी-थोड़ी मात्रा में कुछ घंटों के अंतराल से भोजन करें (कम से कम पाँच बार प्रतिदिन) इससे आपके गर्भ में पल रहे शिशु को सही पोषण मिल सकेगा।
20. कम-से-कम 8 कप तरल पदार्थ प्रतिदिन लें।

गर्भावस्था में परहेज (Abstinence in Pregnancy)

गर्भावस्था के दौरान कई सावधानियों का पालन करने से जच्चा और बच्चा दोनों सुरक्षित रहते हैं। कई युवा माताएँ गर्भावस्था के दौरान जानकारी के अभाव में ऐसे कदम उठा लेती है जिसकी वजह से नवजात शिशु अथवा स्वयं पर मुश्किलें खड़ी हो जाती है। थोड़ी सी सावधानी इन समस्याओं से आपको बचा सकती है।

गर्भवती महिला को आरामदायक जूते पहनने चाहिए क्योंकि इस दौरान उसका वजन बढ़ने के साथ ही कई शारीरिक परिवर्तन होते हैं। जिससे संतुलन बनाना थोड़ा मुश्किल हो जाता है। ऐसे में ऊँची एड़ी के फुटवेयर पहनने से चलते-फिरते हुए संतुलन खोने की आशंका बढ़ जाती है। इनसे पैरों का दर्द बढ़ सकता है।

अत्यधिक मात्रा में चाय-कॉफी का सेवन

दिन में एक-दो बार लाइट चाय या कॉफी ले सकते हैं लेकिन ज्यादा मात्रा में लें तो ये नुकसानदायक होती है। चाय में टैनिन और कॉफी में कैफीन नामक तत्व मौजूद होते हैं। इनके कारण ये पेय मूत्रवर्धक होते हैं। इसके अलावा कॉफी से रक्तचाप और दिल की धड़कन दोनों ही बढ़ जाते हैं, जो गर्भावस्था में खतरनाक होता है।

ऊँची एड़ी के फुटवेयर

गर्भवती महिला को आरामदायक जूते पहनने चाहिए क्योंकि इस दौरान उसका वजन बढ़ने के साथ ही कई शारीरिक परिवर्तन होते हैं। सेंटर ऑफ ग्रेविटी भी शिफ्ट हो जाती है जिससे संतुलन बनाना थोड़ा मुश्किल हो जाता है। ऐसे में ऊँची एड़ी के फुटवेयर पहनने से चलते-फिरते हुए संतुलन खोने की आशंका बढ़ जाती है। इनसे पैरों का दर्द बढ़ सकता है।

सिगरेट

गर्भवती महिला को सिगरेट और धूम्रपान करने वाले लोगों से ही दूर रहना चाहिए। धूम्रपान किसी भी व्यक्ति के लिए नुकसानदेह होता है, गर्भस्थ शिशु के लिए तो इसके अनगिनत नुकसान हैं। इसके बावजूद भी हजारों गर्भवती महिलाएँ बीड़ी-सिगरेट के धुएँ से बच नहीं पाती। इस धुएँ की वजह से गर्भपात, समय से पहले जन्म या शिशु का वजन कम होने जैसी परेशानियाँ हो सकती हैं।

गर्भावस्था के दौरान धूम्रपान अत्यधिक हानिकारक होता है। धूम्रपान न करें और धूम्रपान आपके सामने किसी को न करने दें। इसका सेवन करने से बच्चे के फेफड़े में विकार उत्पन्न होना देखा गया है। मादक पदार्थों का भी सेवन न करें। 150-180 मिली से अधिक शराब का सेवन करने से बच्चे में गंभीर बीमारियाँ देखी गई हैं। आखिरी 6 महीनों में मादक पदार्थों का सेवन करने से बच्चों में रक्तकैंसर होने का खतरा रहता है।

बिना डॉक्टरी सलाह से दवाईयाँ लेना

कई लोग सर्दी-जुकाम या एलर्जी सिर दर्द, बदन दर्द आदि समस्याओं के लिए चिकित्सक से बिना पूछे ही दवाई ले लेते हैं। गर्भस्थ शिशु के लिए इससे खतरा पैदा हो सकता है। कोई भी दवा मर्ज पर असर करने के साथ ही शरीर पर कुछ दुष्प्रभाव भी छोड़ती है। इसीलिए,गर्भावस्था में चिकित्सक से पूछे बिना दवा लेना खतरनाक होता है। गर्भवती महिला को विशेषकर कोई भी दवा लेने से पहले अपने स्त्री रोग विशेषज्ञ से सलाह अवश्य लेनी चाहिए।

शरीर का तापमान

अत्यधिक ठण्डे और गर्म वातावरण से बचें। अत्यधिक थका देने वाले कामों से बचना चाहिए क्योंकि इससे शरीर का तापमान बढ़ जाता है यानी बुखार आ सकता है। शरीर का तापमान बढ़ना या घटना दोनों ही स्थितियाँ गर्भवती व गर्भस्थ शिशु के लिए नुकसानकारी होती हैं।

जंक फूड

जंक फूड में नमक-शक्कर आदि अधिक मात्रा में होते हैं। इसके अलावा,प्रीजर्वेटिव आदि केमिकल्स भी मौजूद हो सकते हैं। गर्भावस्था में पोषक तत्वों से भरपूर ताजा भोजन लेना चाहिए। जंक फूड में ये तत्व न के बराबर होते हैं। साथ ही डब्बाबंद खाने से भी दूर रहना चाहिए।

एलर्जी

किसी प्रकार की एलर्जी हो तो उसके कारक से जहाँ तक संभव हो,दूर रहें। गर्भावस्था में पालतू जानवरों से भी दूरी बना लेना बेहतर होता है। जानवरों के फर से एलर्जी हो सकती है। यदि घर में जानवर पाले हों तो इस दौरान इनकी देखभाल की जिम्मेदारी किसी और को सौंप दें।

गलतफहमियाँ (Myths)

गर्भवती स्त्री को दो लोगों के लिए खाना चाहिए।

गर्भवती को दो लोगों के लिए नहीं बल्कि पौष्टिक व संतुलित आहार लेना चाहिए। ज्यादा खाने से चर्बी बढ़ सकती है।

प्रसव को आसान बनाने के लिए रोज एक चम्मच घी दूध में डालकर पीना चाहिए।

घी केवल मोटापा बढ़ाएगा। अब घरों में पहले जैसे शारीरिक श्रम जैसे चक्की चलाना, दही मथना वगैरह नहीं होते हैं। इसलिए ज्यादा घी पचता नहीं है। शरीर में लोच के लिए व्यायाम की जरूरत है न कि घी की।

पाल्थी लगाकर बैठने से बच्चे का सिर चपटा हो जाएगा।

गर्भाशय में शिशु सुरक्षित है और किसी भी अवस्था में उस पर सीधा दबाव नहीं आएगा। पाल्थी लगाकर बैठने से कूल्हे के जोड़ खुलते हैं व प्रसव प्रक्रिया आसान होती है।

यदि पेट अंदर खीचेंगे तो बच्चे को साँस लेने में तकलीफ होगी।

शिशु नाल से ऑक्सीजन लेता है जो कि एक ओर उसकी नाभि से तथा दूसरी ओर प्लेसेंटा से जुड़ी होती है। कभी-कभार पेट को खींचने से बच्चे का भार कूल्हा लेगा तथा पेट की मांसपेशियों में ऑक्सीजन का संचार बढ़ेगा।

कामकाजी महिलाओं को गर्भावस्था के दौरान सलाह

ऑफिस में 20 घंटे प्रति सप्ताह से ज्यादा काम करने, कम्प्यूटर, टीवी के सामने बैठने से गर्भवती महिलाओं को खतरा हो सकता है। इसलिए लगातार स्क्रीन पर नजर न रखें।

1. किसी भी आधुनिक उपकरण के पीछे ज्यादा बैठना नुकसानदायक है। ऐसा देखा गया है कि ज्यादा रेडिएशन टीवी और कम्प्यूटर के पीछे से निकलता है।
2. एंटी ग्लेयर स्क्रीन का इस्तेमाल करें या फिल्टर लगाएँ।
3. लगातार एक ही जगह पर बैठने से ज्यादा अच्छा है बीच-बीच में ब्रेक लें।
4. बीच में काम के दौरान हल्की एक्सरसाइज जैसे स्ट्रेचिंग करें।
5. बैठने के लिए एडजेस्टेबल चेयर का इस्तेमाल करें ताकि सीट की हाइट कम या ज्यादा की जा सके और पीठ को आराम दिया जा सके।

रोजाना के लिए स्वास्थ्य सम्बन्धी सलाह (Health Related Advice on Daily Basis)

आहार

प्रत्येक गर्भवती महिला को अधिक कैलरीज, प्रोटीन, विटामिनों और खनिजों की जरूरत होती है। सीधी-सी बात है कि गर्भावस्था में महिला को दो के लिए खाना चाहिये अपने लिए और बढ़ते भ्रूण के लिए।

समय-समय पर थोड़ा-थोड़ा खाना चाहिए। ऐसा इसलिए कि गर्भावस्था में बच्चेदानी आमाशय को धकेलती है और उसे छोटा कर देती है। माँ के आहार में लोहा (आयरन), कैल्शियम, प्रोटीन और रेशेदार चीजें होनी चाहिए।

आराम और व्यायाम

गर्भावस्था में आराम और हल्के व्यायाम दोनों की जरूरत होती है। गाँव में अधिकाँश महिलाओं को गर्भावस्था के आखिरी महीने तक भी बहुत शारीरिक श्रम करना पड़ता है। काम करने से नुकसान नहीं होता परन्तु ऐसे श्रम न करे जिससे धक्का लगे। ऐसा काम जिससे बच्चेदानी पर भार पड़े नुकसानदेह है।

जैसे कि भार उठाना। उबड़-खाबड़ सड़कों पर यात्रा करना, खासकर बैलगाड़ी में खतरनाक हो सकता है। इससे गर्भपात हो सकता है। परिश्रम के साथ-साथ पर्याप्त खाना भी जरूरी है। भारत के गरीब वर्ग की महिलाओं में गर्भावस्था में भार में 6 किलो की बढ़ोत्तरी होती है। जिसमें से 2 किलो वजन का बच्चा होता है, 2 किलो नाभिनाल व पानी की थैलियों का और 2 किलो माँ के ऊतकों का। यह बढ़ोत्तरी मध्यम वर्ग समुदायों के मुकाबले बहुत कम है। इनमें भार में बढ़ोत्तरी 14 से 20 किलो तक हो सकती है। जिसमें से एक तिहाई माँ के शरीर में अतिरिक्त वसा के कारण होता है। हालाँकि यह भी ठीक नहीं है। 9 से 10 किलो भार बढ़ना सबसे ज्यादा सही है। अतिरिक्त श्रम के कारण गर्भस्थ भ्रूण का पोषण कम पड़ता है। इससे शिशु के जन्म के समय वजन कम रहने की संभावना होती है।

भ्रांतियों से दूरी बनाएँ

कई घरों में यह मान्यता होती है कि गर्भावस्था के सातवें-आठवें महीने तक डॉक्टरी जाँच की कोई आवश्यकता नहीं होती है, जो सरासर गलत है। मासिक धर्म रुकने के तुरंत बाद ही डॉक्टरी जाँच करवाकर निश्चित करवाएँ की आप गर्भवती हैं। पहले छह महीने तक एक-एक महीने के अंतराल से जाँच करवाना चाहिए। सातवें महीने से हर पंद्रह दिन में जाँच करवाएँ। नवाँ महीने लगने पर हर हफ्ते जाँच की आवश्यकता होती है। कुल मिलाकर कम-से-कम दस बार जाँच होना चाहिए।

चिकित्सक की सलाह मानें

डॉक्टर की सलाह के अनुसार परीक्षण और आवश्यकतानुसार सोनोग्राफी होना चाहिए। पहली सोनोग्राफी जाँच डेढ़-दो महीने की गर्भावस्था में ही की जाती है। इससे भ्रूण की स्थिति के सही निदान के साथ ही प्रसव की सही तारीख भी तय की जा सकती है। इसके बाद चौथे महीने में यानी कि सोलह से अठारह हफ्ते में सोनोग्राफी करवाकर गर्भस्थ भ्रूण के अंदर कोई जन्मजात गड़बड़ी जैसे कि हृदय, सिर में, रीढ़ में या पेट में गड़बड़ी हो तो उन्हें देख लिया जाता है।

अंतिम तिमाही में रहें सावधान

सातवें-आठवें महीने में सोनोग्राफी से गर्भनाल की स्थिति, शिशु का वजन, बच्चेदानी के अंदर का पानी सभी की गहन जाँच होती है। आपके डॉक्टर को जरूरत पड़ने पर सातवें महीने के बाद एक से अधिक सोनोग्राफी की जरूरत हो सकती है।

भ्रूण का विकास कम हो तो क्या करें ?

यदि बच्चे में विकास की दर कम हो तो पहले यह सुनिश्चित करें कि माँ गर्भावस्था के दौरान कोई बीमारी जैसे ब्लड प्रेशर (रक्त चाप), डायबिटीज (मधुमेह) से तो पीड़ित नहीं थी। यदि वह बीमार है तो कलर डॉप्लर सोनोग्राफी की जरूरत पड़ सकती है। इसमें शिशु के धमनियों में रक्त का प्रवाह कैसा है, इसे जाँचा जाता है और आने वाले खतरों की चेतावनी मिलती है।

लिंग परीक्षण न कराएँ

ध्यान रहे कभी भी शिशु का लिंग परीक्षण करवाने के लिए सोनोग्राफी न करवाएँ। यह न केवल आपके और समाज के लिए हानिकारक है वरन् कानूनन अपराध भी है। प्रसूति विशेषज्ञ द्वारा नियमित रूप से आपकी खून की एवं पेशाब की जाँचें करवाई जाएँगी। हिमोग्लोबिन की जाँच गर्भावस्था में तीन-चार बार करवाना आवश्यक है। आपका रक्त समूह (ब्लड ग्रुप) जानना जरूरी है। यह भी तय करें कि आप आर.एच. निगेटिव तो नहीं हैं। सातवें महीने में ग्लूकोज देकर शुगर की जाँच होती है। पेशाब की जाँच से यूरिनरी इंफेक्शन का पता चलता है। इन सबके अलावा एच.आई.वी. और हिपेटाइटिस 'बी' की जाँच करवा लेना चाहिए।

टिटेनस के टीके

गर्भावस्था में महिला को टिटेनस टॉक्साइड के दो इंजेक्शन चार से छह हफ्ते के अंतराल से लगते हैं, जिनसे माँ और नवजात शिशु दोनों में टिटेनस की रोकथाम होती है।

जिन महिलाओं की गर्भावस्था सामान्य रहती है, उनको ज्यादा चिंता की जरूरत नहीं, लेकिन कई बार गर्भावस्था हाई-रिस्क या असामान्य श्रेणी में आती है

जब करें गर्भावस्था के दौरान यात्रा

गर्भावस्था के तीन फेज में से दूसरा फेज यात्रा के लिए सुरक्षित रहता है। इस दौरान मॉर्निंग सिकनेस जैसी परेशानी नहीं होती है। हवाई जहाज से यात्रा हमेशा तीसरे फेज से पहले ही करें। अगर हवाई यात्रा करनी भी पड़ जाएँ तो दूसरा चरण यानी 14वें से 28वाँ सप्ताह उचित रहता है। कई एयरलाइन्स 36वें सप्ताह के बाद यात्रा की अनुमति नहीं देते हैं। ऐसे देशों, राज्यों में जाने से बचें जहाँ मलेरिया, इन्फ्लूएन्जा के मामले अधिक पाए जाते हैं। शरीर में पानी की कमी न होने दें, विमान में नमी का स्तर कम होने के कारण डीहाइड्रेशन की संभावना होती है।

पैर फैलाने के लिए पर्याप्त जगह वाली सीट लें तो अच्छा रहेगा। रेस्टरूम सीट के करीब ही हो बेहतर है। कार में सीट बेल्ट पेट के नीचे बाँधें। कार की अगली सीट पर बैठें और स्वच्छ हवा के लिए खिड़की खुली रखें।

ब्लड प्रेशर सामान्य रखने, ऐंठन और सूजन से बचने के लिए पैरों को फैलाते और हिलाते रहें। ट्रेन में चलने फिरने के लिए काफी जगह होती है। ट्रेन में पीठ सीट से टिका कर बैठें।

समुद्री यात्रा के दौरान नौका या जहाज के चलने के दौरान आपको उल्टी आने का एहसास या मार्निंग सिकनेस जैसा महसूस हो सकता है। सफर से पहले पता कर लें कि जहाज पर कोई डॉक्टर है या नहीं। वैसे तो समुद्री यात्रा सुरक्षित मानी जाती है।

4

डॉक्टर से परामर्श

मातृत्व का सुख अपने आप में अनोखा और महत्त्वपूर्ण है, क्योंकि एक जिंदगी एक नई जिंदगी को जन्म देती है। पहली बार माँ बनने जा रही स्त्री के मन में अपने होने वाले बच्चे की सेहत और कुशलता को लेकर कई तरह की चिंता होती है। उसे हमेशा यही डर रहता है कि उसका बच्चा सेहतमंद होगा या नहीं। पहली बार गर्भधारण करने पर माँ समझ नहीं पाती कि इस दौरान होने वाली समस्याओं से कैसे निपटा जाए, वे यह भी नहीं जानती हैं कि किस परेशानी के कितना बढ़ने पर चिकित्सक की सलाह लें। हर औरत को यह जानना जरूरी है कि उसे क्या करना चाहिए और क्या नहीं जिससे कि उसके होने वाले बच्चे पर किसी तरह की जोखिम न आए। जैसे कि गर्भपात से बचना, प्रीमैच्योर डिलीवरी और बच्चे का पेट में ही मर जाना।

1901 ई. में बैंल्टीन नामक चिकित्सक ने प्रसवपूर्व देखभाल के महत्त्व के सन्दर्भ में एक लेख प्रकाशित किया उसके उपरांत प्रसवपूर्व देखभाल आरंभ हुआ। इससे संसार भर में इसके उपचारात्मक तथा निरोधक पहलुओं पर सजगता पैदा हुई। इसके अंतर्गत चिकित्सा सम्बन्धी परामर्श के अतिरिक्त लड़कियों तथा स्त्रियों की इस विषय में शिक्षा, उनकी सामाजिक-आर्थिक स्थिति तथा मनोवैज्ञानिक हित के अनुसार सुझाव भी दिए जाते हैं। भारत में प्रसवपूर्व सेवा केन्द्रों की स्थापना से गर्भवती स्त्रियों और शिशुओं की मृत्यु दर में कुछ सीमा तक कमी हुई है। इससे पहले गर्भवती स्त्रियों की उचित देखभाल और भरण पोषण के अभाव में हमारे देश में इनकी मृत्यु दर आज की तुलना में अधिक थी।

नियमित चिकित्सा सम्बन्धी निरीक्षण को भी गर्भावस्था की देखभाल या भरण पोषण के अन्तर्गत लेते हैं। इसका मूल उद्देश्य गर्भावस्था में गर्भवती के स्वास्थ्य की देखभाल करना है। इस निरीक्षण से गर्भकालीन विषाक्तता को पहचानने में सहायता मिलती है। जिससे यथोचित उपचार करके गर्भवती स्त्रियों की रक्षा की जा सकती है। आदर्श गर्भावस्था का लक्ष्य और तदनन्तर परिणाम स्वस्थ माता एवं स्वस्थ शिशु ही होती है। प्रसवपूर्व सेवा केन्द्र की सहायता से ही माता, भ्रूण एवं शिशु की मृत्यु को इस प्रकार टाला जा सकता है। आरम्भ से ही विषाक्तता, बीमारी आदि की पहचान हो जाने से अनेक कठिन परिस्थितियों से आसानी से बचा जा सकता है। सभी गर्भवती शिक्षित महिला के लिए गर्भावस्था सम्बन्धी छोटी पुस्तिकाएँ उपलब्ध करानी चाहिए जिनमें स्वास्थ्य सम्बन्धी परामर्श हो और कठिन तथा कष्टपूर्ण स्थितियों में उपलब्ध सार्वजनिक सुविधाओं का भी उल्लेख हो। अशिक्षित महिलाएँ इस प्रकाशित साहित्य का लाभ किसी अन्य शिक्षित व्यक्ति के माध्यम से उठा सकती हैं।

क्या करें?

गर्भधारण करने के बाद सबसे ज्यादा जरूरी है कि डॉक्टर से परामर्श करें। दो या तीन महीने खत्म होने का इंतजार न करें। संतुलित आहार लें, खासतौर पर विटामिन, कार्बोहाइड्रेट्स, वसा और प्रोटीन से भरपूर आहार जरूर लें। हरी सब्जियों और फलों का अधिक सेवन करें। एक दिन में आधा लीटर दूध या उतनी मात्रा में दूध से बने पदार्थों का सेवन जरूर करें। हल्का-फुल्का व्यायाम जरूरी है। इस समय में शाम को पार्क में टहलने की आदत भी डालें। पैरों में अकड़न होने पर भोजन में कैल्शियम और फॉस्फोरस की मात्रा का संतुलन बनाए रखें। साथ-ही-साथ स्त्री रोग विशेषज्ञ से परामर्श भी लें। छाती में जलन का अहसास हो तो हल्का भोजन करें। तरल पदार्थों का सेवन करें जैसे दूध, जूस आदि। तेलयुक्त और मसालेदार खाने से परहेज करें। बहुत ज्यादा ठण्डे और अत्यधिक गर्म पेय से बचें। डॉक्टर को नियमित रूप से दिखाएँ। अगर नाक भरी-भरी लगे और जुकाम के जैसा महसूस हो तो सेलाइन नेजल ड्रॉप्स का इस्तेमाल करें या गर्म तौलिए को नाक पर रखकर भाप लें। कब्ज होने पर खूब पानी पियें और सब्जियों का सूप और पतली दालों का सेवन करें। अगर साँस फूलती हो तो रिलेक्स करें और डॉक्टर को दिखाएँ और जानने की कोशिश करें कि साँस फूलने का कारण क्या है। बवासीर होने पर पेट साफ रखें, कब्ज न होने दें और डॉक्टर को दिखाएँ।

क्या न करें?

1. दुपहिया और तिपहिया वाहन जैसे स्कूटर, ऑटोरिक्शा में सफर करने से बचें।
2. तीखे और मसालेदार भोजन से परहेज करें जैसे कि चटनी और अचार।
3. ऊँची सीढ़ियाँ न चढ़ें।
4. ड्राइविंग न करें।
5. सीधी टाँगों के सहारे नीचे न झुकें।
6. बाहर का खाना कम-से-कम खाएँ।
7. भारी-भरकम सामान न उठाएँ।
8. ऊँची एड़ी के जूते या चप्पल बिलकुल न पहनें।
9. एकदम झटके से न उठें।
10. लंबी दूरी की यात्रा से दूर ही रहें।
11. अधिक मीठा खाने से भी बचें।
12. तंग कपड़े न पहनें।
13. थकान होने पर शरीर को कष्ट न दें और भरपूर आराम करें।
14. अगर मन खराब-सा लगे और उबकाई आने जैसा महसूस हो तो दिनभर में भोजन को थोड़ा-थोड़ा करके लें।
15. 3 बार भोजन न करके 4-5 बार हल्का भोजन करें।
16. खाली पेट न बैठें।

डॉक्टर से पहली बार प्रसव-पूर्व परामर्श की आवश्यकता

पहली बार प्रसव-पूर्व परामर्श गर्भावस्था में आपका पहला आधिकारिक चेक-अप है। इससे आप तथा आपके शिशु का इलाज करने वाले डॉक्टर और शेष स्वास्थ्यकर्मियों को अमूल्य सूचना प्राप्त होगी।

पहली बार प्रसव-पूर्व मुलाकात में डॉक्टर आपके स्वास्थ्य का मूल्यांकन करेगी जिसके अंतर्गत वह पूरी गर्भावस्था के दौरान आपकी जरूरतों को मूल्यांकित करेगी ताकि आप तथा आपका शिशु पूरे समय स्वस्थ रूप से विकास करें।

डॉक्टर से पहली मुलाकात सबसे महत्त्वपूर्ण और लम्बी होती है। इस दौरान अपनी चिंताओं और भय के बारे में कोई भी प्रश्न पूछने से हिचके नहीं। कुछ महिलाएँ गर्भावस्था में ही पहली बार अस्पताल के दर्शन करती हैं। अतः घबरायें नहीं, सहायता लें और जानकारी लेने के बाद ही अपना चयन करें।

यह अनिवार्य है कि आप एक अच्छे डॉक्टर/प्रसूति विशेषज्ञ का चयन करें, जो आपकी व्यक्तिगत देखभाल कर सके, आपको कोई भी प्रश्न पूछने के लिए प्रोत्साहित करे, आपका उपचार पूरे आदर के साथ करे और आपके सभी प्रश्नों के उत्तर धैर्य पूर्वक दे। आप अपने डॉक्टर का चुनाव अपने मित्रों और परिवार की सिफारिशों, डॉक्टर के अनुभव अथवा उसकी प्रतिष्ठा और आपके घर से उस डॉक्टर के क्लीनिक की दूरी के आधार पर कर सकती हैं।

अपने डॉक्टर का चयन समय से कर लेने से आपको शिशु के जन्म तक डॉक्टर के साथ अच्छे सम्बन्ध बनाने के लिए पर्याप्त समय मिल जाता है।

पहली बार परामर्श कब करें?

यदि आपने एक बच्चे की योजना बनायी थी, इस माह आपका मासिक धर्म नहीं हुआ और घर में किया गया गर्भावस्था परीक्षण पोजिटिव निकला है, तो आप तुरन्त एक प्रसूति विशेषज्ञ से परामर्श करें। कुछ महिलाओं को तो कुछ महीनों तक पता ही नहीं चलता कि वे गर्भवती हैं क्योंकि वे माहवारी न आने पर यह समझती हैं कि शायद इसमें कुछ देरी हुई है।

मामला कुछ भी हो, जैसे ही आपकी माहवारी कुछ दिन तक नहीं आती तो अपने डॉक्टर से परामर्श करें और पता लगायें कि क्या आप गर्भवती हैं।

किस किस्म के डॉक्टर से मिलें?

यदि आपने अपने डॉक्टर का चयन कर लिया है तो उसी डॉक्टर से परामर्श करें। यदि आपने किसी विशेष डॉक्टर का चयन नहीं किया तो आप अपनी पसंद के किसी अस्पताल में जाकर ड्यूटी पर मौजूद प्रसूति विशेषज्ञ से मिल सकती हैं। कुछ अस्पतालों में आपको इस बारे में हर कदम पर सलाह देने के लिए आहार विशेषज्ञों, भौतिक चिकित्सकों, मनोचिकित्सकों और शिशु विशेषज्ञों सहित डॉक्टरों की पूरी टीम होती है।

बहरहाल, यदि आपके स्वास्थ्य की दशा गंभीर है अथवा आपको कोई जटिलता है तो इसका अर्थ है कि आपको चिकित्सीय देखभाल की आवश्यकता है जिसके लिए आपको समय-समय पर एक विशेषज्ञ से मिलना होगा। यदि आपको कोई परेशानी नहीं हैं, फिर भी आप अपनी गर्भावस्था के दौरान किसी भी समय एक विशेषज्ञ से मिलने का अनुरोध कर सकती हैं।

डॉक्टर द्वारा पूछे जाने वाले सामान्य प्रश्न

डॉक्टर आपके स्वास्थ्य, आपके पति के स्वास्थ्य तथा आपके दोनो परिवारों के चिकित्सीय इतिहास का बिल्कुल स्पष्ट अंदाजा लगाने के लिए आपसे अनेक प्रश्न पूछेगी (एवं फार्म भरवायेगी)। अपने डॉक्टर के साथ स्पष्ट बातचीत करें। आपके उत्तरों से वह आपके शरीर की जरूरतों को समझ पाएंगी और यदि आप मितली या उल्टी आने जैसा महसूस करती हैं तो वह आहार लेने सम्बन्धी कुछ विशेष सलाह दे सकती हैं।

कुछ डॉक्टर पहले आपसे अकेले में बात करेंगी और बाद में आपके पति या साथ आए आपके परिवार के सदस्यों से उनके विचार जानेंगी। आपको अपनी उन पिछली चिकित्सीय परिस्थितियों के बारे में बात करने के इस मौके का लाभ उठाना चाहिए, जिनके बारे में आप अकेले में चर्चा करना चाहती हैं।

नीचे कुछ प्रश्न दिए गए हैं, जिन्हें आपकी डॉक्टर पूछ सकती है–

पिछली माहवारी की तारीख–आपकी पिछली माहवारी की तारीख जानने से आपकी डॉक्टर डिलीवरी की तारीख का अंदाजा लगा सकती है। आपको बाह्य गर्भावस्था तो नहीं है, यह जानने के लिए अल्ट्रासाउंड कराने तथा आपकी गर्भावस्था की ठीक अवधि निश्चय करने के लिए एक डेटिंग स्कैन कराने की सलाह दी जाती है ताकि इस तथ्य की पुष्टि हो सके कि कहीं आप एक से अधिक शिशु को जन्म तो नहीं देने वाली हैं।

पिछले गर्भस्त्रावों, गर्भपातों एवं जन्मों का इतिहास–आपके 'प्रासविक इतिहास' को जानना महत्त्वपूर्ण है क्योंकि इससे आपकी गर्भावस्था का सामना करने और प्रसव पीड़ा सहने की क्षमता का पता चलता है। यदि आपके अंडाशय में पुटि, फाइब्रायड या पहले कोई सर्जरी हुई है, तो इस बारे में अपनी डॉक्टर से चर्चा करें।

रोगों/आनुवंशिक स्थितियों का पारिवारिक इतिहास–आपको अपने माता-पिता तथा सास-ससुर के चिकित्सीय इतिहास की जानकारी होनी चाहिए। सिस्टिक फाइब्रोसिस जैसी ज्ञात आनुवंशिक स्थितियों के लिए अब स्क्रीनिंग उपलब्ध है।

अतः यदि आपके परिवार में इन रोगों का इतिहास है, आपकी डॉक्टर कुछ परीक्षण कर सकती है। आपकी जातीय पृष्ठभूमि के आधार पर आपकी डॉक्टर सिकॅल सेल रोग आदि जैसी आनुवंशिक स्थितियों के लिए आपके रक्त की जाँच कर सकती है, जो उष्णकटिबंधीय पश्चिमी तटीय क्षेत्रों की महिलाओं में अधिक पाया जाता है।

इसके अलावा आपके परिवार में थैलेसीमिया, एलर्जी, दिल के रोग या अन्य कुछ प्रमुख रोगों के इतिहास का आपकी गर्भावस्था पर असर पड़ सकता है। अतः इस बारे में अपने तथा अपने पति के चिकित्सा इतिहास के बारे में जानकारी लेकर ही डॉक्टर से मिलें। यदि आप गर्भनिरोधक या गर्भधारण सम्बन्धित दवाएं ले रहे हैं अथवा कोई विशेष दवा लेती रही हैं तो इसके बारे में अपने डॉक्टर को अवश्य बतायें। आपकी जीवनशैली- आपकी डॉक्टर आपके भोजन और फिटनेस सम्बन्धी आदतों के बारे में कुछ प्रश्न पूछेगी। वह आपसे पूछेगी कि क्या आप मदिरापान या धूम्रपान करती हैं। चूँकि इन दोनों आदतों से आपके शिशु के स्वास्थ्य पर बुरा प्रभाव पड़ सकता है, आपकी डॉक्टर धूम्रपान छोड़ने के लिए आपको उन संगठनों/हैल्पलाइनों के बारे में बतायेगी जो आपकी इन आदतों को छुड़ाने में मदद कर सकती हैं। साथ ही वह आवश्यकता पड़ने पर आपको आहार सम्बन्धी तथा अन्य सलाह भी देगी।

यदि आप एक शाकाहारी हैं तो आपकी डॉक्टर आपको एक आहार विशेषज्ञ से मिलने की सलाह देगी जो आपके भोजन की समीक्षा करेगी और आपको बतायेगी कि किस प्रकार आप अपने आहार में प्रोटीन के स्तर में वृद्धि कर सकती हैं।

अपने शिशु को कहाँ जन्म दें–यद्यपि यह काफी जल्दी होगा, फिर भी आपकी डॉक्टर जन्म देने के बारे मे अनेक विकल्पों और अस्पतालों का ब्यौरा देगी। अतः आपके पास अपने पति के साथ इसके बारे में विस्तृत रूप से चर्चा करने के लिए पर्याप्त समय होगा।

अपनी डॉक्टर से पहली मुलाकात करने से पहले अपनी सभी चिंताओं और प्रश्नों की एक सूची बना लें। कोई भी प्रश्न मूर्खतापूर्ण नहीं होता इसलिए शर्मायें या घबरायें नहीं। आपकी डॉक्टर आपकी सहायता के लिए ही है।

पहली प्रसव पूर्व मुलाकात आपके पति के लिए भी बहुत महत्त्वपूर्ण है। वास्तव में आपको ऐसी प्रत्येक मुलाकात के समय अपने पति को साथ ले जाने का प्रयास करना चाहिए-इससे वह आपकी गर्भावस्था के बारे में अधिक जागरूक होगा और एक पिता के रूप में अपनी नई भूमिका निभाने के लिए तैयार रहेगा। यह पति के साथ अपने सम्बन्ध और प्रगाढ़ बनाने का तरीका भी है क्योंकि आप दोनों को ही अपने शिशु के आगमन के लिए तैयार होना चाहिए।

गर्भावस्था के दौरान कराये जाने वाले परीक्षण

रक्त जाँच–आपकी डॉक्टर आपको रक्त के कुछ परीक्षण कराने की सलाह देगी। आप इन्हें किसी प्रतिष्ठित लैब से करा सकती है। इन जाँचों से रूबेला अथवा जर्मन खसरे के सम्बन्ध में आपकी स्थिति (क्या आप प्रतिरक्षित हैं या नहीं), आपके शरीर में आयरन का स्तर (क्या आपमें रक्त की कमी है और आयरन की गोलियाँ लेने की जरूरत है), आपके रक्त का वर्ग और आपकी रिसस सम्बन्धी स्थिति का पता चलेगा।

आपकी डॉक्टर आपसे पूछ सकती है कि क्या आप आपके शिशु के डाउन्स सिंड्रोम तथा स्पाइना बिफिडा सम्बन्धी जोखिम जानने के लिए नमूने की स्क्रीनिंग कराना चाहती हैं। आपके रक्त की एच. आई.बी., सिफिलिस एवं हैपटाइटिस बी के लिए भी जाँच की जाएगी, जब तक कि आप विशेष तौर पर यह परीक्षण करवाने से मना न कर दें।

लैब का टेक्नीशियन इन सभी परीक्षणों के लिए आपके रक्त का एक बड़ा नमूना लेगा। यदि आपको इस बारे में कुछ परेशानी हो तो आपके ध्यान को बँटाने तथा सहायता के लिए अपने साथ अपने पति या एक मित्र को ले जायें।

मूत्र की जाँच–यदि आपसे पहले ही अपने मूत्र का नमूना लाने के लिए नहीं कहा गया तो लैब टेक्नीशियन आपको एक संक्रमण रहित कंटेनर देगा जिसमें आप अपने मूत्र का नमूना ला देंगी। इसके बाद वह इसमें एक रासायनिक स्ट्रिप डालेगी जो इसका रंग बदल देती है। इससे पता चलेगा कि आपके मूत्र में प्रोटीन की कुछ मात्रा है या नहीं।

इस परीक्षण से टेक्नीशियन यह बता पायेगा कि क्या आपमें प्री-एक्लेम्पसिया, गर्भावस्था के दौरान उच्च रक्तचाप रोग के लक्षण हैं या नहीं। वह टेक्नीशियन आपके मूत्र में शुगर का परीक्षण भी ले सकता है जिससे आपमें गर्भवधीय मधुमेह के लक्षणों का पता चलता है। वह इसमें बैक्टीरिया की मौजूदगी का भी पता लगायेगा। रक्तचाप परीक्षण आपकी डॉक्टर अब आपका रक्तचाप रिकॉर्ड करेगी और इसका इस्तेमाल भावी जाँचों के लिए एक आधारभूत औसत के रूप में किया जाएगा। इसके बाद के भावी परामर्शों के दौरान आपके रक्तचाप और नाड़ी की जाँच की जाएगी। बढ़ा हुआ रक्तचाप गर्भावस्था के अंतिम दौर में बताता है कि प्री-एक्लेम्पसिया का जोखिम हो सकता है।

अल्ट्रासाउंड स्कैन–आपके पहले प्रसव-पूर्व परामर्श के दौरान आपका डेटिंग-स्कैन भी किया जा सकता है। इस स्कैन से आपके शिशु के आकार का पता चलेगा जिससे यह पुष्टि होगी कि गर्भावस्था कितने हफ्तों की है और इससे आपकी डिलीवरी की तारीख का अंदाजा लगेगा। आपकी

डॉक्टर आपको बाह्य गर्भावस्था की जाँच अथवा एक से अधिक शिशुओं का पता लगाने के लिए भी एक स्कैन कराने की सलाह दे सकती है।

शारीरिक परीक्षण–आपकी योनि और श्रोणि का आंतरिक परीक्षण किया जा सकता है, यदि आपके डॉक्टर की राय में यह आवश्यक हो। आपकी डॉक्टर आपके पेट को हाथ लगाकर छू सकती है ताकि यह पता लगे कि आपका गर्भाशय और शिशु दोनों का विकास उचित ढंग से हो रहा है। वह आपकी श्रोणि के आकार की जाँच भी कर सकती है। आपके शिशु के दिल की धड़कन सुनना

यह इस बात पर निर्भर करेगा कि आप डॉक्टर से पहली बार कब परामर्श कर रही हैं क्योंकि आपके शिशु के दिल की धड़कन प्रारंभिक हफ्तों में नहीं सुनाई देगी। 12वें-13वें हफ्ते से उसकी धड़कन आपकी डॉक्टर को सुनाई देनी चाहिए।

कुछ डॉक्टर अभी भी परम्परागत पिनार्ड स्टेथोस्कोप का इस्तेमाल करते हैं जो एक छोटे भोंपू की तरह दिखता है। वह इसका एक छोर आपके पेट पर लगायेगी और दूसरा अपने कानों में। बहरहाल अब अधिकांश डॉक्टर हाथ में पकड़ने वाले फीटल हार्ट मॉनीटर का इस्तेमाल करते हैं जो आपके शिशु के दिल की धड़कन की ध्वनी को बढ़ा देता है ताकि आप भी उसे सुन सकें। यदि आप शिशु की दिल की धड़कन सुनें तो आप उसकी गति पर हैरान न हों- क्योंकि आपके दिल के 60-100 बार प्रति मिनट धड़कने की तुलना में आपके शिशु का दिल 120-160 बार प्रति मिनट धड़केगा। आपके वजन और लम्बाई की पैमाइश के लिये आपकी डॉक्टर पहली मुलाकात में आपका वजन रिकार्ड करेगी और इसके बाद प्रत्येक मुलाकात में भी वह ऐसा करेगी। यदि आपका वजन अधिक मात्रा में बढ़ता है तो इसका अर्थ है कि आपमें गर्भावस्था के दौरान होने वाले मधुमेह की आशंका है।

अधिकांश डॉक्टर आपके वजन पर नजर रखने के लिए हर बार आपका बॉडी मॉस इंडेक्स (बी एम आई) भी नापेंगी। विगत में आपकी श्रोणि के गैर-अनुपात से बढ़ने का जोखिम पता लगाने के लिए लम्बाई मापी जाती थी (जिसमें शिशु का सिर बर्थ कैनाल के अंदर फिट नहीं होता और सिजेरियन आपरेशन की आवश्यकता पड़ती है)। परन्तु आपकी डिलीवरी की तारीख निकट आने पर किसी परेशानी के मामले में डॉक्टर अल्ट्रासाउंड करना ठीक समझते हैं।

अन्य बातें

आपकी पहली मुलाकात के बाद आपकी डॉक्टर आपको एक कार्ड/चिकित्सा चार्ट देगी जिसमें सारा ब्यौरा होगा और वह इस ब्यौरे को प्रत्येक मुलाकात पर अपडेट करेंगी। वह आपको उस चरण पर किये जाने वाले परीक्षणों की सलाह भी देगी। इस कार्ड को संभाल कर रखिये और अगली मुलाकात के समय सभी संबंधित रिर्पोटों और कागजातों को अपने साथ लाना न भूलें।

अब से प्रत्येक चौथे से छठे हफ्ते आपकी डॉक्टर से मुलाकात होगी जो इस बात पर निर्भर करेगा कि ये आपकी पहली गर्भावस्था है या नहीं। गर्भावस्था के अंतिम दौर में परामर्श के लिए ये मुलाकातें बढ़ाकर हर हफ्ते करनी होंगी।

याद रहे कि अपनी डॉक्टर की किसी भी बात के संबंध में राय लेने के लिए उसके साथ अपनी अगली मुलाकात की प्रतीक्षा न करें। डॉक्टर से यह पूछना न भूलें कि मुलाकात के घंटों के बाद क्या सेवाएं उपलब्ध हैं और क्या उसका कोई 24 घंटे का संपर्क नम्बर है जिस पर आपातस्थिति में उससे बात की जा सके।

प्रसवपूर्व सेवाकेन्द्र और उसका महत्त्व

अब से लगभग 60-70 वर्ष पहले चिकित्सकों ने प्रसवपूर्व सेवा केन्द्रों के महत्त्व का अनुभव किया। इस प्रकार के केन्द्रों की स्थापना 40 वर्ष पूर्व हुई। इन केन्द्रों की सेवा के फलस्वरूप मातृ शिशु मृत्यु दर में भारी कमी हुई है। इस प्रयास के कारण ही गर्भावस्था की अनेक कठिनाइयों की पूर्व सूचना मिल सकी, गर्भकालीन विषाक्तता की दर कम हो पाई और डॉक्टर के द्वारा असाधारण गर्भावस्था की शीघ्र पहचान करना सम्भव हो सका। इसके कारण गर्भवती को पहले ही डिलीवरी के जटिलताओं की जानकारी हो जाती है और वे समय के रहते उपचार सम्बन्धी आवश्यक कदम उठा सकती है। इनके अतिरिक्त ये प्रसवपूर्व सेवा केन्द्र माता के स्वास्थ्य को उन्नत बनाकर स्वस्थ्य शिशु के जन्म में किस प्रकार सहायक हो सकते हैं। इसका भी प्रत्यक्ष परिचय मिला। ये सेवा केन्द्र केवल निरोधक चिकित्सा में ही रुचि नहीं लेते वरन् स्त्री के सम्पूर्ण स्वास्थ्य के स्तर को बनाए रखने में भी सहायक होते हैं।

सेवा केन्द्रों के अनुसार गर्भवती स्त्रियों की समस्याओं को अधिक खतरेवाली तथा कम खतरेवाली इन दो स्थितियों में वर्गीकृत किया जा सकता है।

(1) **अधिक खतरेवाली स्थितियाँ**–(अ) प्रथम गर्भ (आ) 35 वर्ष से अधिक आयु की गर्भवती स्त्रियाँ (इ) जिन गर्भवती स्त्रियों के चार से अधिक बच्चे हों, (ई) जिन गर्भवती स्त्रियों को हृदय रोग, मधुमेह व उच्च रक्त चाप का रोग हो, (उ) गर्भकालीन विषाक्तता से स्त्री पीड़ित हो, और (ऊ) जिनको लगातार गर्भपात, भ्रूण की गर्भ में मृत्यु अथवा प्रसव के तुरन्त बाद शिशु की मृत्यु हो जाने की पुनरावृति का भय हो।

(2) **कम खतरेवाली स्थितियाँ**–स्वस्थ गर्भवती स्त्री जिसकी आयु 35 वर्ष से कम हो; जिसका दूसरा तीसरा अथवा चौथा प्रसव हो, चिकित्सा सम्बन्धी कोई दोष न हो अर्थात् बीमारी के संक्रमण की संभावना न हो, सामान्य प्रसव सम्बन्धी इतिहास हो अर्थात् आदतन गर्भपात न होता हो तथा अन्य गर्भकालीन समस्याएँ नहीं हो।

लक्ष्य–प्रसवपूर्व सेवा केन्द्रों के प्रमुख लक्ष्य–

1. गर्भावस्था के अन्त तक माता के स्वास्थ्य का स्तर संतोषजनक बना रहे। इस लक्ष्य को प्राप्त करने के लिए वे सदा प्रयत्नशील रहते हैं कि माता की गर्भावस्था से पहले के स्वास्थ्य स्तर से भी प्रसवपूर्व की स्थिति उत्तम हो।
2. गर्भवती स्त्री में विद्यमान किसी भी प्रकार के शारीरिक अथवा मानसिक दोष को शीघ्रतिशीघ्र पहचान कर उसका यथा साध्य उपचार करना।
3. गर्भवती स्त्री स्वस्थ शिशु को जन्म दे सके।
4. गर्भकालीन विषाक्तता को टालने का प्रयत्न करना।
5. भावी माताओं को सामान्य (व्यक्तिगत) स्वास्थ्य तथा स्वयं और शिशु की देखभाल के विषय में निर्देशन एवं सुझाव देना।
6. अनेक केन्द्रों में गर्भवती स्त्रियों को निःशुल्क संतुलित भोजन देने की व्यवस्था करना।
7. गर्भवती स्त्रियों को संतुलित भोजन एवं गर्भावस्था की प्रक्रिया से अवगत करवाना, गलतफहमियों को अन्धविश्वास आदि युक्तिसंगत और सच्ची जानकारी देकर दूर करना, उनकी चिन्ताओं, तनावों भय आदि के विषय में उनसे जानकारी प्राप्त करके मानसिक उपचार करना तथा गर्भावस्था सम्बन्धी जानकारी देने के लिए सम्बन्धित साहित्य वितरित करना।

प्रसवपूर्व सेवा केन्द्रों की कार्य प्रणाली

जब स्त्री को यह निश्चय हो जाए कि उसका मासिक चक्र रूक गया है अथवा अन्य लक्षणों द्वारा उसे पता चल जाए कि वह गर्भवती है तब उसको नवें-दसवें सप्ताह में इस प्रकार के किसी सेवा केन्द्र में जाकर अपना परीक्षण करवाना चाहिए। इस प्रकार की स्त्री जब इन केन्द्रों में पहुँचती है तो केन्द्र में उनको एक निर्धारित प्रपत्र दिया जाता है। यह प्रपत्र ऐसा होता है जिससे उस स्त्री के सम्बन्ध में अधिक से अधिक जानकारी प्राप्त हो सकें।

इस प्रपत्र से स्त्री की जाति, धर्म, देश, विवाह की स्थिति (विधवा, सधवा, तलाक शुद्रा, परित्यक्ता, अविवाहित), विवाह की तिथि, पति की आयु तथा उसके साथ रक्त सम्बन्ध, उसका पेशा, सामाजिक स्तर, स्त्री में विद्यमान किसी प्रकार की समस्या (मधुमेह, रक्ताल्पता, गुप्त रोग आदि, उच्च रक्तचाप, मूर्च्छा, हृदय रोग, गुर्दे का रोग), परिवार में विद्यमान किसी रोग का इतिहास (क्षय रोग, टी.बी, उच्च रक्त चाप, जुड़वाँ बच्चे, अन्य शारीरिक दोष जैसे गर्भाशय की विकृतियाँ, नपुंसकता, ट्यूमर आदि के विषय में जानकारी प्राप्त की जाती है।

इस प्रपत्र से स्त्री के पहले के प्रसव का इतिहास, संख्या, प्रसव की विधि, प्रसव की तारीख, गर्भावस्था या प्रसव के समय या प्रसवोपरान्त उत्पन्न समस्याएँ, प्रत्येक शिशु की प्रसव के समय की स्थिति, लिंग, वजन तथा अन्य समस्याओं के सम्बन्ध में जानकारी प्राप्त की जाती है।

स्त्री का वर्तमान गर्भावस्था सम्बन्धी इतिहास, उम्र, बच्चों की संख्या, पिछले मासिक स्राव की तारीख, फेफड़ें, दाँत तथा अन्य अंगों की स्थिति, मितली होने पर कौन सी औषधियों और कितनी मात्रा में प्रयोग किया, हृदय, स्तन तथा शिराओं की स्थिति, रक्त-स्राव, गर्भाशय का आकार, लम्बाई रक्त में हिमोग्लोबिन की मात्रा, रक्त का समूह, भ्रूण के प्रथम हलचल की तारीख, मूत्र की परीक्षा, शारीरिक सूजन आदि।

सर्वप्रथम गर्भवती स्त्री के सामान्य चिकित्सा सम्बन्धी इतिहास के विषय में जानकारी प्राप्त की जाती है। यदि किसी बीमारी की जानकारी प्राप्त होती है तो उसके लिए उपचार का सुझाव दिया जाता है। यथा–हृदय रोग, गुर्दे की बीमारी, मधुमेह, रक्तदान की स्थिति, शल्य चिकित्सा आदि। इसके पश्चात् पारिवारिक स्वास्थ्य का इतिहास पूछा जाता है। यथा–उच्च रक्तचाप, जुड़वाँ बच्चे का जन्म परिवार के इतिहास पर निर्भर करता है। यदि लगातार गर्भपात हुआ हो तो उसको भी प्रपत्र (फार्म) में अंकित किया जाता है। पूर्व प्रसव के समय शिशुओं ने स्तनपान किया है अथवा नहीं इस बात का अंकन भी प्रपत्र में करना आवश्यक है।

इसके पश्चात् भी स्त्री के स्वास्थ्य की पूर्ण परीक्षण की जानी चाहिए। वजन, लम्बाई, हृदय की गति, श्वसन क्रिया, अल्प रक्तचाप, मूत्र का परीक्षण, प्रोटीन और शर्करा की विद्यमानता की जानकारी के लिए करनी चाहिए। रक्त की परीक्षा Ph कारक, रक्त समूह तथा हिमोग्लोबिन की सांद्रता की स्थिति का पता लगाने के लिए करना चाहिए। दाँतों का निरीक्षण, स्तनों और पेट का परीक्षण किया जाना चाहिए। भ्रूण के हृदय की धड़कन सुनना गर्भाशय की स्थिति, दिशा, मासिक चक्र के इतिहास का ज्ञान करना भी जरूरी है।

इसके बाद हर 15 दिन के अन्तराल से गर्भवती स्त्री को रक्तचाप और मूत्र के परीक्षण के निमित और साथ ही वजन की वृद्धि की जानकारी के लिए बुलाना चाहिए। हर मौके पर गर्भवती स्त्री को सुझाव के तौर पर समझाना चाहिए। उसको प्रश्न पूछने के लिए मौका देना चाहिए और

नम्रतापूर्वक उसकी समस्याओं का निदान, प्रश्नों के उत्तर के रूप में देना चाहिए। इस प्रकार उसको प्रसव पीड़ा के लक्षणों और पहचान से अवगत कराना चाहिए जिससे वह उचित समय पर किस प्रकार चिकित्सालय में आए और चिकित्सा सुविधा प्राप्त कर सके। यदि कोई चिकित्सा सम्बन्धी समस्याएँ उपस्थित हो जाएँ तो उसकी प्रसव के लिए अस्पताल में ही व्यवस्था करनी चाहिए। इन परिस्थितियों की जानकारी उसको इस प्रकार देनी चाहिए कि वह किसी प्रकार से मानसिक संवेग से ग्रसित न हो पाए।

प्रसवपूर्व गर्भवती की देखभाल (Care of Prelabor Pregnant)

एक गर्भवती स्त्री को गर्भावस्था में स्वस्थ रहने और तदंनतर स्वस्थ शिशु को जन्म देने के लिए अपने आहार, पोशाक, सफाई, स्नान, व्यायाम, आराम, निद्रा, मलनिकास, दाँत एवं स्तनों की देखभाल आदि पर विशेष ध्यान देना चाहिए। इस सम्बन्ध में कुछ महत्त्वपूर्ण जानकारी आगे दी जा रही है—

आहार

सामान्य स्त्रियों के पोषण की माँग दो बातों पर निर्भर करती है—आधारी उपापचयन की दर तथा उसके श्रम पर। सामान्य रूप से आधारीय उपापचयन की दर 1500 कैलोरी प्रतिदिन होती है तथा परिश्रम के लिए 1800 कैलोरी प्रतिदिन की आवश्यकता होती है। गर्भावस्था में आधारीय उपापचयन की दर 10% तक बढ़ जाती है। क्योंकि भ्रूण की गतिविधियों के बढ़ने से ऑक्सीजन का उपयोग भी बढ़ जाता है। इससे गर्भवती स्त्री को कुल मिलाकर प्रतिदिन 2500 कैलोरी की आवश्यकता होती है। परिश्रम के लिए सामान्य से अधिक कैलोरी बढ़ाने की आवश्यकता नहीं होती है क्योंकि जैसे-जैसे गर्भावस्था आगे बढ़ती है वैसे-वैसे दैहिक परिश्रम कम होने लगता है। बढ़ते हुए शिशु, अपरा, गर्भाशय एवं स्तनों के लिए इसके विपरीत अधिक ऊर्जा की आवश्यकता होती है।

गर्भवती स्त्री के आहार के सम्बन्ध में कुछ महत्त्वपूर्ण बातें

क. कार्बोज का मुख्य स्रोत अनाज होता है। गर्भावस्था में कार्बोज का अनुपात कुछ कम कर देना चाहिए क्योंकि प्रोटीन की मात्रा के बढ़ने से कैलोरी की मात्रा भी बढ़ जाती है। गर्भावस्था में 400 ग्राम कार्बोज साधारणतः स्त्री ले सकती है जिससे 1600 कैलोरी ऊर्जा प्राप्त होती है।

ख. वसा ऊर्जा का द्वितीय स्रोत है लेकिन इसका संगठन असंतृप्त वसा अम्ल तेल का बना होना चाहिए। यह प्रतिदिन 10 ग्राम से अधिक नहीं होना चाहिए।

ग. गर्भावस्था में अधिक उल्टी होने से शरीर में कार्बोज की कमी आ सकती है, उस स्थिति में वसा का विघटन ऊर्जा के लिए तीव्र गति से होने लगता है। इससे रक्त में अम्लीयता बढ़ती है जो कुछ सीमा तक मूत्र द्वारा निष्कासित हो जाती है। इस अवस्था में प्रोटीन की माँग अन्य तत्त्वों की अपेक्षा अधिक बढ़ जाती है। वह भी विशेषकर बीसवें सप्ताह के बाद जब भ्रूण की वृद्धि तीव्र गति से होने लगती है।

घ. सामान्य उपापचयात्मक एवं रक्षात्मक कार्यों के सम्पादन के लिए खनिज-लवण एवं विटामिनों की जरूरत होती है। लौह तत्त्व की माँग गर्भावस्था में अधिक होती है, परिणामस्वरूप अधिकतर गर्भवती स्त्रियों में खून की कमी पाई जाती है। पोषण हीनता के मुख्य परिणाम असमय प्रसव, गर्भकालीन विषाक्तता, भ्रूण की मृत्यु और प्री-एक्लाम्पसिया (Preeclampsia) आदि हैं। अतः गर्भावस्था में अच्छे और संतुलित पोषक तत्त्व ग्रहण करना महत्त्वपूर्ण होता है।

ङ. गर्भिणी के लिए आहार सामान्य रूप से पका हुआ होना चाहिए। अधिक चटपटा और मसालेदार आहार गर्भावस्था में हानिकारक होता है। अधिक चावल एवं आलू, शक्कर, मक्खन तथा घी का प्रयोग वर्जित है। गर्भावस्था में कब्ज की शिकायत होना एक सामान्य सी बात है अतः हरी पत्तेदार सब्जी, चोकर सहित आटा तथा छिलके वाली दाल का उपयोग लाभदायक होता है। यदि गर्भिणी दूध लेना पसन्द न करे तो दूध के बने पदार्थ जैसे पनीर, दही, आइसक्रीम, खोया आदि देना चाहिए। ताजा फल और सब्जियों का प्रयोग भोजन में विशेष लाभप्रद होता है। तरल पदार्थों का सेवन पर्याप्त मात्रा में करना तथा विटामिन और लौहतत्त्व का उपयोग साँद्र रूप में करना गर्भवती स्त्री के लिए बेहद आवश्यक है।

पोशाक

गर्भवती स्त्री के वस्त्र सामान्यतः उसके रहने के स्थान की जलवायु पर निर्भर करता है। गर्भिणी की पोशाक ढीली और उसके लिए सुविधाजनक होनी चाहिए। जो उसकी श्वसन क्रिया में बाधक न हो तथा उसके पेट और स्तनों पर अनावश्यक दबाव न डाले। आधार के लिए उदर की बेल्ट आदि पहनी जाती है। लेकिन इसकी ज्यादा आवश्यकता नहीं होती है। वस्त्र यदि कँधों से नीचे की ओर लटके रहें तो गर्भिणी को सुविधा रहती है। गाउन इस स्थिति के लिए एक अच्छा वस्त्र है जिसका दबाव शरीर के किसी भी अंग पर नहीं पड़ता है। इससे रक्त प्रवाह पर विपरीत प्रभाव नहीं पड़ता तथा व्यवस्थित रूप से होता है। ऊँची एड़ी की चप्पलें इस अवस्था में नहीं पहननी चाहिए। इससे गर्भाशय की स्थान च्युतता तथा पीठ में पीड़ा होने का भय होता है। इस प्रकार की चप्पलें पहनने से शरीर का संतुलन बिगड़ने और गिर पड़ने की भी संभावना रहती है। भारतवर्ष की जलवायु को ध्यान में रखते हुए यह कहा जा सकता है कि यहाँ गर्भिणी को सूती वस्त्रों का प्रयोग ही करना चाहिए। नायलोन जैसे कृत्रिम रेशों के बने कपड़ों को पहनने से त्वचा सम्बन्धी रोग हो सकते हैं।

सफाई एवं स्नान

गर्भवती स्त्री को प्रतिदिन स्नान करना आवश्यक है। इससे शरीर स्वच्छ रहने के साथ ही साथ निरोग भी रहता है। ग्रीष्म ऋतु में दो बार स्नान किया जा सकता है जिससे पसीने की बदबू दूर हो, शरीर में हल्कापन महसूस होता है। गर्म पानी से स्नान करने से शिराओं का संकुचन दूर हो जाता है। इसे गर्भिणी

को मूर्च्छा तथा आँखों के आगे अंधेरा छा जाने जैसा अनुभव होता है। योनि मार्ग की सफाई गर्भावस्था में खतरनाक हो सकती है। इसलिए इस अवस्था में स्त्री को टबबाथ लेना वर्जित है। बाल, नाखून, आँख, कान तथा त्वचा की नियमित सफाई करना इस स्थिति में बेहद जरूरी है।

व्यायाम

गर्भवती महिला के लिए साधारण व्यायाम करना बहुत उपयोगी होता है। इसे नींद गहरी आती है, पाचन क्रिया व्यस्थित होती है, पेशियाँ स्वस्थ बनी रहती हैं तथा मानसिक स्वास्थ्य संतुलित और मन प्रसन्न रहता है। नियमित रूप से खुली हवा वाले स्थान में सरल व्यायाम करना लाभदायक होता है। इस अवस्था के लिए पैदल चलना सबसे सहज व्यायाम है। प्रथम छः मास तक साधारण खेल जैसे टेनिस, घुड़सवारी, साइकिल चलाना आदि इस अवस्था में सर्वथा वार्जित हैं। मालिश, पेशियों को ढीला छोड़ना, प्राणायाम आदि नियमित रूप से करना अधिक लाभदायक है। इस समय पेट की पेशियों का तथा पैर, पीठ और हाथों का व्यायाम भी किया जा सकता है। फैक्टरी अथवा अन्य स्थानों पर कार्यरत महिलाओं को गर्भावस्था के अन्तिम छः सप्ताहों में पूर्णरूप से आराम करना चाहिये। इसलिए उन्हें काम पर नहीं जाना चाहिए।

आराम तथा निद्रा

गर्भावस्था में स्त्री को जैसे ही थकान का अनुभव हो, तुरन्त आराम करना चाहिए। रात्रि में आठ घण्टे की निद्रा लेना अनिवार्य है। सोते समय करवट के बल सोना ठीक रहता है। इससे गर्भाशय का भार पैरों की शिराओं पर नहीं पड़ता और न ही रक्त प्रवाह में बाधा उत्पन्न होती है। पीठ या

पेट के बल सोना हानिकारक होता है। गर्भावस्था के अन्तिम सप्ताहों में रात को नींद सामान्य रूप से ठीक से नहीं आ पाती। उस समय नींद की गोली का प्रयोग किया जा सकता है। दोपहर के खाने के बाद भी दो तीन घण्टे आराम करना चाहिए। पैरों को तकिया लगाकर, कुछ ऊपर रखकर सोना चाहिए। इससे पैरों की सूजन कम हो जाती है।

मल-निकास

गर्भावस्था में कब्ज की शिकायत रहना एक सामान्य-सी बात है क्योंकि प्रोजेस्टीरोन की अधिकता से उसका प्रभाव मृदुपेशियों पर पड़ता है तथा वे ढीली हो जाती है। मृदुपेशियों के ढीले होने का एक दूसरा कारण अधिक लौह (आयरन) तत्त्व का सेवन करना भी है। अतः भोजन में रेशेदार तत्त्व अधिक होने चाहिए। रेशेदार तत्त्व जल को सोख कर मल की मात्रा को बढ़ा देते हैं जिसका आँतों की उत्तेजना पेशियों पर पड़ता है। जुलाव जैसी औषधियों का प्रयोग बहुत ही आवश्यक होने पर ही करना चाहिए। इनसे आँतों की गतिविधियाँ तो उत्तेजित होती ही हैं; गर्भाशय की पेशियों पर भी विपरीत प्रभाव पड़ता है। परिणामस्वरूप गर्भपात होने की प्रबल संभावना होती है।

दाँत की सुरक्षा एवं देखभाल

रात्रि के भोजन के बाद लेकिन सोने से पहले दाँतों की सफाई करना परम आवश्यक हैं। गर्भावस्था की अवधि में कम-से-कम दो बार उचित अंतराल पर, दंत चिकित्सक से परीक्षण करवाना उचित है। यदि परीक्षण से यह ज्ञात हो जाए कि कोई दाँत सड़ा हुआ है या किसी दाँत में गड्ढ़ा है तो उसे निकलवा देने से संक्रमण होने की सम्भावना खत्म हो जाती है।

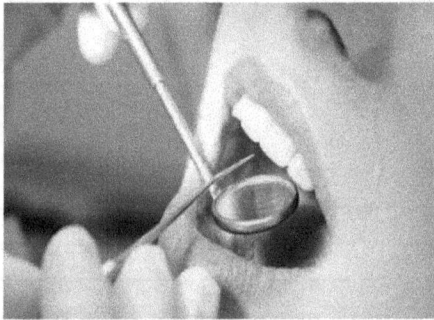

स्तनों की देखभाल और सुरक्षा

गर्भावस्था के लगभग चौबीस सप्ताह बाद स्तनों की विशेष देखभाल बहुत जरूरी है। अगर चूचुक धंसे हुए हों तो उन्हें उचित ल्यूब्रीकेण्ट की सहायता से उभारना चाहिए, चूचुकों को प्रतिदिन गुनगुने पानी एवं साबुन से धोना चाहिए। इससे उस पर बने स्राव का ठोस भाग धुल जाते हैं। गर्भावस्था के अन्तिम महिनों में अँगुलियों के बीच में चूचुकों को दबाकर रंगहीन स्राव को निकाल कर साफ करना चाहिए। ऐसा करने से प्रसव के बाद दूध के प्रवाह में बाधा नहीं आती है। यदि स्तनों की त्वचा शुष्क रहती है तो लेनोलिन क्रीम लगाई जा सकती है।

सफर

गर्भावस्था में किसी भी तरह के लम्बे सफर पर जाना उचित नहीं होता। यदि पहले कभी गर्भपात हुआ हो तो यात्रा करना वार्जित है। इस स्थिति में यदि अनिवार्य रूप से कभी हवाई जहाज आदि से यात्रा करनी हो तो यात्रा करने से पूर्व उल्टी रोकने अथवा जी मिचलाने की स्थिति से उबारने वाली औषधियों का सेवन परम आवश्यक है।

विषाक्तता से बचाव

गर्भावस्था में चेचक, पोलियो आदि के टीके लगवाना उचित नहीं। सिगरेट, बीड़ी तथा तम्बाकू आदि के प्रयोग करने से रक्त में विष मिल जाता है। जो भ्रूण तक पहुँच कर हानि पहुँचा सकता है। गर्भावस्था में मद्यपान करना भी घातक सिद्ध हो सकता है।

मानसिक स्वास्थ्य

गर्भावस्था में मानसिक स्वास्थ्य को भी संतुलित बनाए रखना आवश्यक है। चिन्ता, तनाव, भय आदि के निवारण के लिए उचित व्यायाम तथा प्रणायाम करना श्रेयस्कर है। गर्भावस्था सम्बन्धी साहित्य का अध्ययन करना और प्रसवपूर्व सेवा केन्द्रों में जाकर भाषण, प्रदर्शनी आदि के द्वारा ज्ञानार्जन और मनोरंजन करना लाभकारी होता है। जीवन के प्रति तथा अपने पति और भावी बच्चे के प्रति मानसिक दृष्टिकोण सही बनाए रखना उचित होता है। चिन्ता और तनाव के कारण गर्भाशय में ही भ्रूण की मृत्यु हो सकती है। यदि गर्भस्थ शिशु की मृत्यु न भी हो उस दशा में भी वह शिशु स्वस्थ और सामान्य शिशु के रूप में विकसित नहीं हो पाता है। भयभीत गर्भावस्था के बाद प्रसव अधिक पीड़ादायक होती है।

गर्भवती के मानसिक स्वास्थ्य पर प्रभाव डालने वाले प्रमुख कारक

1. पति के साथ मार्मिक सम्बन्ध।
2. उसके शैशवावस्था और किशोरावस्था में हुए मानसिक अनुभव जिससे उसका वर्तमान दृष्टिकोण बना है।
3. पति या स्वयं की नौकरी की स्थिरता अथवा अस्थिरता, अन्य भौतिक सुरक्षा, घर का वातावरण, सास, श्वसुर, ननद, देवर के साथ उसके सम्बन्ध, घर के अन्य प्रणियों का स्वास्थ्य।
4. संवेगात्मक कारक यथा–भय, चिन्ता, तनाव, द्वेष, असंतोष, क्रोध आदि; बच्चे के लिंग के विषय में चिन्ता, उसकी शारीरिक मानसिक और बौद्धिक क्षमता के संदर्भ में चिन्ता।

गर्भावस्था के दौरान सावधानियाँ

कुछ स्त्रियाँ माहवारी के न आने पर दवाइयों का सेवन करना शुरू कर देती है। इस प्रकार की दवा का सेवन महिलाओं के लिए हानिकारक होता है। इसलिए जैसे ही यह मालूम चले कि आपने गर्भाधारण कर लिया है तो अपने रहन-सहन और खानपान पर ध्यान देना शुरू कर देना चाहिए। गर्भधारण करने के बाद महिलाओं को किसी भी प्रकार की दवा के सेवन से पूर्व डॉक्टरों की राय लेना अनिवार्य होता है। ताकि आप कोई ऐसी दवा का सेवन न करें जो आपके और होने वाले बच्चे के लिए हानिकारक होता है। यदि महिलाओं को शूगर का रोग हो तो इसकी चिकित्सा गर्भधारण से पहले ही करनी चाहिए। यदि मिर्गी, साँस की शिकायत या फिर टीबी का रोग हो तो भी इसके लिए भी डॉक्टर की सलाह ले लेनी चाहिए।

1. यहीं नहीं, यह भी सत्य है कि आपके विचार और आपके कार्य भी गर्भाधारण के समय ठीक और अच्छे होने चाहिए ताकि होने वाले बच्चे पर अच्छा प्रभाव पड़े।

2. जैसे ही पुष्टि हो जाती है कि आप गर्भवती हैं उसके बाद से प्रसव होने तक आप किसी स्त्री रोग विशेषज्ञ की निगरानी मे रहें तथा नियमित रुप से अपनी चिकित्सीय जाँच कराती रहें।
3. गर्भधारण के समय आपको अपने रक्त वर्ग (ब्लडग्रुप), विशेषकर आर. एच. फैक्टर की जाँच करनी चाहिए। इस के अलावा रूधिरवर्णिका (हीमोग्लोबिन) की भी जाँच करनी चाहिए।
4. यदि आप मधुमेह, उच्च रक्तचाप, थाइराइड आदि किसी, रोग से पीड़ित हैं तो, गर्भावस्था के दौरान नियमित रुप से दवाईयाँ लेकर इन रोगों को नियंत्रण में रखें।
5. गर्भावस्था के प्रारंभिक कुछ दिनों तक जी घबराना, उल्टियाँ होना या थोड़ा रक्त चाप बढ़ जाना स्वाभाविक है लेकिन यह समस्याएं उग्र रुप धारण करें तो चिकित्सक से सम्पर्क करें।
6. गर्भावस्था के दौरान पेट मे तीव्र दर्द और योनि से रक्त स्राव होने लगे तो इसे गंभीरता से लें तथा चिकित्सक को तत्काल बताएं।
7. गर्भावस्था में कोई भी दवा बिना चिकित्सीय परामर्श के न लें और न ही पेट में मालिश कराएं। बीमारी कितना भी साधारण क्यों न हो, चिकित्सक की सलाह के बगैर कोई औषधि न लें।
8. यदि किसी नए चिकित्सक के पास जाएं तो उसे इस बात से अवगत कराएं कि आप गर्भवती हैं क्योंकि कुछ दवाएं गर्भस्थ शिशु पर बुरा प्रभाव छोड़ती है।
9. चिकित्सक की सलाह पर गर्भावस्था के आवश्यक टीके लगवाएं व लौहतत्व (आयरन) की गोलियों का सेवन करें।
10. गर्भावस्था में मलेरिया को गंभीरता से लें, तथा चिकित्सक को तत्काल बताएं।
11. गंभीरता से चेहरे या हाथ-पैर में असामान्य सूजन, तीव्र सिरदर्द, आखों में धुंधला दिखना और मूत्र त्याग में कठिनाई की अनदेखी न करें, ये खतरे के लक्षण हो सकते हैं।
12. गर्भ की अवधि के अनुसार गर्भस्थ शिशु की हलचल जारी रहनी चाहिए। यदि बहुत कम हो या नहीं हो तो सतर्क हो जाएं तथा चिकित्सक से संपर्क करें।
13. आप एक स्वस्थ शिशु को जन्म दें, इस के लिए आवश्यक है कि गर्भधारण और प्रसव के बीच आप के वजन मे कम-से-कम 10 कि.ग्रा. की वृद्धि अवश्य हो।
14. गर्भावस्था में अत्यंत तंग कपड़े न पहनें और न ही अत्यधिक ढीले।
15. इस अवस्था में ऊँची एड़ी के सैंडल न पहने। जरा सी असावधानी से आप गिर सकती है।
16. इस नाजुक दौर मे भारी श्रम वाला कार्य नहीं करने चाहिए, न ही अधिक वजन उठाना चाहिए। सामान्य घरेलू कार्य करने मे कोई हर्ज नही है।
17. इस अवधि में बस के बजाए ट्रेन या कार के सफर को प्राथमिकता दें।
18. आठवें और नौवें महीने के दौरान सफर न ही करें तो अच्छा है।
19. गर्भावस्था मे सुबह-शाम थोड़ा पैदल टहलें।
20. चौबीस घंटे मे आठ घंटे की नींद अवश्य लें।
21. प्रसव घर पर कराने के बजाए अस्पताल, प्रसूति गृह या नर्सिंग होम में किसी कुशल स्त्री रोग विशेषज्ञ से कराना सुरक्षित रहता है।
22. गर्भावस्था मे सदैव प्रसन्न रहें। अपने शयनकक्ष में अच्छी तस्वीर लगाएँ।
23. हिंसा प्रधान या डरावनी फिल्में या धारावाहिक न देखें।

गर्भ परीक्षण (Pregnancy Test)

गर्भ परीक्षण में रक्त अथवा मूत्र में उस विशिष्ट हॉरमोन को परखा जाता है जो गर्भवती होने पर ही महिला में रहता है। ह्यूमक कोरिओनिक गोनाडोट्रोपिन (एच सी जी) नामक हॉरमोन को गर्भ हॉरमोन भी कहते हैं जब उर्वरित अण्डा गर्भाशय से जुड़ जाता है तो आपके शरीर में एच सी जी नामक गर्भ हॉरमोन बनता है। सामान्यतः गर्भधारण के छह दिन बाद ऐसा होता है।

घर में गर्भ परीक्षण (एच पी टी)

माहवारी रुकने के 10 दिनों के अन्दर-अन्दर एक स्त्री हार्मोन एचसीजी (ह्यूमन कोरिओनिक गोनाडोट्रोपिन) पेशाब में आने लगता है। इसलिए पेशाब की जाँच से पता चल जाता है कि महिला गर्भवती है या नहीं। अगर गर्भपात करवाना हो तो यह जितना जल्दी हो सके करवाना चाहिए। जल्दी गर्भपात करवाने से अधिक खून बहने और अन्य जटिलताओं से बचा जा सकता है।

एक यूपीटी (याने युरीन, प्रेगनेन्सी टेस्ट) के अलग किट मिलते हैं। इसके साथ खुद इसे करने के लिए निर्देश भी दिए होते हैं। इसके परिणाम 5 मिनट में ही मिल जाते हैं। यह गृह गर्भ परीक्षण 'अपना परीक्षण स्वयं करो' की शैली का परीक्षण है जो कि अपने घर पर सुगमतापूर्वक किया जा सकता है। इसकी कीमत 40-50 रुपये होती है। महिला को एक साफ शीशी में अपना 5 मिली मूत्र लेना होता है और परीक्षण के लिए किट में दिए गए विशिष्ट पात्र में दो बूँद मूत्र डालना होता है। उसके बाद कुछ मिनट तक इन्तजार करना होता है। अलग-अलग ब्रान्ड के किट इन्तजार का समय अलग-अलग बताते हैं समय बीतने पर रिजल्ट विंडों पर परिणाम को देखें। यदि एक लाईन या जमा का चिन्ह देखे तो समझ लें कि आपने गर्भ धारण कर लिया है। लाईन हल्की हो तो भी कोई फर्क नहीं पड़ता। हल्की हो या स्पष्ट अर्थ सकारात्मक माना जाता है।

बहुत से एच पी टी पीरियड के निश्चित तिथि तक न होने पर 99 प्रतिशत उसी दिन सही परिणाम बताने का दावा करते हैं। एच पी टी से नकारात्मक परिणाम पाकर भी गर्भ धारण की सम्भावना हो सकती है। इसलिए अधिकतर एच टी पी महिलाओं को कुछ दिन या सप्ताह बाद पुनः परीक्षण का सुझाव देते हैं।

सामान्य परीक्षण

लगभग सभी सामान्य गर्भों के दौरान एड्स, हैपेटाइटिस-बी, साईफिलिस, आर एच अनुपयुक्तता और रूबेला का नियमित परीक्षण किया जाता है। गर्भकाल में अलग-अलग समय पर रक्त के सैम्पल लेकर डॉक्टर इन स्थितियों का परीक्षण करते हैं।

पोषण से सम्बन्धित बीमारियों का पता करें। जैसे एनीमिया, रतौन्धी या मुँह में छाले । माँ की लम्बाई नापें। अगर उसकी लम्बाई 145 सेन्टीमीटर से कम है तो उसकी श्रोणी का निचला सिरा बहुत

प्रसव की सम्भावित तिथि की गणना

आप की अन्तिम माहवारी के पहले दिन से लेकर सामान्यतः गर्भ 40 सप्ताह तक रहता है, यदि आप को अन्तिम माहवारी की तिथि याद हो और आपका चक्र नियमित हो तो आप घर बैठे प्रसव की सम्भावित तिथि की गणना कर सकते हैं। यदि आपका चक्र नियमित और 28 दिन लम्बा हो तो अन्तिम माहवारी के आधार पर (एल एम पी) आप पहले दिन में नौ महीने और 7 दिन जोड़कर प्रसव की सम्भावित तिथि का निर्धारण कर सकते हैं। उदाहरण के लिए अगर आप की अन्तिम माहवारी 5 सितम्बर को शुरू हुई थी तो प्रसव की सम्भावित तिथि अगले वर्ष 12 जून होगी।

छोटा होता है। ऐसे में बच्चे का सिर इसमें से आसानी से नहीं निकल पाता और इससे बच्चे का जन्म मुश्किल हो जाता है।

गर्भाबस्था में नियमित रूप से माता के वजन की जाँच करें। पता करें कि भार में यह बढ़ोत्तरी सामान्य है या नहीं। आमतौर पर गर्भाबस्था के दौरान महिला का भार 9 से 10 किग्रा. बढ़ता है। इसमें से कुछ भार बच्चे के कारण और बच्चेदानी और नाल की वृद्धि के कारण होता है। भार में कुछ वृद्धि माँ के शरीर में कुछ नमक और पानी के थम जाने के कारण होती है। अगर भार में बढ़ोत्तरी कम या ज्यादा हो तो तुरन्त डॉक्टर को बताया जाना चाहिए। अगर भार में वृद्धि कम है तो इसका अर्थ है कि माँ को पर्याप्त खाना नहीं मिल रहा है। और बच्चे की वृद्धि भी ठीक नहीं हो रही है। हर बार जब माँ जाँच के लिए आए तो उसका रक्तचाप जरूर मापें। गर्भावस्था की विषाक्तता (पी.आई.एच) और कुछ और बीमारियों जैसे गुर्दे की संक्रमण में रक्तचाप बढ़ जाता है। ध्यान दें कि कहीं गर्भवती महिला के पैरों में सूजन तो नहीं है। यह गंभीर खून की कमी या गर्भावस्था की विषाक्तता के कारण हो सकता है। ऐसे में पूछें कि क्या महिला को साँस फूलने व दिल की धड़कन बढ़ने की शिकायत है।

जन्मजात रोगों के सम्बन्ध में चिन्ता

आपके बच्चे को जन्मजात रोगों का खतरा अधिक हो सकता है यदि वह निम्नलिखित तीन कारणों में से किसी में आता है। (1) पहले बच्चे में जन्मजात रोग (2) परिवार में जन्मजात विकारों का इतिहास जिनके दोहराये जाने की सम्भावना रहती है। (3) यदि मां की उम्र 35 वर्ष से अधिक हो तो बच्चे में अभावपरक विकारों का खतरा बढ़ जाता है।

सामान्य रक्त परीक्षणों से जन्मजात विकारों की परख

अध्ययन से पता चलता है कि प्रसव पूर्व होने वाली रक्त की जाँचों से 90 प्रतिशत जन्मजात विकारों का पता नहीं चल पता है। जाने जा सकने योग्य 10 प्रतिशत जन्मजात रोगों के लिए अलग से चार प्रकार के टैस्ट हैं - एमनियोसेन्टीसिस, करौलिक विलि सैम्पलिंग, अल्फा फैटो प्रोटीन (ए एफ पी) जैसे टैस्ट और अल्ट्रासाउण्ड स्कैनस।

प्रसव पूर्व स्वास्थ्य परीक्षण (प्रीनेटल विजिट्स)

प्रसव की संभावित तारीख- आपके प्रसव की संभावित तारीख पिछली माहवारी के प्रथम दिन के 40 सप्ताह बाद संभावित होती है। यह मात्र एक अंदाज है सामान्य प्रसव 38 से 42 सप्ताह के बीच कभी भी हो सकता है।

चिकित्सकीय सुविधा के लिए गर्भावस्था को तीन तीमाही में बाँटा जा सकता है। गर्भाधान से तेरहवें सप्ताह तक प्रथम तिमाही, चौदहवें से छब्बीसवें सप्ताह तक द्वितीय तिमाही एवं सत्ताईसवें से गर्भावस्था के अंत के समय को तीसरी तिमाही कहते है। गर्भावस्था की प्रथम तिमाही अत्यन्त महत्त्वपूर्ण समय होता है। क्योंकि इस समय शिशु के शारीरिक अंगों का विकास होता है एवं वह अत्यन्त नाजुक होता है। माँ को होने वाली किसी भी तरह की बीमारी या अनचाही दवाओं के सेवन से शिशु में शारीरिक विकृतियाँ आ सकती है या गर्भपात हो सकता है।

प्रथम तिमाही (गर्भाधान से तीसरे माह तक) अपने प्रसूति विशेषज्ञ से माहवारी रुकने के 2 से 4 सप्ताह के बीच सम्पर्क करें। पहली विजिट में आपका विस्तृत परीक्षण होगा। आपका ब्लड प्रेशर, खून की कमी इत्यादि की जाँच होगी। पति एवं पत्नी दोनों के स्वास्थ्य एवं बीमारी के बारे

में जानकारी ली जाएगी। परिवार में होने वाली आनुवांशिक बीमारियों के बारे में विस्तार से पूछा जाएगा। मूत्र एवं रक्त का परीक्षण कराये जाएगें। कुछ चिकित्सक इस समय सर्विकल कैंसर के लिए पेप-टेस्ट एवं ऐड्स के लिए एच.आई.वी. परीक्षण भी कराते हैं।

यदि कोई जटिलता (हाई रिस्क फेक्टर) नहीं है तो गर्भवस्था के प्रथम सात माह में कम-से-कम महीने में एक बार अपने प्रसूति विशेषज्ञ से जाँच बाद में अपने चिकित्सक की सलाह के अनुसार पन्द्रह दिन में या प्रति सप्ताह भी जाँच करा सकते हैं।

अल्ट्रासाउण्ड (सोनोग्राफी) परीक्षण–यह एक सुरक्षित जाँच है इससे शिशु को कोई नुकसान नहीं होता। इस जाँच से शिशु के विकास, उसके हृदय एवं साँस की गति, जन्मजात विकृतियों एवं मल्टीपल प्रेग्नेन्सी के विषय में जानकारी मिल जाती है।

यदि सुविधा उपलब्ध हो तो गर्भावस्था के 10-14 सप्ताह के बीच पहली अल्ट्रासाउंड सोनोग्राफी परीक्षण हो जाना चाहिए। उसके बाद चिकित्सक की सलाह के अनुसार जब भी आवश्यक हो यह जाँच दोहराई जा सकती है।

मधुमेह की जाँच–गर्भावस्था के 24 सप्ताह के आस-पास रक्त एवं मूत्र में ग्लूकोज का परीक्षण कराना चाहिए कुछ महिलाओं को गर्भावस्था के दौरान मधुमेह गेस्टेशनला डायबीटीज हो जाती है, जो की प्रसव के बाद ठीक हो जाती है। जिन महिलाओं को गर्भधारण करने के पहले से ही मधुमेह की शिकायत है। यदि गर्भावस्था के दौरान यदि उनके ब्लड शुगर को नियंत्रित नही किया गया तो गर्भस्थ शिशु में जन्मजात विकृतियाँ उत्पन्न होने की सम्भावना बहुत बढ़ जाती है।

ग्रुप बी स्ट्रेप्टो कॉकस परीक्षण–यह जीवाणु सामान्यतः हानिरहित रूप से 30-35 प्रतिशत महिलाओं के जननाँगो में उपस्थित होता है, परन्तु प्रसव के दौरान इस जीवाणु से शिशु को संक्रमण हो सकता है। इसकी जाँच के लिए गर्भवती महिला के योनिद्वार एवं गुदा से स्मियर लेकर उनका परीक्षण किया जाता है। जिन महिलाओं में ये जीवाणु पाए जाते हैं प्रसव पूर्व उनका एन्टिबॉयोटिक्स के द्वारा इलाज किया जाता है।

अल्फा फीटो प्रोटीन–शिशु में संभावित जन्मजात विकृतियों जैसे डाउन सिंड्रोम (मंदबुद्धिता का एक प्रमुख कारण) न्यूरल ट्यूब डिफेक्ट (स्पाइनबाईफडा, एनसफेलोसील एवं मेनिगोसील इत्यादि) जैसे जन्मजात विकृतियों को शीघ्रातिशीघ्र पता लगाने के लिए गर्भावती महिला का रक्त परीक्षण किया जाता है। यदि इसके साथ ही ह्यूमन कोरियानिक गोनाडोट्राफिन एवं इस्ट्रियाल नामक हार्मोनों का परीक्षण भी किया जाए तो उपरोक्त बीमारियों के निदान की संभावना और बढ़ जाती है। जब इन तीनों परीक्षणों को साथ में किया जाता है तो इन्हें ट्रिपल मार्कर परीक्षण कहा जाता है। यदि ट्रिपल मार्कर परीक्षण पॉजिटिव हो तो इन रोगों की पुष्टि के लिये एमानियोसेंटिसिक एवं कोरियानिक विलस सेम्पलिंग नाम परीक्षणों की आवश्यकता होती है।

एमानियोसेंटेसिसि–जिन शिशुओं में कोई जन्मजात विकृतियाँ या कोई गुणसूत्रीय व्याधि की सम्भावना होती हैं उनमें इस परीक्षण की सलाह दी जाती है। यह परीक्षण आम तौर पर गर्भकाल के 16-20 सप्ताह के बीच किया जाता है इसमें एक सूई के द्वारा गर्भस्थ शिशु के चारों ओर जो पानी भरा रहता है उसकी थोड़ी सी मात्रा निकाली जाती है।

इस परीक्षण के द्वारा शिशु को होने वाली कई विकृतियों जैसे न्यूरलट्यूब डिफेक्ट्स (स्पाइनाबाइफिडा, एनसफेलोसील एवं मेनिगोसील), डाउन सिंड्रोम इत्यादि का गर्भावस्था के प्रारम्भ में ही पता लग

सकता है। अनुभवी हाथों में यह टेस्ट सुरक्षित है एवं लगभग 5 प्रतिशत से भी कम परीक्षणों में गर्भपात या समय से पहले प्रसव होने का खतरा होता है।

कोरियानिक विलस सेम्पलिंग–जो परतें शिशु को बच्चेदानी से जोड़े रखती है उन्हे कोरियान कहा जाता है यह परीक्षण गर्भवस्था की प्रथम तिमाही में किया जाता है इसमें एक महीन सूई के द्वारा कोरियान ऊतकों का सूक्ष्म सेम्पल लिया जाता है। जन्मजात विकृतियों जैसे डाउन सिंड्रोम एवं न्यूरलट्यूब डिफेक्ट्स के लिए यह एमनियो सेन्टेसिस से भी अधिक परिष्कृत परीक्षण है।

द्वितीय तिमाही (चौथे माह से छठें माह तक)–गर्भावस्था के 14वें से 26वें सप्ताह के बीच का यह समय अत्यन्त महत्त्वपूर्ण होता है। इस समय गर्भस्थ शिशु के शरीर का विकास होता है। एवं उसका वजन बढ़ना प्रारम्भ होता है अतः यह आवश्यक है कि गर्भवती महिला की अच्छी तरह देखभाल हो, वे संतुतिल आहार लें एवं नियमित रूप से हल्का व्यायाम करें। अपने चिकित्सक की सलाह अनुसार मल्टी विटामिन, आयरन एवं कैल्शिमय युक्त दवायें लें। जो महिलाएँ प्रथम तिमाही में अपने चिकित्सक के पास नहीं जा पाई उन्हें अब जाकर चिकित्सक की सलाह के अनुसार आवश्यक परीक्षण करा लेना चाहिए।

तृतीय तिमाही–(सातवें माह से नवें माह तक)–पहले की तरह इस समय भी अत्यन्त सावधानी की आवश्यकता होती है। अपने प्रसूति विशेषज्ञ की सलाह के अनुसार प्रति सप्ताह या पन्द्रह दिन में एक बार अपना परीक्षण कराना उचित होगा। इस समय शिशु का वजन बहुत तेजी से बड़ता है ।

अतः गर्भवती महिला को अपने भोजन का विशेष ध्यान रखना चाहिए। कैल्शियम एवं प्रोटीन से युक्त भोज्य पदार्थ जैसे दूध एवं पनीर तथा लौह तत्त्व युक्त भोज्य पदार्थ जैसे गुड़, छुहारे, सेव एवं शमीष भोजन लेने वाले को माँसाहार का उचित मात्रा में प्रयोग करना चाहिए। हल्की कसरत एवं समुचित विश्राम दोनों ही आवश्यक है।

धूम्रपान एवं शराब का सेवन गर्भस्थ शिशु के लिए हानिकारक है अपने चिकित्सक की सलाह के अनुसार ही किसी दवा का उपयोग करें। सातवें एवं आठवें माह में टिटेनसटाक्साइड के दोनों इंजेक्शन अवश्य लें।

इस समय गर्भस्थ शिशु की हलचल महसूस होने लगती है। यह शिशु के अच्छे स्वास्थ्य की निशानी मानी जाती है। यदि गर्भस्थ शिशु की हलचल न महसूस हो या कम महसूस हो अपने चिकित्सक को अवश्य सूचित करे।

साथ ही इस समय अपने प्रसूति विशेषज्ञ से प्रसूति के विषय में विचार विमर्श करें। सम्भव हो तो प्रसूति के स्थान को भी जाकर देखें। इससे आपका आत्मविश्वास बढ़ेगा। परिवारजनों, पति एवं मित्रों का सहयोग भी महत्त्वपूर्ण है। प्रसव से सम्बन्धित एवं आने वाले शिशु की आवश्यकतानुसार वस्तुओं की सूचि बनकर उन्हें एकत्र कर लें। अपने मेडिकल रिकार्ड साथ ले जाना न भूलें।

गर्भावस्था के दौरान संक्रमण के लक्षण और उपचार

गर्भावस्था के नौ महीने जटिलताओं से भरे होते हैं। इस दौरान इंफेक्शन होना बहुत आम बात है। इनमें ही एक है योनि में संक्रमण। जो सूक्ष्म कवक या खमीर के कारण होता है, जिसे कैंडिला एल्बीकस कहते हैं। पुरुषों से ज्यादा कवक महिलाओं में होते हैं जो गर्भावस्था के दौरान संक्रमण का कारण बनते हैं।

गर्भावस्था के दौरान योनि में ग्लाइकोजन नामक ग्लूकोज की मात्रा बढ़ जाती है, इसके कारण कैंडिला एल्बीकस नामक कवक का विकास होता है। महिला को गर्भावस्था के दौरान यह संक्रमण दस बार से भी ज्यादा हो सकता है। गर्भावस्था में एस्ट्रोजन के स्तर में वृद्धि के कारण ग्लाइकोजन का स्तर बढ़ता है और यह संक्रमण के कारण होता है। आइये हम इसके लक्षण और इसके उपचार के बारे में बात करें–

योनि में संक्रमण के लक्षण

गर्भावस्था में रक्त स्राव होना सामान्य है, लेकिन रक्त स्राव के दौरान यह पतला और दुधिया रंग का हो तो आप स्वस्थ हैं लेकिन यदि योनि में संक्रमण है तो इसके निम्न लक्षण हो सकते हैं–

1. रक्त-स्राव मोटा, सफेद और मलाईदार होगा।
2. योनि के आस-पास लालिमा, दर्द और खुजली हो सकता है।
3. योनि के आस-पास सूजन होना।
4. संभोग के दौरान दर्द होना।
5. मूत्र त्याग के दौरान दर्द और जलन होना।
6. योनि के इस इंफेक्शन को सुनिश्चित करने के लिए इसका निदान किया जाता है, इसके लिए आपका चिकित्सक कुछ टेस्ट करेगा, उसके अनुसार ही आपकी चिकित्सा की जायेगी।

योनि में संक्रमण का उपचार

योनि में संक्रमण के लिए कई प्रकार के विकल्प मौजूद हैं जिसके द्वारा आसानी से इस संक्रमण से छुटकारा पाया जा सकता है। इसका उपचार करने के लिए मात्र सात दिनों के कोर्स की जरूरत पड़ती है। इसमें चिकित्सक पेसरीज (यह एक प्रकार की डिवाइस होती है जिसे योनि का संक्रमण रोकने के लिए प्रयोग किया जाता है) का प्रयोग करते हैं। हालाँकि इस दौरान महिलाओं को यह सलाह दी जाती है कि वे पेसरीज का प्रयोग करते समय ग्रीवा पर दबाव बिलकुल न बनायें।

घर पर उपचार–प्रेग्नेंसी के दौरान योनि में संक्रमण को रोकने के लिए चिकित्सक की सलाह के अलावा आप खुद से इसका उपचार कर सकती हैं, यदि थोड़ी सी सावधानी बरती जाये तो इस संक्रमण के प्रकोप को कम किया जा सकता है, इसके लिए आप इन तरीकों को आजमा सकती हैं–

1. योनि के आस-पास दही का थपका दीजिए, इससे संक्रमण कम फैलेगा।
2. सूती कपड़े के इनरवीयर का प्रयोग कीजिए, जो ढीले और आरामदायक हों।
3. गर्म पानी से स्नान बिलकुल मत कीजिए।
4. बबल बॉथ को आजमा सकते हैं, इससे संक्रमण नही फैलेगा।
5. योनि के आस-पास साबुन और परफ्यूम आदि का प्रयोग बिलकुल न करें।

हालाँकि गर्भावस्था के दौरान योनि में संक्रमण होने से बच्चे को कोई नुकसान नहीं होता है, लेकिन प्रसव के दौरान यदि बच्चा इसके संपर्क में आ जाये तो उसके मुँह पर सफेद धब्बे पड़ सकते हैं, जो उपचार से ठीक हो जाते हैं। लेकिन यदि आपको संक्रमण की शिकायत हो तो चिकित्सक से अवश्य संपर्क कीजिए।

गर्भाशय की अंदरुनी जाँच

किसी महीने माहवारी न होना गर्भवती होने का सबसे पहला चिन्ह है। परन्तु जिन महिलाओं में माहवारी

अनियमित होती है, उनमें महीना बन्द होना गर्भावस्था का भरोसेमन्द लक्षण नहीं होता। किसी महीने माहवारी न होने पर दो तीन हफ्ते तक इन्तजार करें। इस समय तक अन्य लक्षण भी दिखाई देने लगते हैं। इसके बाद पेशाब की जाँच करवाएँ। पेशाब की जाँच के लिए दवाओं की दुकान में अलग-अलग किट मिलती हैं। गाँव की आशा या नर्स के पास भी यह किट उपलब्ध है। गर्भावस्था के पहले 3 से 4 महीनों में सुबह की तकलीफ काफी आम है। इनमें मितली आना, चक्कर आना और सिर में दर्द शामिल हैं। यह सब हॉर्मोन के स्तर में बढ़ोत्तरी के कारण होता है। परन्तु सब महिलाओं को यह तकलीफ नहीं होती।

शिशु के विकास की जाँच

गर्भावस्था नारी जीवन की एक अत्यंत महत्त्वपूर्ण व संवेदनशील घटना व अद्वितीय अनुभव है। इस दौरान महिला अनेक शारीरिक व मानसिक परिवर्तनों के दौर से गुजरती है। परंतु ये परिवर्तन सभी के लिए एक समान नहीं होते। कोई लक्षण या स्थिति किसी महिला में अत्यंत कष्ट का कारण बन सकती है तो दूसरी महिला को उसमें कोई कष्ट नहीं होता, अतः गर्भावस्था को सुरक्षित व सामान्य बनाए रखने के लिए जरूरी है कि गर्भावस्था से जुड़े शरीर में होने वाले आंतरिक परिवर्तनों व गर्भ में पल रहे शिशु के विकास पर सतत निगरानी रखी जाए ताकि किसी भी गडबड़ी या विकार को उसकी शुरुआत में ही पकड़कर उसका उचित निदान व उपचार किया जा सके। इसलिए गर्भावस्था के प्रारंभ से ही नियमित डॉक्टरी जाँच कराएँ व डॉक्टर जिन जाँचों या परीक्षणों की सलाह दें, उन्हें बिना चूके कराएँ। गर्भावस्था के दौरान समय-समय पर की जानेवाली विभिन्न सीरोलॉजिकल (रक्त के नमूनों) व मूत्र की जाँचों से शरीर में होने वाले रासायनिक व भौतिक परिवर्तनों का पता लगाया जाता है, वहीं सोनोग्राफी द्वारा गर्भस्थ शिशु के विकास व उसकी स्थिति की जाँच की जाती है।

गर्भवती महिला की रक्त व मूत्र सम्बन्धी जाँच

ऐलब्यूमिन और शक्कर की जाँच बहुत आसान है। रासायनिक पट्टी (डिपस्टिक) से यह और भी आसान हो गया है। पेशाब में ऐलब्यूमिन होना एक खतरे वाला लक्षण है। यह रक्तचाप के बढ़ जाने से होता है। गर्भावस्था में अतिरक्तचाप और पेशाब में प्रोटीन विषाक्तता से पूर्ण है। गर्भावस्था में पेशाब में थोड़ी शक्कर होना सामान्य है। पर अगर पेशाब में बहुत अधिक शक्कर का निकल रही है तो इसका अर्थ है कि महिला को डायबिटीज (मधुमेह) है। माँ को मधुमेह होना बच्चे के लिए बहुत ही नुकसानदेह है।

हीमोग्राम, ब्लड शुगर, सीरम बिलिरुबिन, सीरम क्रिएटिनीन, ब्लड यूरिया, एच.आई.वी., एचबीएसएजी स्क्रीनिंग, वीडीआरएल, ब्लड ग्रुप; ये सभी जाँचें न केवल बेहद जरूरी हैं, बल्कि उनका अपना विशेष महत्त्व भी है। हीमोग्राम से न केवल एनीमिया (खून की कमी) का पता चलता है बल्कि अन्य अज्ञात इन्फेक्शंस को भी पकड़ा जा सकता है। एनीमिया का प्रारंभिक अवस्था में पता लगने से उसका समय पर उपचार कर संभावित खतरों को टाला जा सकता है। ब्लड शुगर, सीरम बिलिरुबिन, ब्लड यूरिया व सीरम क्रिएटिनीन वे जाँचें हैं जो एक छतरी के समान कार्य करती हैं एवं आपके शरीर की लगभग संपूर्ण कार्यप्रणाली पर गर्भावस्था से पड़ने वाले प्रभावों की जानकारी प्रदान करती है। एच.आई.वी., एचबीएसएजी, वीडीआरएल आदि जाँचें माता व शिशु दोनों के लिए घातक एड्स, हेपेटाइटिस-बी व यौन रोगों के निदान की दृष्टि से आवश्यक है।

खून के टेस्ट हीमोग्लोबिन की मात्रा की जाँच, खून के वर्ग की जाँच, और सिफलिस रोग की जाँच के लिए होते हैं। हीमोग्लोबिन की जाँच के लिए साहली का तरीका सबसे आसान है। खून का वर्ग और आरएच फैक्टर पता होना जरूरी है। अगर माँ का आरएच फैक्टर निगेटिव हो तो बचाव के सही उपायों की जरूरत होती है। सिफलिस रोग बार-बार गर्भपात होने का सबसे कारण आम होता है, और वीडीआरएल टेस्ट सिफलिस की जाँच के लिए किया जाता है। गर्भावस्था में खून की जाँच जरुरी है।

इस प्रकार से आधारभूत या बेसिक जाँचें आपकी प्रसूति विशेषज्ञ को न केवल आपकी गर्भावस्था का बेहतर प्रबंध करने में सहायक हैं बल्कि समस्या का शुरुआती दौर में ही पता लगाकर उनके उचित उपचार द्वारा माता व गर्भस्थ शिशु को आने वाले अनेक खतरों से बचाया जा सकता है। इन जाँचों पर होने वाले खर्चे को सुरक्षित मातृत्व के लिए किए गए छोटे-से निवेश के रूप में देखा जाना चाहिए।

सोनोग्राफी जाँच

गर्भावस्था में अल्ट्रासोनोग्राफी या साधारण सोनोग्राफी टेस्ट आजकल ज्यादातर शहरों में अधिकतर किए जाने लगे हैं। सुविधा हो तो गर्भावस्था में 2-3 बार सोनोग्राफी हो जाती है। इससे हमे कई तथ्य मालूम होते हैं, जैसे प्रसव की अपेक्षित तारीख, गार्भस्थ भ्रूण की सेहत, अंगों के बारे में गर्भ कोश में पर्याप्त पानी का होना आदि। पहली जाँच अकसर 8-12 सप्ताह के बीच की जाती है।

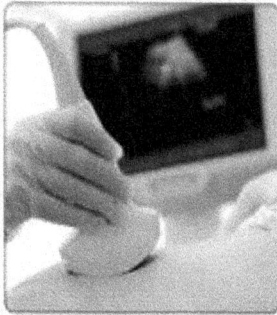

अन्यथा सोनोग्राफी जाँच चिकित्सा विश्व में एक महत्त्वपूर्ण कदम है, जिससे रोगनिदान में क्रांति सी हुई है। गर्भावस्था में इसके कई उपयोग है। माता और बच्चे के सेहत की काफी कुछ जानकारी समय-समय मिलने में इसका बडा योगदान है। पहला अल्ट्रासोनोग्राफी टेस्ट 10 वें से 12 वें हफ्ते में किया जाता है। उसके बाद अगर जरूरी हो तो इसे फिर से भी किया जा सकता है। अल्ट्रासोनोग्राफी सुरक्षित होता है क्योंकि इसमें गर्भ की फोटो लेने के लिए ध्वनि की तरंगों का इस्तेमाल होता है, एक्स-रे का नहीं।

अल्ट्रासोनोग्राफी में गर्भावस्था के बारे में निम्नलिखित जानकारी मिल जाती है।

1. बच्चे की उम्र और वृद्धि।
2. बच्चा एक ही है या जुड़वाँ है।
3. बच्चे का दिल या गुर्दों में कोई खराबी तो नहीं है।
4. गर्भ में बच्चे और नाल की स्थिति।
5. बच्चेदानी का मुँह कसी हुई है या ढीली।

6. पानी की थैली में द्रव की मात्रा।

यह एक बहुत-ही महत्त्वपूर्ण टेस्ट है। दुर्भाग्य से लोग व डॉक्टर इसका गलत इस्तेमाल यह पता करने के लिए भी करते हैं कि गर्भस्थ शिशु लड़का है या लड़की। यह दुर्भाग्यपूर्ण है की भारत में सोनोग्राफी का कुछ गैरजिम्मेदार डॉक्टर भ्रूण की लिंग जानने के लिये इस्तेमाल करते हैं। यह बिल्कुल गैरकानूनी है और दंडनीय है। इस सामाजिक समस्या के कारण भारत में लिंग-अनुपात बढ़ता जा रहा है। अब भारत में प्रसूति समय लड़का, लड़की का अनुपात 1000 : 933 है जो बहुत ही असंतुलित हो गया है।

सोनोग्राफी से गर्भस्थ शिशु के विकास, परिपक्वता, हृदय की गति व शारीरिक हलचल आदि की जानकारी तो मिलती ही है, साथ ही कई जोखिमपूर्ण स्थितियों जैसे आंवल (प्लेसेंटा) का शिशु की गर्दन में फंदे के रूप में लिपटना या आंवल का अपने स्थान से खिसक जाना, गर्भाशय के पानी (एम्नियोटिक फ्लूड) जिसमें शिशु सकुशल रहता है, का सूख जाना, कम होना आदि का भी समय रहते पता लगाकर जच्चा व बच्चा दोनों के प्राण बचाए जा सकते हैं। सोनोग्राफी गर्भावस्था की प्रत्येक तिमाही में कम-से -कम एक बार किया जाना आवश्यक है। इसके अलावा कई बार कुछ विशेष जाँचें जरूरी हो सकती हैं।

कुछ विशेष स्थितियों, जिन्हें हम 'हाईरिस्क प्रेग्नेंसी' कहते हैं, में ये जाँचें करना आवश्यक होता है, जैसे- 35 वर्ष की आयु के बाद होने वाली गर्भावस्था में एक ट्रिपल मार्कर परीक्षण किया जाता है ताकि यह पता लगाया जा सके कि गर्भस्थ शिशु में कोई न्यूरोलॉजिकल कमी या मानसिक अविकसन की समस्या तो नहीं है। इसी प्रकार परिवार के सदस्यों (माता-पिता, दादा-दादी, नाना-नानी आदि) में डायबिटीज (मधुमेह) होने पर गर्भवती महिला का ग्लूकोज टालरेंस टेस्ट जरूरी हो जाता है ताकि मधुमेह की संभावना का पता लगाकर आवश्यक उपाय किए जा सकें।

कुल मिलाकर बात यह है कि गर्भावस्था को सामान्य, सुरक्षित व सफल मातृत्व में परिणत करने के लिए नियमित परीक्षण, प्रसूति विशेषज्ञ की सलाह व उनके निर्देशों का पालन किया जाना बेहद जरूरी है।

गर्भाशय और शिशु की जाँच

पहले तीन महीनों में गर्भावस्था के ठीक-ठाक होने के बारे में पक्का करने के लिए आन्तरिक जाँच जरूरी होती है। बाद के तीन महीनों में आन्तरिक जाँच की जरूरत यह पता करने के लिए जरूरी होती है कि बच्चेदानी का मुँह कसी हुई है या शिथिल (ढीली)। सामान्य स्थिति में आप केवल अपनी छोटी उँगली का सिरा ही गर्भाशयग्रीवा में डाल सकते हैं। अगर यह ढीली है तो इस स्थिति में गर्भपात होने का खतरा होता है। ऐसे में माँ को अस्पताल जाने की सलाह दें ताकि उसकी गर्भाशयग्रीवा को कसा जा सके। यौन रोगों के लक्षणों की जाँच करें। कहीं योनि में कोई अल्सर या मांस तो नहीं बढ़ा है? अन्दरूनी जाँच करते समय अच्छे दस्ताने पहनें जो फटे हुए या छेद वाले न हों। एचआईवी एवं हेपटाइटिस के संक्रमण से बचाव के लिए यह जरूरी है।

प्रथम गर्भस्पन्दन और दिल की धड़कन

पहली बार गर्भवती माँ गर्भ के पाँचवें महीने से गर्भस्थ शिशु का खेलना महसूस करती है। दूसरी बारी की अनुभवी माँ इससे भी पहले से ही यह महसूस कर पाती है। शिशु के दिल की धड़कन एक आले या फीटोस्कोप से छठें महीने से सुनी जा सकती है। कभी इसके लिये डॉपलर मशीन भी कई जगह उपलब्ध होता है। आठवें से नौवें महीने में हम गर्भ के दिल की धड़कन गिन भी सकते

हैं। यह सामान्यतः 120 से 160 प्रति मिनट होती है। किस जगह पर शिशु के दिल की धड़कन सुनाई देगी यह इस पर निर्भर करता है कि बच्चेदानी में बच्चे की स्थिति क्या है? आमतौर पर यह नाभि के एक तरफ और काफी नीचे होता है। ऐसा उन शिशुओं में होता है जिनका सिर गर्भाशय में नीचे तरफ हो। उन शिशुओं में दिल की धड़कन नाभि के ऊपर दोनों ओर सुनी जा सकती है जिनका सिर गर्भाशय में छाती की तरफ हो।

गर्भाशय के आकार से हमें गर्भावस्था के काल का पता चलता है। अगर गर्भावस्था के किसी काल के हिसाब से गर्भाशय काफी छोटा है तो यह तो शिशु की वृद्धि या फिर गर्भस्थ शिशु के मर जाने के कारण होता है। कभी-कभी महिला अपने आखिरी माहवारी की तारीख भूलकर गलत बताती है, (इस परिस्थिती में सोनोग्राफी से ही भ्रूण का सही उम्र पता चलता है)। बच्चे की खेलने से और दिल की धड़कन से हमें पता चलता है कि बच्चा जीवित है या नहीं।

गैर जरूरी दवाईयाँ देने से बचें

बहुत-सी दवाएँ गर्भस्थ शिशु के लिए नुकसानदेह होती हैं। दुर्भाग्य से ज्यादातर आम चिकित्साकर्मियों को इसका पता नहीं होता। असल में सही नियम यह है कि उन सभी दवाओं और तरीकों का इस्तेमाल न करें जिनके बारे में पक्का न हो कि वो गर्भावस्था में सुरक्षित हैं।

बहुत-सी दवाएँ गर्भावस्था के लिए सुरक्षित नहीं होतीं। यहाँ तक की ऐस्परीन, टैट्रासाइक्लीन, मैबेनडाजोल, मैट्रोनिडाजोल और हार्मोन वाली मुँह से दी जाने वाली दवाएँ नुकसानदेह होती हैं। गर्भावस्था के निदान के लिए एक हार्मोन वाली गोली इस्तेमाल होती रही है। माहवारी शुरू करने के लिए गोली और गर्भपात की गोली। भ्रूण के लिए बहुत अधिक नुकसानदेह है। एक्स-रे भी गर्भस्थ शिशु के लिए खतरनाक होता है। हाल में जिस महिला को गर्भ अपेक्षित है वह सभी दवाओं से तबतक बचे रहे। क्लोरोक्विन की गोलियों जो मलेरिया के इलाज के लिए दी जाती है, गर्भावस्था

बाद के महीनों में जाँच

तीसरे से छठे महीने में शिशु के अंग और तंत्र बनते हैं। और छठे से नौवें में ये अंग बढ़ते और विकसित होते हैं। शिशु की दिल की धड़कन और हिलना डुलना उसके जीवित होने का भरोसेमन्द संकेत होते हैं परन्तु बच्चे के शारीरिक विकास में किसी भी कमी का पता करने के लिए सोनोग्राफी द्वारा जाँच जरूरी है। अगर गर्भाशय का आकार गर्भावस्था की अवधि से मेल खाए तो समझे कि शिशु की वृद्धि ठीक हो रही है। अगर बच्चेदानी गर्भ के अवधि से बड़ा है, तो जुड़वे बच्चे हो सकते है या बच्चेदानीं में अधिक पानी हो सकता है।

इन महीनों में एनीमिया या गर्भावस्था की विषरक्तता जैसी बीमारियों पर ध्यान दें। गर्भावस्था और बच्चे के जन्म से जुड़े खतरों की ओर ध्यान दें। वजन में बढ़ोत्तरी पर ध्यान दें।

गर्भावस्था में माँ के वजन में बढ़ोत्तरी

गर्भावस्था में वजन सही मात्रा में बढ़ना चाहिये। गर्भावस्था में कुल 9 से 11 किलो वजन बढ़ता है। तीसरे से नौवे महीने में हर हफ्ते 300 ग्राम या महीने में 1.5 किलो वजन बढ़ता है। अगर वजन में बढ़ोत्तरी 500 ग्राम प्रति हफ्ते से ज्यादा हो या महीने में 2 किलो से ज्यादा हो तो सावधान हो जाएँ। वजन में यह असाधारण बढ़ोत्तरी गर्भावस्था की विषाक्तता के कारण भी होती है।

सुरक्षित गर्भ के लिए टीकाकरण

सूक्ष्मजीवी को नंगी आँखों से देखना संभव नहीं है। इसलिए, इनसे बचने के कितने ही प्रयास कर

लें, सुरक्षा के लिए पूरी तरह आश्वस्त नहीं हो सकते। शरीर में प्रवेश कर कीटाणु बीमारियों का कारण बनते हैं और फिर इलाज भी जटिल हो जाता है। इनसे बचने के लिए टीकाकरण एक कारगर उपाय है। गर्भावस्था के पहले और इसके दौरान टीकाकरण बेहद महत्त्वपूर्ण होता है। कुछ संक्रमण ऐसी बीमारियाँ पैदा करते हैं जो गर्भवती व शिशु दोनों को काफी नुकसान पहुँचाती हैं। कोई भी टीका चिकित्सक की परामर्श के बिना न लें। वही आपको आवश्यकतानुसार सही टीके के बारे में बता पाएंगे।

दवा के प्रकार के अनुसार टीके तीन प्रकार के होते हैं–

जीवित सूक्ष्मजीवयुक्त टीके–इन्हें लाइव वायरस भी कहा जाता है, क्योंकि ऐसे टीकों में जीवाणु मौजूद होते हैं। गर्भवती महिला को ये टीके नहीं लगाए जाते हैं।

निष्क्रिय जीवाणुयुक्त टीके–इन टीकों में जीवाणु निष्क्रिय अवस्था में होता है।

टॉक्सॉइडयुक्त टीके बैक्टेरिया की मौजूदगी से प्रोटीन की रासायनिक संरचना में परिवर्तन आ जाता है, जिसे टॉक्सॉइड कहते हैं।

कुछ टीकों में इन टॉक्सॉइड्स का इस्तेमाल किया जाता है। गर्भधारण करने से पहले चिकित्सक से परामर्श लें। महिला व शिशु स्वस्थ रहें, इसके लिए गर्भधारण करने से पहले कुछ टीके आवश्यक लगवाने चाहिये नहीं तो आगे चलकर जटिलताएँ हो सकती हैं। इन टीकों को लगाने और गर्भधारण करने के बीच के कम-से-कम 1-2 महीने का अंतराल जरूरी है।

गर्भवती को लगाये जाने वाले टीके

1. हैपेटाइटिस-बी
2. मेनिन्जोकोकल
3. निमोकोक्कल
4. रेबीज

गर्भधारण करने से पहले लगाये जाने वाले टीके

1. मीजल्स
2. मम्स
3. रुबैला
4. वेरिसैला
5. बीसीजी
6. टीडैप (टायफायड, डिप्थीरिया और परट्युसिस)

टिटेनस के टीके

गर्भावस्था में महिला को टिटेनस टॉक्साइड के दो इंजेक्शन चार से छह हफ्ते के अंतराल से लगते हैं, जिनसे माँ और नवजात शिशु दोनों में टिटेनस की रोकथाम होती है।

किशोर गर्भावस्था में प्रसव पूर्व देखभाल

किशोरियों द्वारा 19 वर्ष से कम आयु में बच्चे को जन्म देने की घटना को किशोर गर्भावस्था कहा जाता है। अल्प आयु में किशोरियाँ शारीरिक तथा मानसिक रुप से बच्चे को जन्म देने की स्थिति में नहीं होती है पर विभिन्न सामाजिक, आर्थिक कारणों से गर्भधारण के लिए बाध्य हो जाती हैं।

हमारे देश (भारत) में हर पाँचवें शिशु का जन्म किशोरावस्था लड़कियों द्वारा होता है। 15-19 वर्ष की लड़कियों द्वारा बच्चे को जन्म देने की संख्या, कुल नवजात शिशु जन्म का 17 प्रतिशत है पर करीब तीन में से एक किशोर माताओं को प्रसव पूर्व सेवा प्राप्त नहीं हो पाती, जिसके कारण गर्भधारण के दौरान उन्हें कई तरह के समस्याओं का सामना करना पड़ता है।

प्रजनन स्वास्थ्य के अनुसार 19 साल से कम उम्र की महिला द्वारा बच्चे को जन्म देना माँ और नवजात शिशु दोनों के लिये खतरनाक हो सकता है। हमारे देश में उच्च मातृ-मृत्यु दर तथा उच्च शिशु मृत्यु दर का एक प्रमुख कारण, कम उम्र में किशोरियों द्वारा गर्भधारण तथा बच्चे को जन्म देना है।

गर्भावस्था के दौरान प्रसव पूर्व परिचर्या का काफी महत्त्व होता है विशेषकर किशोरियों के लिए इस परिचर्या का महत्त्व इस लिए भी बढ़ जाता है कि इस उम्र में माँ बनने से सामाजिक, आर्थिक व स्वास्थ्य सम्बन्धी समस्याएँ बढ़ जाती है। गर्भावस्था के दौरान गर्भवती स्त्री का वजन, रक्त चाप तथा गर्भाशय के आकार का आकलन कर, गर्भ के संतोषजनक प्रगति की जानकारी ली जा सकती है। अतः प्रसव पूर्व परिचर्या की शुरुआत गर्भावस्था के पहली तिमाही से ही कर देनी चाहिए ताकि किसी भी जटिलता का पता लगाया जा सके तथा समय से उसका निदान किया जा सके।

प्रसवपूर्व जाँच निम्न-अंतराल पर की जानी चाहिए–

पहली तिमाही (12 सप्ताह) प्रथम प्रसव पूर्व परिचर्या।

दूसरी तिमाही(12-24 सप्ताह) द्वितीय प्रसव पूर्व परिचर्या।

तीसरी तिमाही (24-40 सप्ताह) तृतीय प्रसव पूर्व परिचर्या।

स्वास्थ्य केंन्द्र में उपलब्ध कार्ड में प्रसव से संबधित रिकॉर्ड रखना चाहिए ताकि समुचित विकास और निदान को सुनिश्चित किया जा सके। स्वास्थ्य कार्यकर्ता को गर्भवती किशोरी एवं उसके परिवार के सदस्यों के साथ प्रसव संबंधित योजना पर विचार करना चाहिए जैसे–प्रसव कहाँ करानी है आदि। साथ ही उन्हें प्रेरित किया जाना चाहिए कि वे प्रसव के लिए स्वास्थ्य केन्द्र का चयन करें।

किशोर गर्भवती स्त्री को वयस्क माताओं की अपेक्षा ज्यादा पोषण व देखरेख की जरूरत होती है, इसके निम्नलिखित कारण हैं–

प्रथम मासिक धर्म के चार से पाँच वर्षों तक किशोरी के शरीर का विकास जारी रहता है, इस दौरान यदि वह गर्भवती हो जाती है तो भ्रूण के विकास के साथ ही उसे अपने विकास के लिए भी अतिरिक्त पोषण की आवश्यकता को पुरा करना पड़ता है, जिसका ध्यान रखा जाना चाहिए।

किशोरियों में रक्ताल्पता, पोषण की एक प्रमुख कमी के रुप में व्याप्त है जो मुख्यतः शरीर में आयरन की कमी के कारण होता है। गर्भावस्था के दौरान पोषण तथा आयरन की आवश्यकता और बढ़ जाती है। अतः इस अवस्था में किशोरियों को आयरन से युक्त पोषक पदार्थो का उपयोग करना चाहिए तथा विटामिन सी से युक्त पदार्थों का सेवन करना चाहिए जो भोजन में आयरन की कमी को पुरा करने मे सहायता करता है। सामान्यतः इस अवस्था में हरी पत्तेदार सब्जियाँ, फलियाँ, गिरीदार फल, तिलहन, गुड़ और मांस उत्पाद लेने चाहिए। इसके अतिरिक्त विटामिन 'सी' की आपूर्ति के लिए नींबू, आँवला, अमरुद और अंकुरित दाल लिए जाने चाहिए।

यदि गर्भावस्था के दौरान खून की कमी पाई जाती है तो आयरन एवं फॉलिक एसिड 200 मि. ग्रा। प्रतिदिन दी जानी चाहिए। गर्भाधारण के चार महीने के बाद से प्रसव के तीन महीने तक आयरन की गोली प्रदान करने से गर्भवती किशोरी के खून की कमी को ठीक किया जा सकता है।

किशोर गर्भवती महिलाओं को भी अन्य गर्भवतियों की तरह टेटनस की दो खुराकें 4-6 सप्ताह के अंतर पर दी जानी चाहिए।

गर्भावस्था के दौरान कठिन शारीरिक श्रम से बचना चहिए।

खतरे के लक्षण दिखने पर प्रसव पूर्व सेवा

किशोरावस्था में गर्भधारण से कुछ जटिलताएँ भी उत्पन्न हो सकती है जैसे पेट में दर्द, योनि से रक्त स्राव, सिरदर्द व उल्टी के साथ पैरों तथा चेहरों पर सुजन, भ्रूण का कम हिलना डुलना, साँस लेने में परेशानी तथा पेशाब का कम आना आदि।

यदि निम्न में से कोई भी लक्षण दिखाई पड़े तो किशोर युवती को डॉक्टर से संपर्क करना चाहिए तथा निकटतम स्वास्थ्य केन्द्र में जाना चाहिए।

(क) योनि से अत्यधिक रक्तस्राव

(ख) स्राव में दुर्गंध

(ग) कंपकंपी एवं ऐंठन के साथ बुखार

(घ) पेट के निचले हिस्से में तेज दर्द

किशोर गर्भावस्था के नतीजे

व्यक्तिगत विकास में बाधा–किशोरावस्था के दौरान गर्भावस्था, माता एवं शिशु दोनों के लिए जोखिम पूर्ण होता है। छोटी उम्र में माँ बनने से जीवन की सारी योजनाएँ प्रभावित होती हैं चाहे वह शिक्षा हो या रोजगार या जीवन यापन के अन्य सुअवसर। गर्भावस्था उनके विकास में बाधक और परिवार तथा बच्चे के लालन-पालन के बढ़ी जिम्मेदारियों के रुप में सामने आता है।

सामाजिक उपेक्षा–सामाजिक तौर पर विवाह के पहले यौन सक्रियता की अनुमति नहीं है। इस हालात में यदि कोई लड़की गर्भवती हो जाती है तो उसे सामान्यतः समाज से उपेक्षित कर बाहर कर दिया जाता है। इन युवाओं को सामाजिक, आर्थिक व मानसिक समस्याओं का सामना करना पड़ता है। कई बार इन युवा किशोरियों को शिक्षा व संसाधनों के अभाव में अपने तथा बच्चों की जीविका के लिए अनैतिक कार्यों तक का सहारा लेना पड़ जाता है।

गरीबी का पीढ़ी-दर पीढ़ी चक्र–छोटी उम्र में बच्चों को जन्म देना भावी पीढ़ी के विकास को भी प्रभावित करता है। इस उम्र में गर्भावस्था, भविष्य के योजनाओं को प्रभावित करता है जिसका उनके आर्थिक स्तर पर प्रतिकुल प्रभाव पड़ता है। अनुभवहीन माता-पिता अपने बच्चों का उचित लालन-पालन नहीं कर पाते अतः उन्हें अपने किशोर बच्चों को या तो कार्य करने के लिए बाध्य करना पड़ता है या उनकी कम उम्र मे शादी कर दी जाती है जो गरीबी के पीढ़ी-दर पीढ़ी चक्र को जन्म देती है।

स्वास्थ्य समस्याएँ

लंबाई एवं ऊँचाई–जिन किशोर लड़कियों का गर्भावस्था के समय शारीरिक भार 38 किलोग्राम से कम तथा ऊँचाई 145 से.मी. से कम होती है उन्हें गर्भावस्था के संदर्भ में जोखिम के दायरे मे माना जाता है क्योंकि इस स्थिति में उनके शारीरिक ढाँचे तथा अस्थिपंजर का विकास हो रहा होता है। उनके कमर की श्रोणिय हड्डियाँ अभी पूरी तरह विकसित नहीं रहती जिससे प्रसव के समय बाधा उत्पन हो सकती है जो बच्चे और माँ दोनों के स्वास्थ्य के लिए खतरनाक है।

पोषण–गर्भावस्था के दौरान प्रर्याप्त पोषण की आवश्यकता होती है परन्तु यह बहुत बड़ी विडंबना है कि हमारे देश में करोड़ों लड़कियाँ कुपोषण तथा खून की कमी वाली स्थिति में बच्चे को जन्म देने के लिए बाध्य होती हैं जो बच्चा व माता दोनों के स्वास्थ्य के लिए खतरनाक होता है। युवा अवस्था मे शरीर को काफी पोषण की आवश्यकता होती है तथा इसी दौरान गर्भधारण करने से, गर्भ व माता के शरीर के विकास, दोनों के लिए पोषण प्रदान करा पाना कठिन हो जाता है। एक आँकड़े के अनुसार, प्रजनन स्वास्थ्य सम्बन्धी समस्याओं के कारण होने वाले मृत्यु में समान्य महिलाओं की अपेक्षा 15 से 19 साल की किशोरियों की संख्या दोगुनी तथा 10 से 14 साल के किशोरियों की संख्या पाँच गुनी होती है।

कम भार के शिशु का जन्म–अगर शिशु का जन्म के समय वजन 2500 ग्राम से कम होता है उसे कम भार का शिशु माना जाता है। ऐसे शिशुओं के जन्म की संभावना सामान्य माताओं की अपेक्षा उन माताओं में ज्यादा होती है जिनकी उम्र 20 वर्ष से कम होती है।

किशोर गर्भवतियों द्वारा अपरिपक्व शिशु (जिसका जन्म 37 सप्ताह से पहले हो जाए) और कम भार के शिशु को जन्म देने की संभावना ज्यादा होती है जिससे नवजात शिशु मृत्यु तथा मातृ मृत्यु जैसे गंभीर खतरे जुड़े होते हैं–

दीर्घकालिक स्वास्थ्य समस्याएँ–किशोरावस्था मे प्रसव के दौरान उभरने वाली समस्याएँ, बच्चे के जन्म के बाद भी जारी रह सकती है। प्रसूतिकालीन प्रसव पीड़ा, स्थायी रुप से प्रजनन तंत्र को क्षति पहुंचा सकती है। इसके अलावा बहुत सारी दीर्घकालिक समस्याएं जैसे गर्भाशय का फटना, संक्रमण, स्त्री प्रसूति सम्बन्धी समस्याएँ उत्पन हो सकती हैं।

गर्भपात–किशोरावस्था में गर्भधारण कई बार एक चिंता का कारण हो जाता है और कई बार गर्भपात तक कराना पड़ सकता है। सामाजिक-आर्थिक कारणों से इस प्रकार का निर्णय लेने में सामान्यतः काफी देर हो जाता जिसके कारण किशोरियों को गैर कानूनी गर्भपात कराना पड़ता है जो असुरक्षित होता है और स्वास्थ्य समस्याओं के साथ-साथ कई बार मौत का कारण भी बन सकता है।

संक्रमण–प्रसव सम्बन्धी समस्याओं के कारण किशोरियों को संक्रमण का खतरा ज्यादा होता है। उस हालत मे यह खतरा और भी बढ़ जाता है जब प्रसव चिकित्सकों की देखरेख के बिना तथा उचित जगह पर नहीं कराया जा रहा हो। इस दौरान टेटनस और बैक्टीरिया जनित संक्रमण का खतरा और अधिक हो जाता है।

5

गर्भावस्था की समस्याएँ एवं समाधान

गर्भावस्था के दौरान परेशानी

गर्भावस्था के क्रम में स्त्री को कुछ कष्टों का सामना करना पड़ता है। इन कष्टों को सामान्य माना जाता है, क्योंकि भ्रूण के विकास की अवधि में शरीर की परिस्थितियों के साथ समायोजन करना पड़ता है। यह जरूरी नहीं है कि गर्भावस्था में सभी स्त्रियाँ इन कष्टों को झेलती हैं। हाँ, इतना अवश्य है कि लगभग 90% स्त्रियाँ, कम या अधिक इन कष्टों को झेलती हैं। कई बार इन कष्टों के लिए संवेगात्मक तनाव जिम्मेदार होते हैं। इन कष्टों में निम्नलिखित महत्त्वपूर्ण हैं—

1. शिराओं का फूल जाना
2. शारीरिक सूजन
3. बारम्बार सूजन
4. अनिद्रा
5. ऐंठन अथवा पेशियों का संकुचन
6. अपच
7. कब्ज
8. बवासीर
9. जी मिचलाना और उल्टी आना
10. छाती में जलन।

गर्भावस्था के प्रमुख कष्ट (Major Troubles of Pregnancy)

शिराओं का फूल जाना

शिराओं के फूल जाने से भी पर्याप्त असुविधा का अनुभव होता है। पैरों की, योनिमार्ग की एवं गुदा मार्ग की शिराएँ गर्भावस्था में अकसर फूल जाती है। इसके कारण सूजन, त्वचा पर घाव एवं आन्तरिक थक्का आदि उत्पन्न हो सकते हैं।

निदान

1. इस असुविधा से राहत प्राप्त करने के लिए लचीले मोजे या किसी सहारे का उपयोग किया जा

सकता है। इसका उपयोग सुबह बिस्तर से उठने से पहले करके, बिस्तर से उतरना चाहिए।

2. इस अवस्था में एण्डी कोएग्यूलेण्ट का प्रयोग नहीं करना चाहिए लेकिन हिपेरिन आदि को उपयोग में लाया जा सकता है।

शारीरिक सूजन

गर्भावस्था के साथ शारीरिक समायोजन के कारण पैरों में सूजन आना एक सामान्य घटना है। उच्च रक्तचाप के कारण भी शारीरिक सूजन आ जाती है। इसका मुख्य कारण है संयोजक तन्तुओं के महीन पदार्थ में पानी का संग्रह होना। गर्भावस्था में उत्पन्न अधिक ईस्ट्रोजन के स्राव से, संयोजक तन्तुओं का महीन पदार्थ उच्च कलिल युक्त, जलाभाव युक्त पदार्थ से जल से पूर्ण कलिल युक्त पदार्थ में परिवर्तित हो जाता है। उपर्युक्त कारणों के अतिरिक्त अन्तिम सप्ताहों में शिराओं के प्रवाह पर यान्त्रिक रूकावट के कारण पैरों में आने वाली शिराओं के फूल जाने से भी सूजन आ जाती है। मूत्र द्वारा प्रोटीन के निष्कासन से भी शारीरिक सूजन आ जाती है। साधारणतः पैरों में सूजन से 90% स्त्रियाँ पीड़ित रहती हैं। मोटी स्त्रियों में, गर्मियों में गर्म प्रदेशों की सूजन सामान्य रहती है।

निदान–1. पैरों को ऊपर उठाकर लेटना चाहिए अथवा बैठना चाहिए। 2. उच्च रक्त चाप एवं प्रोटीन यूरिया में 90% स्त्रियों में शारीरिक सूजन हो जाती है। अतः इसका उपचार करना चाहिए।

बारम्बार मूत्र-त्याग

गर्भावस्था में बढ़ते हुए गर्भाशय के साथ समायोजन करते समय शरीर में अनेक प्रकार की परेशानी का सामना करना पड़ता है। बारम्बार मूत्र त्याग करने का कष्ट उनमें एक प्रमुख कष्ट है। गर्भाशय का भार जब मूत्राशय पर पड़ता है, तब दबाव के कारण मूत्र त्याग करने की संख्या एवं मात्रा बढ़ जाती है। लेटने से यह कष्ट कुछ कम होता है। किन्तु खड़े होने पर यह कष्ट बढ़ जाता है। गर्भावस्था के प्रथम तीन मास में गुर्दों द्वारा असाधारण मात्रा में तरल पदार्थों का निष्कासन होता रहता है। गर्भावस्था के अन्तिम कुछ सप्ताहों में पुनः यह कष्ट अपना रंग दिखाता है क्योंकि भ्रूण का सिर श्रोणीय स्थान में प्रवेश करता है। इस स्थिति में मूत्राशय पर पुनः दबाव पड़ता है।

निदान

1. उचित विश्राम।
2. तरल पदार्थों का कम सेवन।

अनिद्रा

गर्भवती स्त्री को यह कष्ट सामान्य गर्भावस्था के अन्तिम कुछ सप्ताहों में अधिक सताता है। इसका प्रमुख कारण गर्भाशय का बढ़ जाना, पैरों में पीड़ादायक पेशियों का संकुचन तथा पीठ में दर्द रहना है।

निदान

1. नींद की गोली, जो अधिक तीव्र न हो, का प्रयोग किया जा सकता है।
2. गर्भावस्था में स्वस्थ मानसिक स्थिति बनाए रखना तथा तनाव एवं चिन्ता से गर्भवती स्त्री को मुक्त रखने के लिए कुछ विशेष करने की विधि बताई जाती है। टेप का प्रयोग को दूर करने के लिए किया जाता है।

3. भय एवं चिन्ता से गर्भवती स्त्री को मुक्त करने के लिए यह जरूरी है कि प्रजनन क्रियाओं एवं गर्भावस्था के सम्बन्ध में उसे पूरी जानकारी दी जाये।

ऐंठन या पेशियों का पीड़ादायक संकुचन

गर्भावस्था में पैर एवं टाँगों की माँसपेशियों का पीड़ादायक संकुचन होने लगता है। यह विशेष रूप से रात्रि में होता है। पेशियों का यह संकुचन कैल्शियम की कमी के कारण भी हो सकता है। अब तक इसकी पूरी खोज नहीं हो पाई है। लेकिन इस बात की पुष्टि हो चुकी है कि रक्त परिभ्रमण की अव्यवस्था से एवं अपर्याप्त रक्त प्रवाह से पेशियों में ऐंठन आ जाती है। लेकिन प्रसव के समय यह रोग पुनः कष्ट दे सकता है। टाँगों में होने वाली ऐंठन का मुख्य कारण विस्फारित शिराओं से अचानक, अनैच्छिक रक्त का प्रवाह हटकर जँघा पिण्डिका में पम्प हो जाना है।

निदान

1. सामान्य रूप से पैरों को 1 इंच ऊँची तकिया के सहारे रखकर लेटना।
2. कैल्शियम का सेवन।

अपच

अपच गर्भावस्था का एक मूल कष्ट है। इस अवस्था में पाचन प्रणाली की क्रियाशीलता कम हो जाती है, इन्जाइम का स्राव भी कम हो जाता है, जिससे भोज्य पदार्थ सरलता से पच नहीं पाते हैं। अपच के कारण भोजन का पाचन तथा अवशोषण, पूर्णरूप से नहीं हो पाते हैं।

निदान

1. पाचनशील भोजन का सेवन करना चाहिए।
2. वसा, शक्कर तथा जन्तुओं से प्राप्त होने वाले आहार आदि का सेवन नहीं करना चाहिए।

कब्ज

कब्ज भी गर्भावस्था का एक सामान्य कष्ट है। इस अवस्था में प्रोजेस्टीरोन हार्मोन से प्रभावित होकर शारीरिक मुलायम पेशियाँ ढीली हो जाती है। इसके अलावा अधिक लौह तत्त्व के सेवन से भी पेशियाँ कम लचकदार हो जाती है। इन माँस पेशियों के कम लचीलेपन के परिणाम स्वरूप सम्पूर्ण गर्भावधि में कब्ज की शिकायत बनी रहती है। बढ़े हुए गर्भाशय का भार आँतों पर पड़ता है। इससे आँतों की क्रियाशीलता मन्द पड़ जाती है। इसका परिणाम यह होता है कि भोजन धीरे-धीरे आगे सरकता है। इस प्रकार यह स्पष्ट हो जाता है कि अपच का मुख्य कारण पाचन प्रणाली की गतिशीलता का मन्द पड़ जाना होता है।

निदान

1. अपच तथा कब्ज की शिकायत से गर्भिणी को मुक्त रखने के लिए प्रमुख रूप से उसके भोजन में परिवर्तन करना आवश्यक है। इसके लिए सम्पूर्ण अनाज, दाल, हरी पत्तेदार सब्जियाँ, फल तथा अधिक तरल पदार्थों का सेवन कराना चाहिए।
2. जुलाव आदि दस्तावर औषधियों का एकाध बार और वह भी कम मात्रा में प्रयोग किया जा सकता है। लेकिन इन औषधियों के अकसर प्रयोग और अधिक मात्रा में सेवन करने से पेशियों की क्रियाशीलता बढ़ जाती है। ऐसे में गर्भपात होने की प्रबल सम्भावना होती है।
3. गर्भवती स्त्री को अपनी व्यक्तिगत आदतों में सुधार लाकर नियमित मल निष्कासन का भी प्रयास करना चाहिए।

4. पैराफिन के लेने से वसा में घुलनशील विटामिन का आँतों द्वारा अवशोषण नहीं हो पाता है अतः इसका सेवन नहीं करना चाहिए।

बवासीर

गर्भावस्था में होनेवाली सामान्य कष्टों में यह भी एक है। इसमें मलद्वार के आस-पास की शिराएँ फूल जाती है तथा शुष्क मल के दबाव से रक्त स्राव भी होने लगता है। अधिक शुष्क मल से यह स्थिति और बदतर हो जाती है। गर्भावस्था में इसकी शल्य चिकित्सा भी नहीं की जा सकती है। यह ज्यादातर कब्ज के कारण हो जाता है।

निदान

1. कभी-कभी रक्त को जमाने वाली तथा थक्के बनाने वाली दवाइयाँ अथवा इन्जेक्शन का उपयोग किया जा सकता है।
2. मल निष्कासन से पहले तथा मल निष्कासन से निवृत होने पर बेन्जोकेन कम्पाउण्ड मरहम का प्रयोग करने से पीड़ा में कुछ राहत मिलती है।
3. प्रातः एवं सायं सपोजीटरी का प्रयोग भी किया जा सकता है।

जी मिचलाना

सामान्य रूप से गर्भावस्था के दूसरे या अधिकतर चौथे माह तक ही प्रातः काल के समय गर्भवती स्त्री का जी मिचलाता है। उसके सामान्य स्वास्थ्य पर इसका कोई विशेष प्रभाव नहीं पड़ता है। इस कष्ट के कारण भ्रूण के विकास पर भी कोई दुष्प्रभाव नहीं पड़ता है। कभी-कभी जी मिचलाना और उल्टी आना जैसे लक्षण गर्भवती स्त्री में अन्य कारणों से प्रकट होते हैं। जैसे–अल्सर, भोजन की विषाक्ता, गर्भपात की औषधियों के सेवन करने से, अपेण्डीसाइटिस, संक्रामक यकृत की बीमारी, रक्त में यूरिया लिए जाने से मस्तिष्क की बीमारी आदि। इस स्थिति में शारीरिक ग्लाइकोजन में कमी आ जाती हैं, कार्बोज की भूख से रक्त में अम्लीयता उत्पन्न हो जाती है। वजन में कमी, नाड़ी की गति में वृद्धि, दस्त, अनिद्रा, वमन में रक्त की उपस्थिति, मूत्र की मात्रा में कमी, तापमान में वृद्धि, नाड़ी सम्बन्धी विकार और अन्त में गर्भपात तक होना सम्भव हो जाता है।

उल्टी या जी मिचलाने की क्रिया का नियन्त्रण मस्तिष्क में विद्यमान दो केन्द्रों पर निर्भर करता है। एक वमनकारी केन्द्र है जो पाचन प्रणाली की नाड़ियों के उद्दीपन से तथा उच्च मस्तिष्क के केन्द्रों से उत्तेजित केन्द्र है। दूसरा केन्द्र रसोग्रही विमोचक खण्ड होता है जो कि बाह्य वमन उत्पन्न करने वाले पदार्थों से प्रभावित रहता है। ये पदार्थ प्रत्यक्ष रूप से वमनकारी केन्द्र पर प्रभाव डालते हैं।

रक्त में ईस्ट्रोजन की अधिकता से रसोग्राही विमोचक खण्ड (CTZ) पर प्रभाव पड़ता है। इस स्थिति में शरीर नवीन परिस्थिति के साथ समायोजन करने का प्रयत्न करता है और फलस्वरूप वमन हो जाता है और जी मिचलाता है। संवेगात्मक तनाव का भी इस पर अधिक प्रभाव पड़ता है। कुछ संवेग वमनकारी केन्द्र पर अपना प्रभाव डालते हैं। प्रातः काल के समय ही विशेष रूप से जी मिचलाता है क्योंकि रात भर का आमाशयिक स्रोत पेट में एकत्रित हो जाता है और प्रातः उठने की क्रिया से प्रभावित होकर मस्तिष्क के केन्द्र को उत्तेजित करता है। अनेक बार मध्याह्न में भी गर्भवती स्त्री को उल्टी करते देखा जाता है।

निदान

1. उपचार में वमन विरोधी औषधियाँ गर्भिणी स्त्री को दी जाती है।
2. इस अवस्था में प्रायः काल रोगी को तरल पदार्थ का सेवन कम से कम करने देना चाहिए।
3. दिन में छः बार शुष्क भोजन थोड़ा-थोड़ा करके देना चाहिए।
4. मसालेदार और वसायुक्त भोजन इस स्थिति में वर्जित है। प्रातः सूखे टोस्ट के टुकड़े और बिस्कुट देने से और रात्रि को सोने से पहले गर्म दूध और बिस्कुट लेने से गर्भवती स्त्री को यह कष्ट कम हो सकता है।
5. संवेगात्मक तनावों से दूर रहना भी उपयोगी व लाभकारी होता है।

छाती में जलन

गर्भावस्था में कभी-कभी छाती में जलन उत्पन्न हो जाता है। गर्भावस्था में कार्डियक संवरणी (Cariac sphincter) के ढीला होने से आमाशय के पदार्थ पुनः भोजन नली तक पहुँचकर पदार्थों की अम्लीयता के कारण चिढ़ उत्पन्न करते हैं अनेक बार पाइलोरिक संवरणी (Pyloric sphincter) के ढीली होने से पितरस भी आमाशय में प्रवेश कर जाता है। इससे आमाशय के ऊपर के भाग में जलन उत्पन्न होती है। यह गर्भावस्था के छाती में जलन पैदा होने का मूल कारण है।

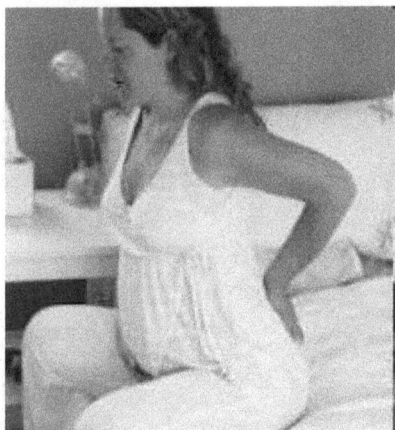

निदान

1. इस कष्ट से मुक्ति पाने के लिए मसालेदार पदार्थ, सिगरेट, तम्बाकू, पान आदि का प्रयोग नहीं करना चाहिए।
2. एण्टासिड (अमलत्वनाशक) का प्रयोग करना चाहिए।
3. गर्भावस्था में सीधे लेटने से अधिक जलन का अनुभव होता है। अतः उसको दो अथवा तीन तकियों के सहारे बिस्तर पर लेटना चाहिए।
4. रात्रि का भोजन भी उसको सोने से लगभग 2 घण्टे पहले ही उदरस्थ करना चाहिए। खाने के तुरन्त बाद लेटना अथवा सोना परेशानी को निमन्त्रण देना है।
5. झुकने अथवा परिश्रम करने की क्रियाओं से यथासम्भव बचना चाहिए।

6. 15 मिली. ओलिव का तेल पीने से भी कष्ट में आराम मिलता है।

अन्य परेशानी

आलस्य

अधिक प्रोजेस्टीरोन के प्रवाह से सम्पूर्ण माँसपेशियों पर प्रभाव पड़ता है तथा वे ढीली पड़ जाती हैं। गर्भवती स्त्री आलस्य का अनुभव करती है।

निदान—प्रोजेस्टीरोन के प्रवाह को कम करने के लिए आवश्यक उपाय करना।

गर्मी अनुभव करना एवं पसीना आना

अधिक रक्त प्रवाह से तथा शिराओं के विस्फारण से गर्भवती स्त्री अधिक गर्मी का अनुभव करती है, फलस्वरूप पसीना भी अधिक आता है।

निदान—अधिक परिश्रम न करना, अधिक तरल पदार्थों का सेवन करना तथा गर्मी के दिनों में ठण्डे पानी के फब्बारे के नीचे बैठना इस कष्ट से मुक्ति के उपाय है।

लार का बहना

लार ज्यादातर संवेगात्मक कारणों से बहा करती है। लार रस की मात्रा बढ़ जाने पर उसको अकसर थूकना पड़ता है। उसको निगलने से जी मिचलाने लगता है। अध्ययन द्वारा पता किया गया है कि नीग्रो जाति की स्त्रियों में यह लार रस अधिक पाया जाता है। तीव्र संवेगात्मक स्थितियों में 1500 मिली लार रस का निष्कासन 24 घण्टों में हो जाता है। जिससे व्यक्ति में निर्जलीकरण की स्थिति भी उत्पन्न हो सकती है।

निदान—इसके लिए कोई विशेष उपचार नहीं है। चिकित्सक इस सम्बन्ध में मानसिक उपचार का सुझाव ही देते हैं।

पीठ में दर्द

सामान्य रूप से माह में (लगभग 12 सप्ताह) पीठ में दर्द होने का अनुभव स्त्रियों को होता है। यह कष्ट ज्यादातर रात्रि के समय ही परेशान करता है। जिससे गर्भवती की निद्रा में बाधा उपस्थित होती है। इसका प्रमुख कारण जोड़ों के आस-पास लिगमेण्टस तथा माँसपेशियों का ढीला हो जाना है।

निदान—इस कष्ट में राहत प्राप्त करने के लिए सीधे बैठने की आदत डालनी चाहिए तथा ऊँची एड़ी की चप्पलें नहीं पहननी चाहिए।

सिरदर्द, धड़कन की वृद्धि एवं बेहोशी

गर्भावस्था में रक्त परिभ्रमण संस्थान में हुए परिवर्तन से तथा अपरा में रक्त नलिकाओं के जाल के बिछ जाने से सिरदर्द, धड़कन की वृद्धि एवं बेहोशी जैसे कष्ट उत्पन्न होते हैं। अनेक बार मानसिक तनाव से भी ये कष्ट गर्भवती स्त्री को अनुभव होते हैं।

निदान—नींद की कम तेज दवा इसमें आराम पहुँचाने में समर्थ हो सकती है।

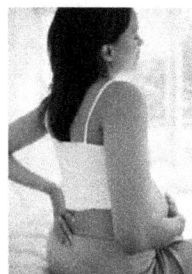

गर्भकालीन विषाक्तता (Gestational Poisoning)

विषाक्तता को हाक्सीमिया के नाम से भी जाना जाता है। इसका तात्पर्य होता है रक्त में विष का मिल जाना। लेकिन गर्भकालीन विषाक्तता से जो बीमारियाँ मूल रूप से पैदा होती है उसमें किसी में भी रक्त में विष नहीं फैलता। लेकिन चिकित्सा की दृष्टि से दोनों स्थितियों में एक जैसी अवस्था होती है। इसलिए इस विषाक्तता को भी हाक्सीमिया कहा जाता है। गर्भकालीन विषाक्तता के अन्तर्गत मूल रूप से उच्च रक्तचाप, प्रोटीन का विसर्जन तथा सूजन, ये तीनों बीमारियाँ आते हैं। ये बीमारियाँ आगे चलकर बेहोशी पैदा करते हैं।

गर्भकालीन विषाक्तता के प्रकार

गर्भकालीन विषाक्तता को दो भागों में बाँटा जा सकता है—(1) तीव्र विषाक्तता तथा (2) दीर्घावधि विषाक्तता।

तीव्र विषाक्तता

गर्भकालीन तीव्र विषाक्तता की स्थिति को दो भागों में, विभक्त कर सकते हैं। प्री-एक्लाम्पसिया गुर्दे की बीमारी और सूजन प्री-एक्लाम्पसिया के और बेहोशी एक्लाम्पसिया के अन्तर्गत आते हैं।

प्री-एक्लाम्पसिया

यह बीमारी गर्भावस्था में ही प्रकट होती है। जिसके बढ़ जाने पर एक्लाम्पसिया की स्थिति उत्पन्न हो जाती है। यह रोग ज्यादातर 30 वर्ष से अधिक आयु की स्त्रियों में, प्रथम गर्भ में, मोटापे से पीड़ित स्त्रियों में निम्न सामाजिक आर्थिक वर्ग की स्त्रियों में गर्भावस्था में पर्याप्त देखभाल न होने पर तथा गर्भ में जुड़वाँ बच्चे होने की दशा में हो जाता है। यह गर्भावस्था के बीसवें सप्ताह के बाद तथा तीसवें सप्ताह से पहले होता है।

इसके लिए निम्न संकेतों की ओर विशेष ध्यान देना चाहिए जो प्री-एक्लाम्पसिया में ही होते हैं—

1. अत्यधिक वजन की वृद्धि
2. सूजन
3. उच्च रक्तचाप
4. मूत्र द्वारा प्रोटीन का निष्कासन

अनेक बार लगातार उल्टी को भी इन संकेतों के साथ सम्मिलित कर लिया जाता है। रक्तचाप 140/90 तक अथवा उससे अधिक बढ़कर 160/105 भी हो सकता है।

तीव्रता के अनुसार प्री-एक्लाम्पसिया को भी चार भागों में विभक्त किया जा सकता है।

(अ) प्रच्छन्न प्री-एक्लाम्पसिया—इसमें रक्त चाप 140/90 रहता है। वजन में एक किलोग्राम प्रति सप्ताह की दर से वृद्धि होती है। सामान्यतया पैरों में सूजन भी पाई जाती हैं, लेकिन कुल मिलाकर स्थिति गम्भीर नहीं होती है।

(आ) हल्का प्री-एक्लाम्पसिया—इसमें रक्तचाप बढ़ता है और 140/98-100 रक्तचाप रहता है। इसके अलावा पैरों में सूजन तो होती हैं लेकिन मूत्र में प्रोटीन की मात्रा नहीं रहती है।

(इ) तीव्र प्री-एक्लाम्पसिया—इसमें रक्तचाप 100 से भी अधिक बढ़कर 160/105 तक हो जाता है। मुँह तथा पैरों पर सूजन, वजन में वृद्धि तथा मूत्र में प्रोटीन भी पाए जाते हैं। इतने पर भी

गुर्दों का संक्रमण नहीं रहता है। मूत्र में प्रोटीन की मात्रा प्रति 100 मिली लीटर में 30 मिली ग्राम तक होती हैं।

(ई) **प्रच्छन्न एक्लाम्पसिया**–इसमें रक्तचाप 110 से अधिक बढ़कर 180/120 तक हो जाता है और प्रोटीन का मूत्र द्वारा निष्कासन भी बढ़ जाता है। इसके अतिरिक्त वजन की वृद्धि और सूजन के अलावा तीव्र सिरदर्द, धुँधली दृष्टि, आमाशय के पास छाती में तीव्र जलन, नाड़ी सम्बन्धी प्रतिक्रियाएँ जैसे–अधिक उत्तेजित होना आदि लक्षण एवं संकेत पाए जाते हैं।

शरीर में होने वाले कुछ बदलाव से भी यह बीमारी हो जाती है। पोष कोरक के उपापचयन में परिवर्तन आने से एक वाहिका संकीर्णक पदार्थ उत्पन्न होकर गर्भाशय की रक्त नलिकाओं पर प्रत्यक्ष प्रभाव डालता है। इस उपर्युक्त पदार्थ को यदि तुरन्त नष्ट नहीं किया गया तो रक्त नलिकाओं का संकुचन होने लगता है जो अपरा के लिए पर्याप्त रक्तप्रवाह नहीं होने देता है। इससे वाहिका संकीर्णक पदार्थ अधिक बनता है जो शरीर के अन्य भागों में स्थित नलिकाओं तथा कोशिकाओं पर प्रभाव डालता है। इससे रक्तचाप बढ़ता है। अनेक कारणों से शिराओं में भी थक्का बनने की स्थिति आ जाती है। गुर्दे इसके निष्कासन में अपनी ओर से भरसक प्रयास करते हैं, लेकिन यह ग्लोमेरुलस के उपकला तन्तुओं में जमा हो जाता है। इससे वह फूलकर धीरे-धीरे नष्ट होने लगता है तथा छानने की प्रक्रिया मन्द हो जाती है। इससे शरीर में सोडियम जमा होने लगता और शारीरिक सूजन आ जाती है। ग्लोमेरूलस के धावे से प्रोटीन का निष्कासन भी बढ़ जाता है।

आल्डोस्टीरोन हार्मोन के अधिक स्राव से भी शरीर में तरल पदार्थों की मात्रा बढ़ जाती है। इसका गुर्दों पर कुप्रभाव सबसे अधिक पड़ता है। एक्लाम्पसिया में, यकृत में भी परिवर्तन आ जाते हैं–जैसे यकृत के तन्तुओं का नाश हो जाता है। हृदय तथा मस्तिष्क के तन्तुओं पर भी प्रभाव पड़ता है। रक्त एवं मूत्र में रासायनिक परिवर्तन आ जाते हैं। अल्प रक्त उल्टी, आलस्य, सिर दर्द तथा अधिक मात्रा में मूत्र त्याग आदि लक्षण भी नजर में आते हैं। इसमें रक्त में आलब्यूमिन की मात्रा कम हो जाती है।

प्री-एक्लाम्पसिया के लक्षण और पहचान–इसके प्रमुख लक्षण और पहचान अग्रलिखित हैं–

1. **वजन की वृद्धि**–सामान्य रूप से गर्भावस्था में 12 किलोग्राम वजन बढ़ता है। कभी-कभी गर्भावस्था के आरम्भिक सप्ताहों में अधिक उल्टी व जी मिचलाने से वजन में कमी भी आ जाती है। बारहवें सप्ताह के बाद औसत वजन की वृद्धि 0.5 किलोग्राम प्रति सप्ताह होती है। मूलरूप से वजन में वृद्धि, भ्रूण का वजन, अपरा, उल्व, स्तन, गर्भाशय के आकार की वृद्धि पर निर्भर करती है। इसके अतिरिक्त रक्त के आयतन में वृद्धि, बाह्य कोशीय रस की मात्रा में वृद्धि तथा वसा के संग्रह से वजन में वृद्धि अधिक हो जाती है। इस प्रकार सामान्यतः प्रति सप्ताह वजन में 0.5 किलोग्राम की वृद्धि होती है।

प्री-एक्लाम्पसियाँ में वजन असामान्य रूप से बढ़ता है क्योंकि बाह्य कोशीय स्थानों में पानी एवं लवण जमा हो जाता है। अगर प्रति सप्ताह वजन एक किलोग्राम तक बढ़ता है तो समझना चाहिए कि असामान्य स्थिति उत्पन्न हो रही है। मोटी स्त्रियों के लिए गर्भावस्था में प्री-एक्लाम्पसिया का खतरा ज्यादा होता है, अतः सम्पूर्ण गर्भावस्था में वजन का जानना, नियमित रूप से गर्भवती को तोलना परम आवश्यक होता है।

2. **शारीरिक सूजन**–गर्भावस्था में एक सामान्य वजन वाली स्त्री के बाह्य कोशीय रस की मात्रा 6 लीटर तक हो जाती है और जल के शारीरिक जमाव से त्वचा कुछ मोटी हो जाती है। मीडियन

नाड़ियों के आवरण पर सूजन आ जाने के परिणामस्वरूप सम्वेदनशीलता कम हो जाती है। इसका प्रभाव हाथों की अंगुलियों पर स्पष्ट दिखाई देता है। इस अवस्था में मिडियन नाड़ियों में झनझनाहट अनुभव होती है। असामान्य जल संग्रह से हाथ, पैर, मुँह एवं योनिमार्ग में भी सूजन आ जाती है। सामान्यतः गर्भावस्था में गर्भाशय के भार से पैर की शिराओं पर प्रभाव पड़ता है और सूजन आ जाती है, लेकिन सुबह बिस्तर से उठते समय भी यदि सूजन दिखाई दे, मुँह पर भी कुछ सूजन हो तो समझ लेना चाहिए कि प्री-एक्लाम्पसिया ही है। सूजन वाले स्थान को यदि अंगुली से दबाया जाए तो एक गड्ढ़ा सा बन जाता है जो 2-3 दिनों तक बना रहता है। सिरदर्द, उल्टी, आलस्य एवं धुँधली दृष्टि आदि इसके अन्य प्रमुख लक्षण हैं।

3. **उच्च रक्तचाप**–सामान्य रूप से रक्तचाप 120/70 होता है लेकिन यह बढ़कर 130/80 भी हो जाए तो इस रक्त चाप को साधारण ही माना जाता है। रक्तचाप में इससे अधिक वृद्धि होने पर रोग हो जाता है। रक्तचाप बढ़ने के साथ-साथ सिर दर्द, चक्कर आना, अचानक उल्टी का होना और आँखों के सामने बिजली सी कौंधना जैसे लक्षण देखे जाते हैं। कभी-कभी आमाशय के पास दर्द भी होता है।
4. **मूत्र में प्रोटीन का निष्कासन**–गर्भावस्था के आरम्भिक सप्ताहों में मूत्र द्वारा आल्व्यूमिन का निष्कासन होता है। क्योंकि उसके कण छोटे-छोटे होते हैं। तदंतर बड़े कणों वाले ग्लोब्यूलिन भी निष्कासित होने लगते हैं।

प्रोटीन्यूरिया एक खतरनाक स्थिति है जो अकसर प्री-एक्लाम्पसिया के कारण ही होता है। इसके अतिरिक्त मूत्र के संक्रमण से तथा गुर्दों की बीमारी भी इस प्रोटीन यूरिया को जन्म देने में समर्थ हो सकते हैं। यदि 24 घण्टे की अवधि में 300 मिग्रा. से 2000 मिग्रा. प्रोटीन का मूत्र द्वारा निष्कासन होता है तो समझ लेना चाहिए कि प्री-एक्लाम्पसिया ही है। 300 मिग्रा. से कम प्रोटीन के निष्कासन की स्थिति को सामान्य ही समझना चाहिए।

प्री-एक्लाम्पसिया बहुत ही सरलता से एक्लाम्पसिया में बदल जाता है। इससे भ्रूण की मृत्यु भी होना सम्भव है क्योंकि इसके कारण भ्रूण को पर्याप्त ऑक्सीजन नहीं मिल पाता है। रेटीनाक परीक्षण से पता चलता है कि उसकी धमनियाँ अत्यन्त संकुचित हो जाती हैं जिससे सब धुँधला दिखाई देता है।

प्री-एक्लाम्पसिया की पहचान के लिए निष्कर्ष के रूप में हम कह सकते हैं कि इस रोग में रक्त चाप 140/90 से अधिक हो जाता है, हाथ, पैर तथा मुँह पर सूजन आ जाती है तथा मूत्र के द्वारा प्रोटीन 300 मिग्रा. से अधिक मात्रा में विसर्जित होता है।

प्री-एक्लाम्पसिया का उपचार–यह एक्लाम्पसिया रोग की प्रारम्भिक अवस्था होती है। इसके प्रमुख उपचार अग्र हैं–

1. रोगी को नींद के लिए दवा दी जानी चाहिए।
2. मल निष्कासन के सहायतार्थ भी दवा दी जा सकती है।
3. रोगी को तनावरहित रखने का प्रयत्न करना चाहिए।
4. रोगी की चिन्ताओं और सम्वेगों पर नियन्त्रण परम आवश्यक है।
5. नियमित रूप से रोगी के रक्तचाप, वजन, मूत्र एवं रक्त का परीक्षण करवाना चाहिए। यदि रक्त चाप 140/90 से अधिक होता है तो रोगी को चिकित्सालय में भर्ती करवा देना चाहिए।

यदि मूत्र द्वारा प्रोटीन का निष्कासन अधिक हो रहा है तो लगातार डॉक्टर की देखरेख में रहना आवश्यक है। प्रसव के बाद प्री-एक्लाम्पसिया स्वयं ही कम हो जाता है।

6. तरल पदार्थों का सेवन तथा विसर्जन की मात्रा की प्रतिदिन एक सूची बना लेनी चाहिए क्योंकि एक्लाम्पसिया से प्रथम चरण में मूत्र की मात्रा बहुत कम हो जाता है।
7. रोगी को बिस्तर पर आराम करना चाहिए।
8. रोगी को दिए जाने वाले तरल पदार्थों की मात्रा सीमित से अधिक नहीं होना चाहिए।
9. रोगी को हल्का भोजन देना चाहिए।
10. सोडियम की मात्रा सम्भवतः कम हो।

प्री-एक्लाम्पसिया की रोकथाम–प्री-एक्लाम्पसिया गर्भावस्था में उत्पन्न ही न हो इसके लिए उचित कदम उठाना परम आवश्यक है। अतः इस रोग की रोकथाम के लिए अग्रलिखित कार्य करने चाहिए–

1. नमकीन पदार्थों का उपयोग आवश्यकता से अधिक नहीं करना चाहिए। सम्भवतः कम-से-कम नमक प्रयोग में लेना चाहिए।
2. कार्बोज और वसा का भी सेवन कम-से-कम करना चाहिए। गर्भावस्था के आरम्भिक दिनों में ही चिकित्सालय नियमित रूप से जाकर परीक्षण करवाते रहना चाहिए।
3. रोगी को चिन्ता, तनाव और नकारात्मक सम्वेगों से सम्भवतः मुक्त रखना चाहिए।
4. गर्भवती स्त्री को पीठ के बल नहीं लेटना चाहिए क्योंकि इससे गर्भाशय तक रक्त के प्रवाहित होने में बाधा पहुँचती है। गर्भावस्था के समय स्त्री को एक तरफ करवट लेकर लेटना चाहिए।

प्रच्छन्न एक्लाम्पसिया–यह एक्लाम्पसिया से पहले वाली अवस्था होती है जो देखरेख के अभाव में एक्लाम्पसिया बन जाता है। यदि रक्त चाप 160/100 से अधिक हो जाता है तो प्रच्छन्न एक्लाम्पसिया होने का भय रहता है। प्रच्छन्न एक्लाम्पसिया प्री-एक्लाम्पसिया की बिगड़ी हुई स्थिति का ही दूसरा नाम है। इस स्थिति में यदि गर्भ 36 सप्ताह से अधिक समयावधि का हो गया हो तो सिजेरियन शल्य चिकित्सा करवानी चाहिए। प्रच्छन्न एक्लाम्पसिया रोग होने की स्थिति में शारीरिक सूजन, मूत्र द्वारा प्रोटीन का निष्कासन, मूत्र की मात्रा, सिरदर्द और दृष्टिदोष आदि लक्षण पाए जाते हैं। कभी-कभी इस स्थिति में वमन, आमाशय एवं यकृत के पास दर्द तथा पेशियों की ऐंठन भी होना सम्भव है। डॉक्टर इस अवस्था में सूजन कम करने के लिए लैसिक्स का इन्जेक्शन देते हैं। जो तुरन्त तरल पदार्थों के निकास से रक्तचाप को सामान्य बनाने में सहायक सिद्ध होता है। केथीटर द्वारा मूत्र को निकालने से मूत्र त्यागने हेतु बार-बार उठने की समस्या का भी समाधान हो जाता है। इस अवस्था में बाह्य उत्तेजनात्मक इकाइयों जैसे–तेज रोशनी, शोर, बार-बार किसी के स्पर्श आदि से फिट्स पड़ने की सम्भावना रहती है। अतः इनसे रोगी को आजाद रखना चाहिए।

प्रच्छन्न एक्लाम्पसिया के संकेत तथा पहचान–प्री-एक्लाम्पसिया के लक्षण एवं संकेत, एक्लाम्पसिया में और भी अधिक हो जाते हैं। पीड़ादायक पेशीय संकुचन के चार मुख्य चरण होते हैं–आँखों के सामने धुँधलापन आना एवं बिजली जैसा कौंधना। श्वास मार्ग के अवरूद्ध हो जाने और स्वर यन्त्र की माँसपेशियों के संकुचन से आवाज का धीरे-धीरे निकलना, मानो व्यक्ति रोते हुए बोल रहा हो। रोगी को होश नहीं रह पाता अर्थात् बेहोश हो जाती है, पेशियों में ऐंठन आ जाती है तथा शरीर नीला पड़ जाता है। अनैच्छिक, अत्यन्त तीव्र पीड़ादायक पेशीय संकुचन होता है जिससे रोगी अपनी जीभ तक काट लेती है। इस स्थिति में उल्टी हो सकती है और यह उल्टी पुनः श्वास

नलिका में प्रवेश भी कर सकती है। इस अवस्था में रक्त चाप इतना बढ़ जाता है कि रोगी के मस्तिष्क में रक्त स्राव तक हो सकता है।

यदि गर्भिणी गर्भावस्था के पूर्व से ही हृदय रोग, गुर्दे की बीमारी, यकृत रोग, उच्च रक्तचाप, मधुमेह एवं कुपोषण आदि से पीड़ित रहती है तो एक्लाम्पसिया रोग उसको निश्चित रूप से होता है। कुछ विद्वान एक्लाम्पसिया रोग का कारण विकृत अपरा को मानते हैं।

एक्लाम्पसिया शब्द ग्रीक भाषा से लिया गया है जिसका अर्थ है बिजली का कौंधना। इसमें मुख्यतः दो लक्षण पाए जाते हैं। पेशीय संकुचन तथा मूर्छा। इन लक्षणों के अलावा प्री-एक्लाम्पसिया के लक्षण भी इसमें पहले से ही उपस्थित रहते हैं। प्रथम गर्भावस्था में यह रोग होने की प्रबल सम्भावनाएँ रहती हैं। यह 24 सप्ताह के बाद आरम्भ हो जाता है।

इसके प्रमुख लक्षणों में तीव्र सिरदर्द, धुँधली सी दृष्टि, ज्वर, कभी-कभी अन्धापन, पेट में दर्द, उल्टी, मूत्र का कम होना, आलस्य, नींद आना, पागलपन तथा बेहोशी आदि की गणना होती है। रह रहकर आधे घण्टे के अन्तराल पर ऐंठन का अनुभव होता है, तापमान 101-102 डिग्री फॉरेनहाइट तक बढ़ जाता है और रक्त चाप 200/110 तक हो जाता है। फिट्स पड़ना, बेहोशी, नाड़ी की गति 120 से अधिक होना, तापमान 103 डिग्री फॉरेनहाइट तक होना, रक्त चाप 200/110 होना और उबालने पर मूत्र का ठोस रूप धारण कर लेना इस रोग की प्रमुख पहचान है। मूत्र के पूर्णतः रुक जाने से गर्भिणी की मृत्यु तक हो सकती है।

फिट पड़ने से पहले रोगी अपने परिवेश से अलग हो जाती है, आँखें गोल-गोल घूमने लगती हैं, हाथ की मुट्ठियाँ बँधने लगती हैं, श्वास अनैच्छिक संकुचन सहित निकलती है एवं ऐंठन की आवृति अधिक बढ़ जाती है। इस अवस्था में माँसपेशियाँ कठोर हो जाती हैं, पीठ धनुषाकार होने लगती है, मुख भी विकृत हो जाता है, जीभ के कटने का भय भी रहता है, शरीर नीला पड़ जाता है तथा श्वास का अचानक बन्द हो जाना भी सम्भव है। इस स्थिति में शरीर अनियन्त्रित रूप से उछलने लगता है, मुँह अनैच्छिक रूप में बन्द होता है और खुलता है, मुँह से झाग भी आने लगते है तथा कई-कई घण्टों तक रोगी बेहोशी की अवस्था में रहती है।

प्रच्छन्न एक्लाम्पसिया का उपचार–एक्लाम्पसिया के उपचार के रूप में निम्न कदम उठाए जाने चाहिए–

1. साधारण रक्त परिभ्रमण के पीड़ादायक नलिका संकुचन को कम करके कुछ राहत देना।
2. मस्तिष्क, गुर्दे तथा गर्भाशय तक रक्त के प्रवाह की अवाध गति को बनाए रखना।
3. मस्तिष्क की संवेदनशीलता को कम करना चाहे वह संवेदनशीलता आन्तरिक उत्तेजनाओं के प्रति हो या बाह्य उत्तेजना के प्रति।
4. उच्च रक्तचाप को सामान्य बनाने का प्रयास करना।
5. शरीर में एकत्रित पानी एवं लवण के निष्कासन में सहायता देना, सूजन कम करना तथा तुरन्त प्रसव के लिए व्यवस्था करवाना।

इस अवस्था में एक चिकित्सक अथवा सेविका का रोगी के पास सदैव बना रहना परम आवश्यक है। रोगी के सिर एवं कंधे को शेष धड़ से, कुछ ऊपर रखना चाहिए तथा बगल के बल लिटाना चाहिए। पेट या पीठ के बल नहीं लिटाना चाहिए। मुँह एवं नाक के स्राव को पोंछकर श्वास क्रिया का मार्ग अनवरूद्ध करना चाहिए तथा रोगी को ऑक्सीजन भी देना चाहिए। इस अवस्था में रोगी को डायूरटिक्स इन्जेक्शन द्वारा देना चाहिए तथा उसको सुलाए रखना चाहिए, रोगी से संभवतः न तो

बोलना चाहिए और न ही उसको हिलाना चाहिए और छूना चाहिए क्योंकि उसको छेड़ने से ऐंठन आना सम्भव है। रोगों को उसके दाहिने पार्श्व के बल लिटाना तथा शिरा द्वारा ग्लूकोज देते रहने से रोगी को लाभ पहुँचता है। उसका कमरा अंधेरा तथा शोर रहित होना चाहिये।

इतना सब कुछ करने पर भी यदि रोगी की स्थिति में सुधार नहीं होता है तो सिजेरियन शल्य चिकित्सा करवानी चाहिए या इन्जेक्शन द्वारा ऑक्सीटोसिन पहुँचकर कृत्रिम रूप से प्रसव को प्रेरित करना चाहिए। फोर्सेप्स अथवा निर्वात निष्कासन की सहायता से शिशु को पेट से बाहर निकालना चाहिए।

गर्भकालीन दीर्घावधि विषाक्तता

गर्भकालीन दीर्घावधि विषाक्तता की दो मुख्य स्थितियाँ होती हैं–(अ) उच्च रक्तचाप एवं (आ) गुर्दे की बीमारी।

(अ)उच्च रक्तचाप–गर्भावस्था में मात्र रक्तचाप सामान्य से उच्च बना रहता है लेकिन गुर्दे, हृदय एवं मस्तिष्क की धमनियों की बनाबट में किसी प्रकार का परिवर्तन नहीं आता है। ज्यादातर यह ऐसी स्त्रियों में प्रकट होता है जो पहले से उच्च रक्तचाप की रोगी होती हैं। असावधानी रखने पर रक्तचाप की यह स्थिति प्री-एक्लाम्पसिया में बदल सकती है। गुर्दों के संक्रमित होने से पथरी तथा गुर्दों की नलिकाओं में विकार आदि के परिणामस्वरूप भी उच्च रक्तचाप का होना सम्भव हो जाता है। सामान्य रूप से इस बीमारी में रक्तचाप 150/100 रहता है। इस स्थिति में रोगी को पूर्ण आराम करना आवश्यक होता है जिससे रक्तचाप के सामान्य होने में सहायता मिलती है। परिश्रम करने से रक्तचाप तो बढ़ता ही है मस्तिष्क की धमनियाँ फट जाती हैं तथा आंतरिक रक्त स्राव भी हो सकता है। हृदय की गति का रूक जाना भी सम्भव है।

इसका उपचार भी प्री-एक्लाम्पसिया के जैसा ही होता है। रोगी के वजन पर निरन्तर ध्यान रखना चाहिए जिससे वह बढ़ न सके।

पहचान–उच्च रक्त चाप में शरीर में कंपन आरम्भ हो जाता है, पसीना आता है, मुँह सफेद पड़ जाता है और सिरदर्द भी आता है।

निदान–उच्च रक्तचाप की रोगी के उपचार के लिए अग्रलिखित बिन्दुओं पर विशेष ध्यान देना परम आवश्यक है–

1. नींद की दवा का प्रयोग करके उसको पूर्ण विश्राम दिया जाना चाहिए।
2. रोगी को पूर्ण शारीरिक एवं मानसिक विश्राम दिया जाना चाहिए।
3. रक्तचाप को सामान्य बनाने के लिए तत्सम्बन्धी औषधियों का प्रयोग करना चाहिए।
4. रक्त, मूत्र और मल का नियमित परीक्षण करवाना चाहिए।
5. रोगिणी की वजन वृद्धि पर नियन्त्रण करना चाहिए।

(आ) गुर्दे की बीमारी–गर्भावस्था में होने वाली गुर्दे की बीमारी को प्येली नेफ्राइटिस भी कहते हैं। यह दो प्रकार की होती है–(अ) तीव्र और (ब) दीर्घावधि।

इससे भी रक्तचाप बढ़ सकता है तथा गुर्दे भी काम करना बन्द कर सकते हैं।

तीव्र गुर्दे की बीमारी का आरम्भ शैशवावस्था या बाल्यावस्था में होती है। गर्भावस्था में यह रोग वृद्धि को प्राप्त होकर उग्ररूप ले लेता है। एक विशेष प्रकार के जीवाणु के मूत्रमार्ग से मूत्राशय

तक पहुँच कर आक्रमण करने से तथा तदंतर मूत्र नलिका की संवरणी के ढीली रहने से नली से ऊपर तक पहुँच कर गुणन क्रिया द्वारा फैलने से यह रोग वृद्धि को प्राप्त होता है। इस रोग पर नियन्त्रण पाने के लिए गंधक युक्त औषधियों का सेवन करना आवश्यक है। यह बीमारी गर्भावस्था के बीसवें सप्ताह के बाद होती है। मूत्र को अधिक देर तक रोकने से तथा केथीटर द्वारा संक्रमण से भी यह फैल सकता है।

पहचान–मूत्र के परीक्षण एवं कल्चर से संक्रमण तापमान का बढ़े रहना, पेट में दर्द होना, गुर्दे के आसपास सूजन का होना, उल्टी होना तथा अल्प रक्तता के द्वारा यह सरलता से पहचाना जा सकता है कि व्यक्ति गुर्दे की बीमारी से पीड़ित है।

लक्षण–पीठ में दर्द, उल्टी, बढ़ा हुआ तापमान, गुर्दों पर सूजन, मूत्र में पीब के कोश का पाया जाना आदि इसके प्रमुख लक्षण हैं। मूत्र में अकसर जीवाणु भी पाए जाते हैं। इस स्थिति में तापमान 103 डिग्री फॉरेनहाइट तक बढ़ जाता है तथा नाड़ी की गति बढ़कर 120 प्रति मिनट हो जाती है। कभी-कभी तीव्र उल्टी तथा गुर्दे की बीमारी में मूत्र की मात्रा कम होकर मूत्र बन्द भी हो जाता है। इस स्थिति में बिना उपचार के रोगिणी अत्यन्त निर्जलीकृत हो सकती है। जिससे विषाक्तता उत्पन्न हो सकती है। जीवाणुओं द्वारा यूरिया के विघटन होने से अमोनिया उत्पन्न हो सकता है जिससे मूत्र की गंध सड़ी-सड़ी हो जाती है।

निदान–गुर्दे की बीमारी तीव्र हो या दीर्घावधि अथवा गम्भीर रोगी को आराम पहुँचाने के लिए निम्न बातों पर विशेष ध्यान देना चाहिए–

1. रोगी को विस्तार पर पूर्ण आराम करना चाहिए।
2. तरल पदार्थों, विशेषकर दूध का सेवन बढ़ाना चाहिए।
3. यदि रोगी को उल्टी बार-बार होता हो तो शिराओं के द्वारा तरल पदार्थ दिया जाना चाहिए।
4. एण्टीबायोटिक दवाइयाँ देनी चाहिए या बाई कार्बोनेट भी दिया जा सकता है।
5. रोगी को इस प्रकार लिटाना चाहिए कि गुर्दे पर बोझ न पड़ें। करवट लेटकर पैरों को मोड़कर, पेट की पेशियों को ढीला छोड़ना चाहिए।
6. रोगी को फलालेन उपचारित कपड़े पर लिटाना चाहिए जिससे उसको अधिक पसीना आये एवं यूरिया का निष्कासन त्वचा के द्वारा ज्यादा-से-ज्यादा हो सके।

लगातार मितली होना

बहुत कम गर्भवती स्त्रियों में लगतार उल्टी का होना जैसी बीमारी देखा जाता है। लगभग एक हजार गर्भवती स्त्रियों में से केवल दो स्त्रियों में ही उपर्युक्त रोग हो सकता है। निरन्तर उल्टी के होने से शारीरिक निर्जलीकरण की स्थिति उत्पन्न होकर रक्त अम्लीय बन जाता है और तुरन्त उपचार न करने पर यकृत के कोशों का नाश हो सकता है। तीव्र थायमिन के अभाव के चिह्न की अपेक्षा तीव्र कुपोषण के लक्षण अधिक पाए जाते हैं।

यह रोग अन्य कारणों से भी हो सकता है। जैसे पहले से विद्यमान अल्सर, भोजन की विषाक्तता, गर्भपात के लिए सेवन की गई औषधियों से, अपेण्डीसाइटिस, संक्रामक यकृत की बीमारी, रक्त में यूरिया के मिल जाने से मस्तिष्क की बीमारी आदि।

लक्षण–सर्वप्रथम प्रातः काल के समय उल्टी होता है। दिन में अनेक बार उल्टी होने लगती है। स्थिति बढ़कर यहाँ तक पहुँच जाती है कि पेट में कुछ भी भोजन न होने पर भी उल्टी होती रहती है। त्वचा सूखी और खुरदरी हो जाती है, मूत्र गाढ़ा और कम मात्रा में होने लगता है, आँखें अन्दर धँस जाती हैं, दृष्टि मन्द पड़ जाती है तथा बेहोशी भी आ सकती है।

पहचान–डॉक्टर को चाहिए कि पूर्ण परीक्षण करने के बाद वह निश्चित कर ले कि उल्टी होने का कारण कोई अन्य रोग नहीं है। उसको रोगी से रोग के इतिहास के विषय में पूर्ण जानकारी प्राप्त कर लेनी चाहिए। रक्त और मूत्र का परीक्षण भी रोग की जानकारी देने में समर्थ हो सकता है। तीव्र उल्टी के समय रक्तवारी के एलेक्ट्रोलाइट की मात्रा का निश्चय करके निर्जलीकरण की तीव्रता एवं एलेक्ट्रोलाइट के असंतुलन के विषय में पता लगा सकते हैं। अधिक बार उल्टी होने से वजन कम हो जाता है तथा नाड़ी की गति प्रति मिनट 100 से अधिक हो जाती है। अतिसार होना, नींद न आना, पेशीय कम्पन, रक्त उल्टी जिसमें पितरस भी विद्यमान रहता है, आमाशय के पास तीव्र पीड़ा 100 डिग्री फॉरेनाइट से अधिक तापमान, कभी-कभी नाड़ी विकार आदि की जानकारी प्राप्त करके डॉक्टर रोग को पहचान सकता है। स्मरण शक्ति का ह्रास, विक्षिप्त होना तथा हृदय के आकार का कम होना इसके अन्य लक्षण हैं।

निदान–गर्भावस्था में लगातार उल्टी करने वाली रोगी की अवस्था को सन्तुलित बनाने के लिए निम्नलिखित उपाय करना आवश्यक है–

1. रोगी को एण्टी हिस्टमिन विस्मत तथा ब्रोमाइड का मिश्रण देना भी लाभदायक होता है।
2. आमाशय की पूर्णतः सफाई करके भी स्थिति में सुधार सम्भव है। शिराओं द्वारा विटामिन 'बी' एवं 'सी' भी देना उपयोगी होता है।
3. रोगी को वसायुक्त मसालेदार भोजन नहीं देना चाहिए।
4. तीव्र उल्टी की स्थिति में रोगी को अस्पताल में भर्ती करवा देना चाहिए तथा उसको शिरा द्वारा ग्लूकोज तथा फ्रक्टोज देना चाहिए।
5. इस रोग का कारण सामान्य रूप से मनोवैज्ञानिक होता है। अतः इस अवस्था में लोगों से मिलना जुलना कम कर देना चाहिए।
6. तीव्र, गम्भीर स्थिति में गर्भपात करवाने तक में हिचकिचाना नहीं चाहिए।
7. कुछ डॉक्टर सम्मोहन का सहारा लेकर रोगी को सुझाव देते हैं कि अब उल्टी नहीं होगा।
8. पितरस, शर्करा, एसिटोन साँद्रता आदि के सम्बन्ध में जानकारी प्राप्त करते रहना चाहिए। इसके लिए रोगी की नाड़ी की गति और रक्तचाप को नियमित रूप से अंकित करते रहना चाहिए। मूत्र का परीक्षण दिन में दो-तीन बार करना चाहिए।
9. अगर शरीर में सोडियम की मात्रा कम है तो वह शिराओं द्वारा दिया जा सकता है। मुँह के द्वारा बर्फ के अलावा अन्य पदार्थ रोगी को नहीं देना चाहिए।

गुर्दा रोग और गर्भावस्था (Kidney Disease and Pregnancy)

गर्भवती महिला के गुर्दा रोग से पीड़ित होने पर शिशु इससे प्रभावित हो सकता है। पहले से किडनी रोग से पीड़ित महिला में गर्भावस्था के कारण बीमारी की गंभीरता पर असर पड़ता है। स्वस्थ महिला में गर्भावस्था के कारण गुर्दा से जुड़ी परेशानी शुरु हो सकती है।

1. गर्भावस्था के दौरान रीनल प्लाज़्मा फ्लो 50-70 प्रतिशत तक बढ़ जाता है। (पहले 6 महीनों में यह बदलाव साफ महसूस किया जा सकता है।)
2. इस दौरान ग्लोमेरुलर फिल्टरेशन रेट बढ़ जाता है। गर्भावस्था के 13वें सप्ताह में यह सबसे अधिक हो जाता है और सामान्य के मुकाबले 150 प्रतिशत तक भी बढ़ सकता है।
3. बदलावों के कारण यूरिया और क्रिएटिनिन का स्तर भी गिर जाता है।

4. गर्भावस्था के शुरुआत में प्रोजेस्टेरोन हार्मोन का स्तर बढ़ जाता है जिससे शुरुआती 24 हफ्तों में रक्तचाप घट जाता है।
5. शरीर में होने वाले बदलावों के कारण मूत्र मार्ग संक्रमण (यूटीआई) का जोखिम बढ़ जाता है। किडनी का आकार 1-1.5 से.मी. तक बढ़ जाता है।

गुर्दे के कार्य (Kindney Function)

1. गर्भावस्था में एस्टिमेटेड ग्लोमेरुलर फिल्टरेशन रेट (ई.जी.एफ.आर) जाँच कराने की सलाह नहीं दी जाती है।
2. पेशाब में ग्लूकोज की मौजूदगी वैसे तो मधुमेह के कारण होती है, लेकिन गर्भावस्था में यह आम है। गर्भवती महिला में यह मधुमेह की सूचक नहीं है।
3. गर्भावस्था के दौरान पेशाब के जरिए अधिक मात्रा में प्रोटीन निकलने लगता है लेकिन यह एक दिन में 300 मिलिग्राम से अधिक कभी नहीं निकलता है।
4. गर्भवती महिला के पेशाब में प्रोटीन की मात्रा लगातार 500 मिलिग्राम/दिन से अधिक होने पर तुरंत किडनी रोग विशेषज्ञ को दिखाना चाहिए।

गर्भावस्था में गुर्दा रोग

गर्भावस्था में किडनी रोग की शुरुआत या किडनी फेल भी हो सकती है। इससे गर्भस्थ शिशु का विकास अवरुद्ध हो सकता व अचानक गर्भपात होने का खतरा भी रहता है। इसके अलावा उच्च रक्तचाप और समय पूर्व प्रसव की आशंका भी होती है।

गुर्दा रोग से पीड़ित महिला में प्रेग्नेंसी

किडनी रोग से पीड़ित महिला को गर्भधारण करने से पहले स्त्री रोग विशेषज्ञ और किडनी रोग विशेषज्ञ काउंसिलिंग लेनी चाहिए ताकि यह पता चल सके कि महिला सुरक्षित गर्भधारण कर सकती है या नहीं। यदि किडनी फंक्शन अधिक प्रभावित न हो तो महिला सुरक्षित गर्भधारण कर सकती है। हालाँकि मरीज को प्रसवपूर्ण कुछ जटिलताएँ हो सकती हैं जैसे उच्च रक्तचाप और प्रि-एक्लेम्पशिया।

किडनी रोग की अवस्था थोड़ी गंभीर होने पर गर्भावस्था के दौरान महिला को उच्च रक्तचाप, प्रि-एक्लेम्पशिया, समय पूर्व प्रसव पीड़ा, जन्म के समय शिशु का वजन कम होना या गर्भपात जैसी समस्या हो सकती है। ऐसी स्थिति में किडनी को स्थाई क्षति भी हो सकती है।

प्रसूति परक नासूर (Delivery Relates Ulcer)

महिला के जननेन्द्रिय मार्ग और एक या एक से अधिक आन्तरिक अंगों के बीच के छिद्र को नासूर कहते हैं। कई दिन तक प्रसव के अवरोध के कारण यह छेद हो जाता है, जब बच्चे के सिर का दबाव मां की जननेन्द्रिय क्षेत्र को कोमल अणुओं/उतकों को जाने वाले रक्त की आपूर्ति को काट देती है। मृत उतक गिर जाते हैं और यह महिला की योनि और मूत्राशय के बीच होता है। उस छिद्र से मूत्र अथवा मल का सदा बहाव होता रहता है।

प्रसवपरक नासूर के कारण

प्रसवपरक नासूर उस अवरूद्ध प्रसव का परिणाम होता है जिसे बिना उपचार और बिना निकाले छोड़ दिया जाता है। नासूर के पनपने में तीन प्रकार के विलम्ब कारण बन सकते हैं। प्रसव के समय चिकित्सक की देखरेख में विलम्ब, मैडिकल सुविधा प्राप्ति में विलम्ब और स्वास्थ्य परक सुविधा तक पहुँचने के बाद भी देखभाल में विलम्ब।

उपचार

प्रसूति नासूर को जननांगों की शल्यक्रिया द्वारा बन्द किया जा सकता है। यदि यह शल्यक्रिया किसी अच्छे शल्यचिकित्सक द्वारा की जाए तो नासूर के रोगियों के पुनः सामान्यः जीवन जीने पाने की अच्छी सम्भावनाएं रहती हैं और शरीर की गतिविधियों पर पूरा नियंत्रण भी पा सकते हैं। ऐसे ऑपरेशन की सफलता दर 93 प्रतिशत है।

अस्थानिक (इकटोपिक) गर्भ (Ectopic Pregnancy)

अस्थानिक गर्भ जिसमें उर्वरित अण्डे का रोपण किया जाता है और जो गर्भाशय के बाहर विकसित होता है। सामान्यतः ट्यूब में होता है। प्राकृतिक रूप में ट्यूब में उसका उर्वरण होता है और फिर वह उर्वरित अण्डा गर्भाशय में जाता है परन्तु नली (ट्यूब) में होने वाले गर्भ में वह ट्यूब में ही रहता है।

अस्थानिक गर्भ के मुख्य लक्षण

1. अल्पावधि के पीरियडस का अभाव (एमीनोरहोई)।
2. पेट में तेज दर्द।
3. योनि से रक्त स्राव।
4. चक्कर आना, उल्टी होना और बेहोशी के दौरे।

अस्थानिक गर्भ का सन्देह होने पर किए जाने वाले उपाय

महिला को तुरन्त अस्पताल पहुँचाना चाहिए। गम्भीर अस्थानिक गर्भ के उपचार का सिद्धान्त है - एक ही समय में शल्यचिकित्सा और जरूरत पड़ने पर रक्त भी चढ़ाया जाता है। शल्यक्रिया जल्दी हो जाने से रक्त स्राव रूक जाता है और रोगी की स्थिति में सुधार आ जाता है।

जननेन्द्रिय में कैंसर (Cancer of the Reproductive Organs)

कैंसर शरीर की आधारभूत इकाई कोशिका (सेल) को प्रभावित करता है। जब कोशिकाएँ असामान्य हो जाती है और अनियंत्रित रूप में विभाजित होने लगती है तब कैंसर होता है। अतिरिक्त मज्जा का यह टुकड़ा फोड़ा या ट्यूमर कहलाता है जो कि सुसाध्य और असाध्य दोनों प्रकार का हो सकता है।

सुसाध्य ट्यूमर से कैंसर नहीं होते। सामान्यतः उन्हें निकाला जा सकता है और वे दोबारा नहीं होते। सबसे महत्त्वपूर्ण बात यह है कि सुसाध्य ट्यूमर की कोशिकाएं शरीर के अन्य भागों में फैलती नहीं।

असाध्य ट्यूमर ही कैंसर होते हैं। कैंसर के सेल कोशिकाओं में प्रवेश कर सकते हैं और उन्हें तथा ट्यूमर के आस-पास के अंगों को नष्ट कर सकते हैं। असाध्य ट्यूमर से कैंसर के सेल विघटित होकर रक्त प्रवाह में शामिल हो सकते हैं और सारे शरीर में फैल सकते हैं।

गर्भावस्था के दौरान आवश्यक सावधानियाँ

गर्भावस्था के नौ माह के दौरान कौन-कौन सी बातों का ध्यान आपके लिए फायदेमंद और उपयोगी हो सकता है, यह एक अहम जानकारी है। अपनी सेहत के साथ-साथ आपको अपनी त्वचा की सेहत का भी ध्यान रखना होगा।

मातृत्व खुद में कई जिम्मेदारियों को समेटे आता है। यह घर में नन्हे मेहमान के आने की खुशखबरी भर ही नहीं है, बल्कि यह आपके लिए एक सूचना भी है कि आपको अपनी त्वचा का पहले से कहीं अधिक ध्यान रखना होगा, नहीं तो आपको भी स्ट्रेच मार्क्स, काले धब्बे, बेजान त्वचा आदि से दो-चार होना होगा। इसलिए आज हम आपको ऐसे 7 टिप्स दे रहे हैं, जिन्हें अपनाने से गर्भावस्था के दौरान आप अपनी त्वचा की सेहत के प्रति चिंतामुक्त हो जाएंगी—

खूब पानी पियें

यह आपके और आने वाले बच्चे, दोनों के लिए बहुत जरूरी है। इसलिए कम से कम 2 लीटर पानी रोज पियें। इससे स्ट्रेच मार्क्स और कब्ज दूर होगी और त्वचा में भी निखार आएगा।

हरी सब्जियाँ खायें

खूब सारी हरी पत्तेदार सब्जियाँ खाएं। मीट और जंक फूड से परहेज करें। थोड़े-थोड़े अंतराल पर खाएं। एक साथ ज्यादा खाना न खाएं। इससे आपको बेचैनी नहीं होगी और कब्ज की वजह से होने वाली

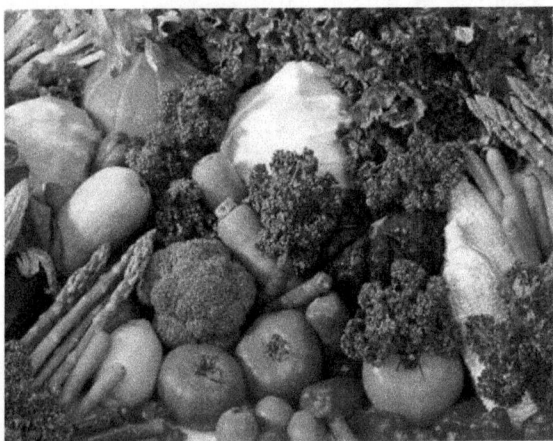

जलन भी कम होगी। सब्जियों का सूप अधिक पियें, ये पचने में आसान होते हैं। भोजन में हरा सलाद जरूर शामिल करें।

व्यायाम अवश्य करें

गर्भावस्था में व्यायाम बहुत आवश्यक होता है। इस समय में रक्तचाप को नियंत्रित करना बेहद जरूरी होता है, जिसे आप नियमित तौर पर टहल कर काबू में रख सकती हैं। आप एक्सरसाइज बाइक को घर में रख सकती हैं। टीवी देखते हुए इस पर कुछ देर व्यायाम करेंगी तो यह बच्चे के लिए

भी अच्छा रहेगा। बॉडी स्टीम से बॉडी को स्टीम दें। इससे आप आराम महसूस करेंगी, साथ ही तनाव भी कम होगा। बेहतर है कि आप गुलाब को गर्म पानी में डालें। इससे स्टीम बॉथ लें। इससे त्वचा में चमक और उसमें कसाव आएगा।

स्ट्रेच मार्क्स पर ध्यान न दें

जैसे-जैसे पेट का आकार बढ़ता है, उस पर स्ट्रेच लाइंस आती ही हैं। इस बात को स्वीकार करें और इन चिन्हों पर अधिक ध्यान न दें। संपूर्ण आहार और विटामिन ई युक्त मॉइस्चराइजिंग लोशन या तेल लगाकर आप इन्हें कम कर सकती हैं। प्रतिदिन स्नान के बाद इस लोशन को लगायें, क्योंकि इस समय त्वचा तेजी से नमी सोख सकती है। आप निशानों को कोकोआ बटर से भी दूर कर सकती हैं। ताजा कोकोआ बटर को सीधे तौर पर स्ट्रेच मार्क्स पर लगाया जा सकता है।

त्वचा का खास ख्याल रखें

नौ महीनों के दौरान त्वचा और बालों का विशेष ख्याल रखें। एक चम्मच दही और बादाम तेल की कुछ बूँदों को मिलाएं। इसमें थोड़ा गुलाब जल डालें। इसे त्वचा पर मलें और कुछ देर सूखने के बाद धो दें। इससे त्वचा कोमल होती है। इसके अलावा 4 चम्मच क्रीम, 1-1 चम्मच बादाम तेल, खीरे का रस, शहद, गुलाब जल और नीबू का रस मिला लें। इसे छोटे से डिब्बे में रखकर फ्रिज में रख दें। इसे हर रात लगायें और सुबह धो दें। इससे त्वचा में चमक बढ़ेगी।

सन्स्क्रीन का प्रयोग

गर्भावस्था के दौरान त्वचा का काला पड़ना एक आम समस्या है। आपके चेहरे की रंगत फीकी पड़ सकती है, साथ ही पेट के आस-पास के हिस्से में भी कालापन बढ़ने लगता है। यह मुख्य रूप से शरीर में मेलानिन पिग्मेंट के बढ़ने के कारण होता है। इस पर नियंत्रण रखने के लिए आप सन्स्क्रीन लोशन और स्क्रब लगा सकती हैं

6

योगासन एवं व्यायाम

गर्भावस्था के दौरान शरीर का आकार ऐसा हो जाता है, जो योग में जरूरी लचीलेपन की इजाजत नहीं देता। अपनी सीमाओं के बावजूद गर्भवती योग के चुनिंदा आसन करके चुस्त-दुरुस्त रह सकती है। किसी भी आसन की सफलता उसे धीरे-धीरे करने में है। हमेशा कुछ देर तक आसन की चरम अवस्था में रुकना फायदेमंद होता है।

गर्भावस्था में योगा करना फायदेमंद होता है, यह सांस लेने और शरीर को आराम पहुँचाने में मदद करता है। प्रसव पीड़ा, जन्म और मातृत्व आदि गर्भावस्था के शारीरिक मांगों को जैसे प्रसव पीड़ा, जन्म और मातृत्व को योगा समायोजित करने में मदद करता है। प्रेग्नेंसी के दौरान हर डॉक्टर योगा करने की सलाह देता है क्योंकि यह दिमाग और शरीर को शांत करता है और प्रेग्नेंसी के तनाव वाले दौर को कम करता है। यदि योगा करने में कोई दिक्कत आती है या फिर शरीर के किसी भी भाग पर जोर पड़ रहा है तो उसी समय वह आसान करना बंद कर देना चाहिये। प्रेग्नेंसी के दौरान योगा करने से शरीर लेबर पेन के लिये बिल्कुल तैयार हो जाता है। यह आपको शरीरिक रूप से फिट तो रखता ही है साथ में दिमागी रूप से भी तनाव को दूर कर देता है। डिलेवरी और लेबर पेन से दूर रखने के लिये योगा की सही क्रियाएं जानना बहुत जरुरी है।

व्यायाम करते वक्त सावधानी बरतें

गर्भावस्था के पहले महीने में आपको खड़े होने वाले आसन करने चाहिये जिससे शरीर में रक्तसंचार सही तरीके से हो और पैरों में ऐंठन ना हो। दूसरे महीने में महिलाओं को ध्यान और साँस वाली क्रियाओं पर ध्यान देना चाहिये। इस दौरान पेट पर बिल्कुल भी जोर न दें। ऐसे योग आसन जिसमें पीछे की ओर झुकना पड़े उसे न करें। आसन करते वक्त पेट के बल न लेटें। यदि योग करते वक्त आपके शरीर में कहीं दर्द हो तो तुरंत अपने प्रशिक्षक से बात करें। बीच-बीच में छोटा ब्रेक लेती रहें। जहाँ योग कर रही हों, वहाँ का तापमान बिल्कुल भी गरम नहीं होना चाहिये नहीं तो आपको चक्कर आ सकता है।

गर्भावस्था में किये जाने वाले कुछ जरूरी आसन (Some Essential Aasans Used During Pregnancy)

तितली आसन

यह आसन आप गर्भावस्था के पहले महीने से ही कर सकती हैं इससे जहाँ प्रसव पीड़ा कम होती है वहीं घुटनों में लचीलापन आता है। यह एक सरल आसन है। यदि गर्भावस्था की पहली तिमाही में ही शुरू

कर दिया जाये तो प्रसव की पीड़ा भी कम हो जाएगी। इस आसान से पुट्ठे और जँघाओं के आंतरिक हिस्से का तनाव कम होकर खुल जाता है। इससे घुटनों का लचीलापन बढ़ता है।

कैसे करें–

चटाई पर इस तरह बैठें कि आपके पैर सामने की ओर रहें। अपने टखनों को पकड़कर अपनी ओर जितना नजदीक खींच सकती हैं, खींचें। दोनों पैरों की एड़ियाँ जँघा के संधिस्थ को स्पर्श करें तो ज्यादा अच्छा है। अब अपने घुटनों को फर्श से स्पर्श कराने के लिए दबाएँ। दबाने के लिए कोहनियों का इस्तेमाल कर सकती हैं, क्योंकि हाथों से तो आपने टखने पकड़ रखे हैं। आसन की आदर्श स्थिति तब आती है, जब घुटने फर्श को स्पर्श करने लगें। कुछ हफ्तों की प्रैक्टिस से घुटने जमीन पर टिकने लगेंगे। जितना सरलता से संभव हो उतना ही आसन लगाएँ और धीरे-धीरे करें। इस स्थिति में कुछ देर रुकें फिर घुटनों को ऊपर ले आएँ। याद रहे आसन करते समय अतिरिक्त बल लगाने की जरूरत नहीं है। एक हाथ से टखना पकड़ें तथा दूसरे से घुटने को जमीन की ओर तब तक दबाएँ, जब तक कि जमीन स्पर्श न होने लगे। ध्यान रहे कि श्रोणी क्षेत्र के जोड़ों पर इतना दबाव न पड़े कि वे फट जाएँ। दोनों पैरों से इसे 15-20 बार दोहराएँ।

मार्जरी आसन

इस आसन से पूरी प्रजनन प्रणाली टोनअप होती है। इससे आपकी गर्दन और कंधे मजबूत रहेंगे। पहले वज्रासन में बैठ जाएँ। अब आगे की ओर झुकते हुए हथेलियों को सामने जमीन पर टिका लें। नितंबों को ऊपर उठाएँ और चौपाये की तरह मुद्रा बना लें। पैरों के बीच थोड़ी दूरी बनाएँ ताकि वे कंधों की सीध में आ जाएँ। आसन के पहले हिस्से में सिर को ऊपर उठाते हुए साँस खींचें। इससे आपकी पीठ फर्श की ओर कमान के आकार में तन जाएगी। आसन के दूसरे हिस्से में सिर को पेट की ओर झुकाते हुए पीठ आकाश की ओर उभार लें। नितंबों को भी अंदर की ओर सिकोड़ लें। इस स्थिति में भी कुछ देर तक रुकें। आसन के ऐसे छः राउंड पूरे करना जरूरी है। इससे आपकी गर्दन, कंधे और रीढ़ की हड्डी मजबूत होगी। गर्भावस्था के दौरान आपकी शारीरिक मुद्रा भी ठीक रहेगी। इससे दूसरा फायदा यह होगा कि पूरी प्रजनन प्रणाली टोनअप होगी। यह आसन प्रसव के बाद भी फायदेमंद होता है।

पर्वतासन

इसे करने से आप कमरदर्द की परेशानी से दूर रह सकती हैं।

वक्रासन

यह आसन रीढ़ की हड्डी, पैर और गर्दन का अच्छा व्यायाम है लेकिन इसे करते समय आपको ज्यादा जोर नहीं लगाना चाहिए।

उत्कटासन

इस आसन से पैर के पंजे व अँगुलियाँ मजबूत होती हैं। यह आसन गर्भाशय और प्रजनन सम्बन्धित बीमारियों को दूर करता है।

बद्ध कोणासन

यह आसन गर्भावस्था के दौरान होने वाली प्रसव पीड़ा को कम करके शरीर के कई रोगों को भी दूर करता है। बद्ध कोणासन में कभी आगे की तरफ न मुड़ें। आपको केवल बैठने का अभ्यास ही करना है और रीढ़ को सीधा रखना है।

अनुलोम-विलोम

यह आसन रक्त संचार बढ़ाता है साथ ही रक्तचाप को भी कंट्रोल करता है। इस व्यायाम से आप स्वयं को तनावमुक्त महसूस करेंगी।

शवासन

इसे करने से आपको मानसिक शांति मिलती है साथ ही बच्चे का विकास भी भली प्रकार से होगा।

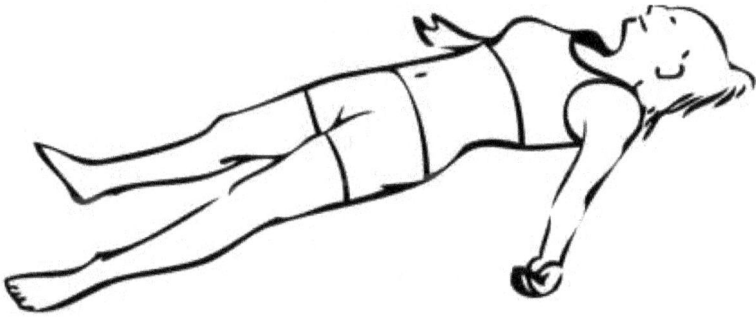

गर्भावस्था के शुरूआती दौर में योग के कुछ आसन करके स्वयं को सक्रिय बना सकती हैं। आसनों के चुनाव में सावधानी जरूर बरतें और योग-विशेषज्ञ से सलाह किए बिना कोई भी आसन न करें।

ध्यान रखें–

गर्भावस्था के दौरान प्राणायाम या आसन करते वक्त निम्न बातों का ख्याल रखें–

1. यदि आप अनुलोम-विलोम प्राणायाम करती हैं तो इसे करते वक्त भूलकर भी साँस न रोकें। इससे आपके गर्भ में पल रहे बच्चे को साँस लेने में परेशानी हो सकती है।
2. किसी भी प्रकार की एक्सरसाइज को शुरू करने से पहले अपने चिकित्सक की सलाह जरूर लें।
3. यदि आपको एक्सरसाइज करने से किसी भी प्रकार की परेशानी हो रही है तो आप व्यायाम करना तुरंत बंद कर दें।
4. आसन करते वक्त आप 15-20 मिनट के बाद थोड़ी देर आराम अवश्य करें लें।
5. सिर के बल लेटकर पैर ऊपर करने वाली या घुटने मोड़ने वाली कोई भी व्यायाम न करें।

योगासन से कम होती है प्रसव पीड़ा

गर्भधारण से लेकर बच्चे के जन्म तक विशेषज्ञों की देखरेख में किए गए योगासन आपके लिए फायदेमंद हो सकते हैं। अगर आप भी इस समय गर्भावस्था में हैं तो आप भी योगासन के द्वारा शरीर को स्वस्थ्य व ताजगी से भरपूर बना सकते हैं।

कुछ योगासन जो गर्भावस्था में आपको तनाव से दूर रखेंगे और रक्त संचार ठीक करेंगे। योगा के द्वारा आपके साथ-साथ आपके होने वाले बच्चे को आराम मिलेगा और वह स्वस्थ भी रहेगा। वहीं प्रसव में भी आसानी रहेगी।

गर्भावस्था में बच्चे के कारण आपके शरीर में कई परिवर्तन होते हैं जैसे कमरदर्द, पेटदर्द आदि। कभी-कभी दर्द बढ़ने पर आप दवाईयों का सेवन करती हैं जो बच्चे के लिए खतरनाक होती है। इसीलिए योगा से आप खुद को तनाव और दर्द से दूर रख सकती हैं।

गर्भकाल में टाँगों में पड़ने वाले ऐंठन क्या सामान्य हैं?

हां, गर्भ के दूसरे और तीसरे ट्रिमस्टर में हो सकता है कि आप की टाँगों में ऐठन बढ़ जाये। अधिक मात्रा में कैल्शियम लें। (तीन गिलास दुध या दवा) और पोटैशियम (केला, संतरा) लें। सोने से पहले टाँगों का खिंचाव देकर सीधा करने से शायद आपको कुछ राहत मिले।

गर्भावस्था में व्यायाम (Exercise in Pregnancy)

स्त्री जीवन में सेहत का सबसे अधिक महत्त्व गर्भावस्था व प्रसूति के समय होता है। विशेषज्ञ द्वारा बनाया गया एक सही फिटनेस प्रोग्राम गर्भवती स्त्री की कई प्रकार से मदद करता है। ये प्रोग्राम प्रत्येक महिला की सेहत व मेडिकल हिस्ट्री के अनुरूप होना चाहिए। इसलिए कोई भी प्रोग्राम शुरू करने से पूर्व अपने डॉक्टर की सलाह जरूर लें ताकि वह आपका उचित मार्गदर्शन कर सकें।

भारत में आमतौर पर गर्भावस्था के दौरान महिला से सारे घरेलू काम कराए जाते हैं, लेकिन उसे नियमित कसरत करने के लिए प्रेरित नहीं किया जाता। गर्भावस्था में स्वस्थ रहने के लिए जरूरी है कि वैज्ञानिक आधार पर तय की गए कसरत करें न कि घरेलू कामकाज को ही कसरत का विकल्प मान लें।

गर्भावस्था के दौरान आपसे कोई उम्मीद नहीं करता कि आप ओलिंपिक धाविका की तरह चुस्त-दुरुस्त रहें, लेकिन इतनी स्वस्थ तो रहें कि दो मंजिल के मकान में आसानी से सीढ़ियाँ चढ़-उतर सकें। आसानी से वजन उठा सकें मसलन सोते हुए बच्चे को गोद में उठा सकें। गर्भवती महिला का वजन गर्भकाल में निरंतर बढ़ता रहता है। जाहिर है कि पूरे गर्भकाल में जब तक आप बच्चे को जन्म नहीं देतीं तब तक आपके शरीर की मांसपेशियाँ तनावग्रस्त रहेंगी एवं उन्हें अतिरिक्त काम करना पड़ेगा। इसके लिए जरूरी है कि आप जचगी में जाने से पहले कसरत करके पर्याप्त दमखम अर्जित कर लें।

तेज गति से चलना, तैरना, स्ट्रेचिंग करना आपके लिए फायदेमंद होगा। इसी तरह साइकलिंग भी बहुत बढ़िया कसरत है। जैसे-जैसे आप गर्भकाल में फैलती जाती हैं वैसे-वैसे आप अपने शरीर के मुताबिक साइकल के हैंडल और सीट की ऊँचाई में परिवर्तन कर सकती हैं। यह ध्यान रखें कि आप यह कसरत एक्सरसाइज बाइसिकल पर ही करें। सड़क पर साइकल चलाने में जोखिम यह है कि आप दुर्घटना की शिकार भी हो सकती हैं। यदि आप गर्भावस्था से पहले ही कसरत करती आ रही हैं तो ट्रेनर से आगे की कसरतों के लिए सलाह ले सकती हैं।

गर्भावस्था में व्यायाम क्यों करना चाहिए?

1. शरीर में जोश व स्फूर्ति बनाए रखने के लिए।
2. माँसपेशियों व जोड़ों का कसाव,लचीलापन व ताकत बढ़ाने के लिए।
3. ऐंठन, कमर दर्द, वेरिकोज वेन व अन्य शारीरिक व्याधियों से बचने के लिए।
4. प्रसूति पश्चात की परेशानियों से उभरने के लिए।
5. स्वयं को बच्चे की देखभाल करने के लिए तैयार करने के लिए।
6. अपने अंदर सकारात्मक ऊर्जा बढ़ाने के लिए।
7. आकृति और अभिव्यक्ति में सुधार लाने के लिए।
8. पीठ दर्द से छुटकारे के लिए।

9. प्रसव काल के लिए मांसपेशियों को सशक्त बनाने और ढ़ीले पड़े जोड़ो को सहारा देने के लिए।
10. माँसपेशियों के कैम्पस से राहत के लिए।
11. रक्त संचार को बढ़ाने के लिए।
12. लचीलेपन को बढ़ाने के लिए।
13. थकावट दूर करने के लिए ऊर्जा वृद्धि के लिए।
14. भले चंगे होने की भावना भरने और आत्मछवि के सकारात्मक विकास के लिए। आपका डॉक्टर आप को सही ढंग से व्यायाम के सम्बन्ध में बतायेगा।
15. अगर गर्भावस्था बिना किसी परेशानी के चल रही है तो कुछ हल्के व्यायाम होने वाली माँ एवं शिशु के लिए लाभकारी है।

व्यायाम गर्भवती की मदद कैसे करता है?

1. प्रथम तीन महीनों के व्यायाम आपके व शिशु के शरीर में खून व ऑक्सीजन का संचार बढ़ाते हैं। इसके अलावा मांसपेशियों में कसाव व शक्ति बढ़ाते हैं। जिससे आप कमर दर्द की तकलीफ से बच सकती हैं। साथ ही इससे आपका प्रसव आसान होता है।
2. मध्य तीन महीनों का फिटनेस प्रोग्राम शारीरिक ऊर्जा का स्तर बढ़ाता है। रातों की नींद सुखदायी बनाता है। अतिरिक्त वसा बढ़ने से रोकता है। प्रसूति पश्चात वजन घटाने में महत्त्वपूर्ण भूमिका निभाता है।
3. अंतिम तीन महीनों में किए गए व्यायाम गर्भवती स्त्री को प्रसव के लिए तैयार करने के लिए होते हैं। ये शारीरिक क्षमता बढ़ाते हैं तथा प्रसूति पश्चात की वेदना से उभरने की ताकत देते हैं।

सावधानियाँ

अगर आप व्यायाम करने के दौरान कोई भी परेशानी अनुभव करें तो तुरंत व्यायाम रोककर अपने डॉक्टर को दिखायें–

1. रक्त स्राव
2. चक्कर
3. उच्च रक्तचाप
4. कमजोरी
5. बच्चे की हलचल में कमी
6. जोड़ों में दर्द
7. ऐंठन

गर्भवती स्त्री को अत्यधिक थकाने वाले व्यायाम नहीं करने चाहिए। थकान आने के पूर्व ही व्यायाम बद कर देना चाहिए। सप्ताह में केवल तीन घंटे व्यायाम कर आप गर्भावस्था व प्रसूति पश्चात स्वस्थ रह सकती हैं। एक सही फिटनेस प्रोग्राम अपनाकर आप नौ महिनों के दौरान महत्त्वपूर्ण लाभ ले सकती हैं।

गर्भकाल के दौरान कौन सा व्यायाम सुरक्षित माना जाता है?

किसी प्रकार के खेल-कूद या व्यायाम को जारी रखने में कोई समस्या नहीं है, जब तक कि वह सीमा में हो फिर भी पहले डॉक्टर से अवश्य सलाह ले लेनी चाहिए।

किस प्रकार का व्यायाम बिल्कुल नहीं करना चाहिए?

जॉगिंग जैसा व्यायाम रीढ़, श्रोणि, नितम्बों, घुटनों स्तनों और पीठ पर बड़ा भारी पड़ता है। इसलिए उसे नहीं करना चाहिए। जिस व्यायाम से पेट की माँसपेशियाँ खिंचे जैसे टाँगे उठाना, उठक बैठक भी गर्भ के दौरान नहीं करने चाहिए। नवीन चेष्टाओं से तालमेल बैठाने में शरीर को कुछ समय लगता है। चौथे महीने के बाद, पीठ के बल लेटकर व्यायाम न करें, क्योंकि आपके गर्भाशय का वजन रक्त वाहिकाओं को दबा सकता है और रक्त भ्रमण में बाधा दे सकता है।

गर्भधारण के बाद कितने समय तक काम करना चाहिए

जिस गर्भवती महिला को कोई समस्या न हो वह नौवें महीने तक काम करती रह सकती है। हाँ, उन्हें कुछ सावधानियाँ अवश्य बरतनी पड़ेंगी जैसे कि भारी थकान वाली गतिविधि से बचें, सीढ़ियाँ चढ़ने, तापमान की अति और धुएँ भरे क्षेत्र से दूर रहें। बार-बार आराम करें और यदि थकान लगे तो जल्दी ही काम से लौट जायें यदि बहुत देर से खड़ी हैं तो बैठ जायें और पैर ऊपर कर लें। अन्तिम तीन महीनों में देर तक खड़े रहना, भारी चीजों को उठाना, मुड़ना या झुकना नहीं चाहिए। गर्भवती महिला को नियमित भोजन करना चाहिए एक जगह बैठकर किया जाने वाला काम जिस से ज्यादा परेशानी न हो वह घर में खाली बैठने की अपेक्षा कम दबाव वाला होता है। गर्भकाल में निम्नलिखित तकनीकें सहायक होती हैं–

1. पीठ के बल लेटो, सिर तकिये पर हो और टाँगों का निचला भाग कुर्सी पर हो। आँखें बन्द कर के 10-15 मिनट तक आराम करें। पैरों और टखनों की सूजन से भी इस में राहत मिलती है।
2. करवट होकर लेटो और सिर के नीचे तकिया रख लो, भुजा के ऊपरी भाग को और पैरों को ऊपर की ओर खीचों, घुटने के नीचे तकिया रख लो। पैर के निचले भाग को सीधा रखो। आँखे बन्द करो और मस्तिष्क को साफ करो। श्वास अन्दर भरो और दस तक गिनो। धीरे-धीरे श्वास बाहर निकालो। पूरी तरह विश्राम करो।

गर्भवती महिला को बाईं ओर सोना चाहिए

हालाँकि पीठ के बल सोना शुरू में अधिक आरामदायक हो सकता है। इस से पीठ में दर्द और हॉरमोरोहोऑटाडस हो सकता है और पाचन, श्वसन और रक्त प्रवाह में रूकावट आती है ऐसा इसलिए क्योंकि गर्भाशय का सारा वजन पीठ पर आ जाता है। जबकि बाईं ओर के अंगों को सीधा करने से भरपूर रक्त होता है और बीजाण्ड का पोषण होता है, गुर्दा (Kedney) का कार्य सुचारू रूप से होता है जिस से मल का त्याग बेहतर रूप से होता है (जिसके न होने से सूजन आता है) अतः इसे अत्यन्त आरामदायक स्थिति माना जाना चाहिए।

7

गर्भावस्था के दौरान सेक्स

कुछ दम्पतियों को गर्भकाल में सम्भोग करने से चिन्ता होती है। स्वस्थ महिला के सामान्य गर्भ की स्थिति में कुछ दम्पतियों को गर्भ के अन्तिम सप्ताहों तक गर्भकाल में सम्भोग करने से चिन्ता होती है। उन्हें गर्भपात का भय लगा रहता है। लेकिन स्वस्थ महिला के सामान्य गर्भ की स्थिति में गर्भ के अन्तिम सप्ताहों तक सम्भोग करना सुरक्षित होता है। आप और आपका साथी आरामदायक स्थिति में सम्भोग कर सकते हैं।

गर्भावस्था में सेक्स करना ठीक है या नहीं, क्या इससे गर्भस्थ शिशु को कोई हानि हो सकती है या गर्भवती स्त्री को कोई तकलीफ? इस प्रकार के सवाल स्त्री तथा पुरुषों के मन में अकसर उठते रहते हैं। जैसे-जैसे गर्भावस्था बढ़ती जाती है, स्त्री की परेशानी भी बढ़ती जाती है। सेक्स के सामान्य तरीके अपनाना इसलिए कठिन हो जाता है, क्योंकि गर्भवती महिला के उदर पर किसी प्रकार का दबाव उसके तथा भ्रूण दोनों के लिए नुकसानदेह हो सकता है।

वैसे छठे या सातवें माह तक की गर्भावस्था में सेक्स किया जा सकता है, लेकिन विशेष सावधानी के साथ। इसके लिए डॉक्टर की सलाह पर विशेष प्रकार के आसन अपनाए जा सकते हैं। आसन इस प्रकार होना चाहिए, जिससे स्त्री का पेट न दबे, गर्भ पर दबाव न पड़े तथा पीड़ा का अनुभव न हो।

आयुर्वेद के अनुसार इसे गर्भ के सातवें मास तक सेक्स किया जा सकता है, लेकिन सावधानीपूर्वक। आयुर्वेद का मानना है कि यदि गर्भ में लड़का है तो स्त्री की संभोग की इच्छा नहीं होगी या कम होगी। साथ ही यदि गर्भ में लड़की है तो स्त्री को संभोग की इच्छा बनी रहेगी।

कुछ महिलाएँ इस काल में सेक्स का आनंद नहीं उठा पातीं। कभी-कभी वे इतनी थकान महसूस करती हैं कि उनके भीतर एक आनंदपूर्ण संभोग का मजा उठाने की ऊर्जा और उत्साह नहीं रहता। कई बार रक्त स्राव या योनि में पीड़ा होने के कारण भी वे सेक्स से मना करती हैं। डॉक्टर भी ऐसी स्थिति में पति-पत्नी को सावधानी बरतने की सलाह देते हैं।

पहली बार गर्भवती कई महिलाएँ शुरू के सप्ताहों में सेक्स में जरा भी रुचि नहीं लेती हैं। वहीं दो-तीन माह बीतने पर वे सेक्स का भरपूर आनंद उठाती हैं, उनकी प्रतिदिन सेक्स करने की इच्छा होती है।

अध्ययनों से यह पता चला है कि पहली बार गर्भवती हुई महिला की गर्भावस्था के शुरू के सप्ताहों में सेक्स में कम रुचि होती है, जबकि दूसरी या इससे अधिक बार गर्भवती होने वाली महिलाओं की यौन इच्छा में कोई विशेष अंतर नहीं होता है।

अध्ययनों से यह भी तथ्य सामने आया है कि कुछ महिलाएँ मानती हैं कि मितली तथा अवसाद का समय बीत जाने पर उन्हें सेक्स में पहले की तुलना में अधिक आनंद प्राप्त होता है।

पुरुषों को अपनी गर्भवती पत्नियों के समीप रहकर उनमें बराबर रुचि लेते रहना चाहिए। अधिकांश पुरुष शुरू में बहुत ध्यान रखते हैं, लेकिन बाद में सेक्स से वंचित रहने के कारण उनकी अपनी पत्नी में रुचि कम हो जाती है।

कई लोग अपनी पत्नी की ओर से प्यार और ध्यान की कमी महसूस करते हैं और इस कारण उनकी उपेक्षा करते हैं, उन्हें सिर्फ आने वाले बच्चे के प्रति मोह रहता है, पत्नी के प्रति कम हो जाता है। वे यह सोचकर अपने फर्ज की इतिश्री कर लेते हैं कि गर्भवती को तो गर्भावस्था की परेशानियों को सहन करना ही पड़ता है।

गर्भावस्था में पति-पत्नी संभोग के लिए ऐसे आसन अपना सकते हैं, जो सुविधापूर्ण और आरामदेह हो, बशर्तें डॉक्टर ने किसी आसन विशेष के लिए पूरी मनाही न की हो। पूर्व गर्भपात, गर्भावस्था की स्थिति अथवा विशिष्ट स्त्रियोचित समस्या को दृष्टिगत रखते हुए डॉक्टर संभोग से दूर रहने की सलाह भी दे सकता है।

वैसे निर्णय आप दोनों मिलकर लें कि आपके लिए क्या ठीक है और आप कब तक अपने ऊपर संयम रख सकते हैं। गर्भावस्था में सेक्स न करना ज्यादा अच्छा रहेगा, इस पीरियड में स्त्री को जितना आराम दिया जाए, उतना ही अच्छा है।

संभोग के समय कौन-सी स्थितियाँ आरामदायक हैं?

गर्भावस्था के दौरान अपनाई जाने वाली कुछ स्थितियाँ और नुस्खे नीचे दिये गये हैं–

एक ओर होकर लेटें। आम तौर पर बड़े पेट पर पति के लेटने से आपको कुछ कठिनाई भी महसूस हो सकती है, हो सकता है कि आपके पति को भी यह मुद्रा आरामदेह न लगे। परन्तु एक ओर लेटने से आपके पति का वजन आपके गर्भाशय पर नहीं पड़ता।

बिस्तर को एक माध्यम के रूप में इस्तेमाल करें। यदि आप बिस्तर के एक ओर या छोर पर अपनी पीठ के बल लेटें तथा अपने घुटनों को मोड़ कर रखें और अपने नितंबों और पाँवों को गद्दे के किनारों पर रखें तो आपका पेट इस क्रिया में बाधक नहीं बनेगा।

साथ-साथ दो चम्मचों की तरह लेटें जिसमें पुरुष महिला में सुरक्षित स्तर तक प्रवेश करता है। जैसे-जैसे गर्भधारण की अवधि बढ़ती है, गहरे भेदन से महिला को परेशानी हो सकती है।

आप अपने पति के ऊपर से आएँ। इससे आपके पेट पर कोई भार नहीं पड़ेगा और आप पुरुष के शिशन के प्रवेश पर नियंत्रण भी रख पायेंगी।

बैठी हुई स्थिति से ही प्रवेश करायें जिससे आपके गर्भाशय पर कोई वजन नहीं पड़ेगा। अपने पति की गोद में बैठने का प्रयास करें जब वह एक मजबूत सी कुर्सी पर बैठा हो।

याद रखें कि जहाँ चाह वहाँ राह। कुछ प्रयोग करके आप तथा आपके पति अवश्य ऐसा तरीका ढूँढ़ निकालेंगे जो आपके लिए फायदेमंद हो।

गर्भधारण के लिये बेहतर सेक्स पोजीशन

सामान्य तौर पर गर्भधारण के लिये शुक्राणु का बेहतर होना माना जाता है लेकिन अब सेक्स पोजीशन भी चिकित्सकीय नजरिये से गर्भधारण में महती रोल अदा करने लगी है। हालाँकि इसका कोई

वैज्ञानिक आधार नहीं है लेकिन कई बार देखने में आया है कि कुछ सेक्स पोजीशन गर्भधारण में काफी सहयोगी भूमिका निभाती हैं।

क्या कुछ सेक्स पोजीशन गर्भधारण के लिये अन्य से बेहतर होती हैं?

हालाँकि इस बात का कोई सबूत नहीं है कि कोई विशेष सेक्स पोजीशन गर्भधारण के लिये किसी अन्य पोजीशन से ज्यादा बेहतर है। लेकिन चिकित्साजगत के कुछ लोगों का मानना है कि जिस सेक्स पोजीशन से शुक्राणु को गर्भाशय में आसानी से प्रवेश व कम दूरी तय करनी पड़े उसमें गर्भधारण की संभावना ज्यादा होती है। इस आधार पर मिसनरी पोजीशन (जब पुरुष उपर हो) सबसे बेहतर पोजीशन मानी जाती है। लेकिन इसके साथ सही समय का चुनाव भी निर्णायक भूमिका निभाता है। अण्डोत्सर्ग के दौरान किया गया सेक्स गर्भधारण के लिये सबसे लाभदायक है। चूँकि पुरुष के शुक्राणु 2 से 5 दिनों तक जीवित रह सकते हैं लेकिन महिला का अण्डाणु 12 से 24 घंटे ही जीवित रह सकता है। इसलिये अण्डोत्सर्ग के दौरान किया सेक्स गर्भधारण की ज्यादा गारंटी देता है।

क्या रति-निष्पत्ति (orgasm) गर्भधारण के अवसर बढ़ाने में मददगार होती है?

कुछ लोगों का मानना है कि जो महिला अपने पुरुष साथी के स्खलन के बाद चरमोत्कर्ष को पाती है उसके गर्भधारण की संभावना ज्यादा होती है लेकिन इस विचार की सत्यता के भी कोई प्रमाण या वैज्ञानिक तथ्य नहीं है। यहाँ हम यह बता देना चाहेंगे कि संभोग के दौरान किसी महिला का चरमोत्कर्ष किसी भी गर्भधारण के लिये महत्त्वपूर्ण नहीं है। लेकिन यह गर्भाशय के संकुचन में मददगार बनकर शुक्राणु को फेलोपियन ट्यूब में भेजने में उत्प्रेरक का कार्य करता हैं।

संभोग के बाद लेटना जरूरी होता है?

गर्भधारण की बेहतर परिस्थितियों के चिकित्सकों के मत के अनुसार संभोग के पश्चात् महिला को कम-से-कम 15 मिनट लेटे रहना चाहिये। हालाँकि इस बात का कोई वैज्ञानिक सबूत नहीं हैं। चिकित्सकों के अनुसार संभोग के पश्चात् 15 मिनट या उससे ज्यादा समय तक लेटे रहने से योनि के अंदर ज्यादा मात्रा में वीर्य रुकता है और इस वजह से ज्यादा संख्या में शुक्राणु निषेचन के लिये तैयार हो पाते हैं। अन्यथा यदि संभोग के बाद महिला सीधी खड़ी हो जाती है तो वीर्य उसकी योनि से बाहर आ जाता है साथ ही कम संख्या में शुक्राणु योनि में बच पाते हैं। इसके अलावा खड़े होने पर शुक्राणु को गुरुत्व के विपरीत तैर कर ऊपर गर्भाशय में प्रवेश करने के लिये संघर्ष करना पड़ता है।

गर्भावस्था के दौरान सेक्स सम्बन्ध बनाने में मिथक

आपने शायद इन्हें सुना होगा। गर्भवती होने के दौरान यौन सम्बन्ध बनाने सम्बन्ध के बारे में मिथक आम हैं और कभी-कभी अनोखा भी। सच तो यह है कि डॉक्टर कहते हैं कि ज्यादातर मामलों में गर्भवती होने के दौरान यौन सम्बन्ध रखना पूरी तरह से सुरक्षित होता है। अगर आप अपने पति के करीब आने के मूड में हैं, तो रुकिये—आप गर्भवती हैं इस बात का ख्याल रखें। क्या बच्चे यह महसूस करते हैं? क्या यह बच्चे को चोट पहुँचाएगा? क्या मैं प्रसव में जा सकती हूँ? ये सवाल आपके मन में कौंध सकते हैं, और आखिरकार आपके मूड को खराब कर सकते हैं। लेकिन बाकी सब ये आश्वासन देते हैं, कि ज्यादातर स्थितियों में गर्भधारण के दौरान सेक्स पूरी तरह से सुरक्षित है। अपने चिकित्सक से संपर्क करके यह सुनिश्चित कर लें कि आपकी एक हाइ-रिस्क गर्भावस्था तो नहीं है। अगर गर्भपात होने या जल्दी प्रसव होने का खतरा होगा तो आपके चिकित्सक आपको यौन सम्बन्ध रखने की सलाह नहीं देंगे।

मिथकः संभोग करने से बच्चे को चोट पहुँच सकती है

सेक्स शारीरिक रूप से बच्चे को चोट नहीं पहुंचाता है। गर्भावस्था के दौरान सेक्स पूरी तरह से सुरक्षित है, जब तक आपके चिकित्सक आपको सेक्स करने की सलाह न दें - आम तौर पर जब आप आप हाइ रिस्क गर्भावस्था का सामना कर रहे होते हैं। डॉक्टर यौन सम्बन्ध रखने की सलाह तब नहीं देंगे, जब आपकी गर्भपात, अस्पष्टीकृत योनि से खून बहने, एमनियोटिक द्रव लीक होने, या एक अक्षम ग्रीवा- ग्रीवा कमजोर हो जाए बहुत जल्द ही खुल जाने की पूर्व समस्या रही हो।

मिथकः बच्चे को पता रहता है क्या हो रहा है?

बच्चे को इस बात का पता नहीं होता है, कि माँ और पिता क्या कर रहे हैं। वास्तव में, बच्चा अच्छी तरह से गर्भ थैली और गर्भाशय की मांसपेशियों द्वारा सुरक्षित रहता है। गर्भाशय ग्रीवा भी एक मोटे बलगम प्लग से बंद होता है।

मिथकः संभोग करने से मेरा गर्भपात हो सकता है

सेक्स के दौरान सेक्स और ऑर्गेजम गर्भपात का कारण नहीं होते हैं। वास्तव में, संभोग का संकुचन प्रसव के साथ जुड़े संकुचन से अलग है। फिर से, अपने डॉक्टर से जाँच कराएं और सुनिश्चित कर लें, कि आप वास्तव में एक लो-रिस्क गर्भावस्था का सामना तो नहीं कर रहे हैं। मेयो क्लीनिक के अनुसार, जल्दी गर्भपात आमतौर पर बच्चे के विकास में उत्पन्न हो रही गुणसूत्र असामान्यताएं या अन्य समस्याओं की स्थिति से संबंधित होता है।

मिथकः गर्भावस्था मेरी कामेच्छा को मार डालेगा

कई महिलाएँ वास्तव में देखती हैं, कि गर्भावस्था में उन्हें अधिक सेक्स की चाहत होती है। आपकी गर्भावस्था के विभिन्न चरणों के दौरान हार्मोनों में उतार चढ़ाव हो सकते हैं, तो आपकी कामेच्छा में भी बढ़ोत्तरी हो सकती है। चिंता, अकसर बाथरूम जाने और मॉर्निंग सिकनेस के कारण विशेष रूप से, पहले तीन महीने, नई गर्भवती माताओं के लिए थकावट वाले हो सकते हैं। दूसरी तिमाही में, ये लक्षण आमतौर पर अधिक प्रबंधनीय हो जाते हैं, और महिलाओं को सेक्स के लिए अधिक इच्छा हो सकती है। क्या आप जानते हैं महिलाएं गर्भावस्था के दौरान करीब तीन पाउंड रक्त प्राप्त करती हैं? विशेषज्ञों का मानना है कि सबसे ज्यादा रक्त प्रवाह कमर के नीचे होता है।

मिथकः गर्भावस्था मुझे यौन संक्रमित बीमारी से बचाता है

रोग नियंत्रण केंद्र के अनुसार, गर्भावस्था आपको यौन संचारित रोगों से नहीं बचाता है। गर्भावस्था के दौरान यदि आप यौन संक्रमित बीमारी के संपर्क में आते हैं, तो वह आपके बच्चे में फैल सकती है। गर्भावस्था के दौरान बच्चे में यौन संक्रममित बीमारी को रोकना है तो सिर्फ ऐसे व्यक्ति के साथ ही सेक्स करें, जो संक्रमित नहीं है और जिसने सिर्फ आपके साथ सेक्स किया हो। सीडीसी के अनुसार अगर कंडोम का सही ढंग से उपयोग किया जाये, तो उससे भी यौन संक्रमित बीमारी के खतरे को कम किया जा सकता है।

डॉक्टर से परामर्श करने में संकोच क्यों?

गर्भावस्था अनेक दम्पतियों के लिए यौन सम्बन्धों का एक अच्छा समय होता है जबकि दूसरों के लिए यह चिंता का समय होता है। आपके पति को भी शायद आप बहुत आकर्षक लगें। लेकिन उसकी इच्छा आपकी सेहत के बारे में डर, या बच्चे के बारे में फिक्र से हलकी

पड़ सकती है। गर्भावस्था के दौरान संभोग के बारे में कोई संदेह या डर के बारे में अपने डॉक्टर के साथ खुलकर चर्चा करें।

जब आप गर्भवती हों तब यौन सम्बन्ध नुकसानदायक नहीं है। एक सामान्य गर्भावस्था में आप प्रसव तक यौन सम्बन्ध बना सकती हैं बहरहाल, कुछ भारतीय समुदायों में यह आम है कि गर्भवती महिला को प्रसव के लिए उसके माता-पिता के घर भेज दिया जाता है। यह विश्वास किया जाता है कि अंतिम कुछ हफ्तों के दौरान संभोग नहीं करना चाहिए क्योंकि इससे समय से पहले प्रसव पीड़ा हो सकती है।

निम्न स्थितियों में सबसे पहले अपने डॉक्टर से सलाह करें

1. यदि आपको गर्भावस्था के दौरान रक्तस्राव जैसी कोई समस्या हो या आपका गर्भपात का इतिहास हो।
2. यदि आपने गर्भधारण के लिए कोई उपचार करवाया हो या आपकी उम्र 35 वर्ष से अधिक हो। कुछ महिलाओं में हार्मोनों में बदलाव के साथ संभोग की अधिक इच्छा जागृत होती है और कुछ में संभोग के प्रति पूरी उदासीनता होती है।
3. यदि आपने गर्भावस्था के प्रारंभ में स्पोटिंग या रक्तस्राव महसूस किया हो।
4. यदि आप या आपके पति यौन रोग से पीड़ित हों।
5. याद रखें की एक साथ अच्छा महसूस करने के लिए सहवास ही एकलौता तरीका नहीं है। जहाँ तक हो सके एक-दूसरे के साथ ज्यादा से ज्यादा समय बितायें।
6. आप एक दूसरे की मालिश करके भी अपना प्यार व्यक्त कर सकते हैं या एक साथ आराम से स्नान कर सकते हैं अथवा एक दूसरे के साथ लिपट कर सो सकते हैं।
7. अपने पति से बातचीत करें, आप कैसा महसूस करती हैं और आप दोनों में नजदीकी के लिए एक दूसरे के हाथ थामना और आलिंगन जैसे अन्य तरीके भी अपना सकती हैं।

इन क्रियाओं से बचें

1. कोमलतापूर्वक प्रेम सम्बन्ध बनायें अगर आपको तकलीफ होती है तो गहरे भेदन से बचें।
2. संभोग के दौरान किसी बाहरी वस्तु का इस्तेमाल न करें।
3. उन टबों या बिस्तरों या काऊचों पर संभोग न करें जो कमजोर हों।
4. संभोग के बाद अपने जननांग क्षेत्र को पूरी तरह से एक साफ तौलिये या टिशू पेपर से साफ करें।
5. चिकनाई युक्त क्रीम या जेल से बचें जिनसे जलन या एलर्जी हों सकती है।

मन में उठने वाले सामान्य प्रश्न

क्या संभोग से गर्भस्थ शिशु को नुकसान हो सकता है?

सम्भोग करने से आपके शिशु को नुक्सान नहीं पहुँचेगा एक गाध म्यूकस प्लग (यानि श्यश्मा पिंड) कोख के द्वार बंद कर देता है और संक्रमण से बचाव में मदद करता है पानी की थैली और गर्भाशय की माँसपेशियाँ आपके शिशु की रक्षा करते हैं।

आपके चरमोत्कर्ष के बाद आपका बच्चा हिल-डुल सकता है, लेकिन ये इस कारण है क्योंकि उसे आपका धधकता हुआ दिल महसूस होता है। यह इस कारण से नहीं है कि उसे पता है की क्या हो रहा है या इस दौरान उसे दर्द महसूस हो रहा है।

क्या सम्भोग पहले जैसा अच्छा लगेगा?

कुछ महिलाओं को गर्भावस्था के दौरान संभोग में बहुत आनंद आता है क्योंकि अब उन्हें गर्भधारण और परिवार नियोजन की कोई चिंता नहीं होती। बढ़े हुए रक्त प्रवाह का अर्थ है कि आपकी यौन सम्बन्ध की अनुभूति बढ़ गयी है। परन्तु इसी कारण कुछ महिलाओं में संभोग के बाद भारी सा प्रतीत होता है। कुछ महिलाओं को सहवास के दौरान परेशानी महसूस होती है या पेट में मरोड़ होने लगता है।

गर्भधारण के बाद मैं संभोग के प्रति उदासीन हूँ। क्या यह सामान्य है?

जी हाँ, आपके शरीर में होने वाले इतने भारी बदलावों से आपकी संभोग के प्रति संवेदना में बदलाव आ सकता है। कुछ महिलाओं में यह संवेदना पहले से अधिक हो जाती है जबकि कुछ अत्यधिक थकान या मितली आने सा महसूस करती हैं, विशेषकर पहली तिमाही में। दूसरी तिमाही में प्रायः काम प्रवृति की इच्छा अधिक जागृत होती है। परन्तु तीसरी तिमाही में यह इच्छा शिशु के जन्म, दर्द और आपके बढ़ते हुए पेट के कारण फिर से कम हो जाती है और यह भी हो सकता है की आप खुद को अनाकर्षक सा समझ रहीं हों ।

क्या इस दौरान मेरे पति की संभोग संवेदनशीलता बदलेगी?

अधिकांश पुरुषों को अपनी गर्भवती पत्नियाँ बहुत आकर्षक लगती हैं परन्तु उनकी संभोग के प्रति इच्छा पत्नी और शिशु के स्वास्थ्य, पिता बनने के भोज के भय, यह भावना कि इससे शिशु को नुकसान हो सकता है अथवा अपने अजन्मे बच्चे की मौजूदगी में ऐसा करने के बारे में स्वचेतना से कम हो सकती है।

8

गर्भपात

जो भ्रूण स्वतंत्रतापूर्वक जीने में अक्षम होते हैं उनका किसी कारण से निकास हो जाता है, यह प्रक्रिया गर्भपात कहलाता है। कभी-कभी स्वस्थ भ्रूण का भी किसी कारण से कृत्रिम तरीके से निष्कासन कराया जाता है, इसे विफल प्रसव की संज्ञा दी जाती है। विफल प्रसव भी एक प्रकार का गर्भपात ही है। विफल प्रसव और गर्भपात दोनों में मात्र नैतिक अन्तर है। विफल प्रसव कुछ अर्थों में आपराधिक प्रसव होता है। यह कृत्रिम रूप से करवाया गया गर्भपात होता है। गर्भपात एवं विफल प्रसव को प्रसव का ही छोटा रूप माना जा सकता है। आरम्भिक सप्ताहों में यदि भ्रूण की मृत्यु हो जाती है तो गर्भपात हो जाता है। छठे या सातवें मास में असामान्य गर्भाशयी क्रियाशीलता के कारण भी भ्रूण का निकास हो सकता है।

गर्भपात, परिपक्वता अवधि से पूर्व गर्भ के समापन की अवस्था है जिसमें गर्भाशय से भ्रूण स्वतः निष्कापित हो जाता है या कर दिया जाता है। इसके परिणामस्वरूप गर्भावस्था की समाप्ति हो जाती है। सामान्यतया गर्भपात मानव गर्भ को जबरन समाप्त किये जाने को इंगित करता है।

गर्भ में 20 हफ्तों का समय पूरा करने से पहले जन्म लेने वाला बच्चा जीवित नहीं रह सकता। इसे गर्भपात कहते हैं। हर दस गर्भ में से एक गर्भ का नतीजा गर्भपात होता है। 20 हफ्तों से 36 हफ्तों में पैदा होने वाला बच्चा (अपूर्ण काल-कालपूर्व पैदा हुआ) सही हालातों में बच सकता है। गर्भपात नुकसानदेह होते हैं। इनके दौरान खून बहने से मौत भी हो सकती है। इस अध्याय में हम गर्भपात के बारे में जानेंगे।

गर्भपात के प्रमुख कारण

इसका सबसे सामान्य कारण है कि निषेचित अण्डे के साथ कुछ गड़बड़ी होती है। इसके बावजूद यदि अंडा (डिम्ब) बढ़ता और विकसित होता है, तो उसके परिणामस्वरूप पैदा होने वाला शिशु शारीरिक रूप से विकलांग होता है। इसलिए कभी-कभी गर्भपात ऐसे असामान्य जन्म को रोकने का उपाय है। यदि महिला को मलेरिया या सिफलिस जैसी गंभीर बीमारी हो, वह गिर गयी हो या उसके जननांगों में समस्या हो, तो भी गर्भपात हो सकता है। कभी-कभी

अपरिपक्व प्रसव के लक्षण

1. पीठ के निचले भाग में दर्द और दबाव।
2. नितम्बों पर दबाव
3. योनि से पानी जैसा गुलाबी अथवा भूरा स्राव होता है।
4. माहवारी जैसे क्रैम्पस, घबराहट, डायरिया या बदहजमी।
5. योनि के मैम्ब्रेन का फटना।

अण्डा गर्भाशय के बदले कहीं अन्यत्र, सामान्यतया गर्भ-नलिकाओं में निषेचित होने से भी गर्भपात होता है। ऐसे गर्भ निश्चित रूप से गिर जाते हैं और तब स्थिति खतरनाक हो सकती है। गर्भपात होने के प्रमुख कारण निम्नलिखित हैं–

1. नाड़ियों के उद्दीपन से,
2. अधिक थकान होने से,
3. सीसा की विषाक्ता से,
4. कुनीन लेने से,
5. विटामिन ई की कमी होने से,
6. फोलिक अम्ल की कमी से,
7. हार्मोन के असन्तुलन से,
8. थायराइड ग्रन्थियों की कम क्रियाशीलता से,
9. संवरणी पेशियों की क्षमता के ह्रास से,
10. गर्भाशय का स्थान च्युत होने से,
11. गर्भाशय में ट्यूमर आदि होने से,
12. संवेगात्मक आघात अथवा सदमे से,
13. रक्त अल्पता, हृदय की बीमारी, श्वास सम्बन्धी रोग, दमा, उच्च रक्त चाप, मधुमेह, आर. एच. कारक आदि से,
14. गुप्त रोग होने के कारण,
15. भ्रूण विकृत हो और उसके सिर में पानी एकत्रित हो जाने से,
16. गर्भाशय पर प्रत्यक्ष चोट लगने से जैसे–हिंसा, मार-पीट, गिरने पर, दुर्घटना होने पर आदि,
17. गर्भाशय के अन्दर किसी प्रकार के तेज उपकरण के प्रवेश से,
18. रक्त प्रवाह में बाधा पहुँचने पर।

उपरोक्त कारणों के अध्ययन से यह स्पष्ट है कि गर्भपात के कारणों को मुख्य तौर पर तीन भागों में विभक्त किया जा सकता है–भ्रूण सम्बन्धी, माता सम्बन्धी एवं पिता सम्बन्धी। प्रथम भाग में गर्भपात शून्य से दसवें सप्ताह तक होता है। जिसमें सूत्रों में विकृति, पोषक तत्त्वों द्वारा उर्वरण के बाद अन्तःस्तर में जमने की क्षमता का अभाव आदि आते हैं। दूसरे भाग में माता की बीमारियों, प्रजनन अंगों का विकार जैसे–स्थान च्युतता, गर्भाशयी विकार आदि; मनोवैज्ञानिक कारण जिसमें वातावरण के तनाव से प्रमस्तिष्क से स्राव होने लगता है, आदि आते हैं। यह नाड़ियों के जाल से घिरा रहता है जो पीयूष ग्रन्थियों के निकट सम्पर्क में होते हैं। इनमें विशेष प्रकार के रस होते हैं जो पीयूष के हार्मोन के स्राव को नियन्त्रित करते हैं। इससे गर्भाशय की क्रियाशीलता पर प्रभाव पड़ता है एवं गर्भपात हो जाता है। पिता सम्बन्धी कारणों के अन्तर्गत विकृत शुक्राणु, विकृत गुणसूत्र आदि आते हैं। 20% गर्भपात इसी के कारण होते हैं।

गर्भपात के प्रकार (Types of Abortion)

सभी गर्भ सामान्यतया नौ महीने (40 सप्ताह) नहीं ठहरते और न ही शिशु का जन्म होता है। कुछ मामलों में गर्भ खुद गिर जाता है। इसे गर्भपात कहा जाता है। गर्भपात के दो मुख्य लक्षण होते हैं-

योनि से रक्तस्राव और पेट के निचले हिस्से में दर्द। शुरुआत में रक्तस्राव बहुत कम होता है, लेकिन बाद में यह तेज हो जाता है और जल्दी ही खून के थक्के दिखाई देने लगते हैं। रक्तस्राव और दर्द, विशेषकर आरंभिक गर्भपात के दौरान आमतौर पर वैसे ही होते हैं जैसा कि मासिक-धर्म के दौरान होता है। गर्भपात सामान्यतौर पर 26वें सप्ताह से पहले होता है। कुछ मामलों में शल्य क्रिया के जरिये गर्भ खत्म किया जाता है।

स्वतः गर्भपात

स्वतः गर्भपात, जिसे गर्भ विफलता भी कह सकते हैं, गर्भावधि के 24वें सप्ताह के पूर्व ही गर्भ निष्कासन के कारण घटित होता है। ऐसा गर्भ जो 37 हफ्तों के पूर्व ही जीवित शिशु प्रसव के साथ समाप्त हो जाए उसे अपरिणत प्रसव (premature birth), अकाल प्रसव या कालपूर्व प्रसव कहा जाता है। गर्भ में परिपक्वता अवधि के पश्चात अथवा प्रसव के दौरान जब भ्रूण की मृत्यु हो जाय तो उसे सामान्यतया मृत प्रसव (stillbirth) या मृतशिशु प्रसव कहा जाता है। बावजूद इसके कि कभी-कभी इन पदों का प्रयोग एक दूसरे में गड्डमड्ड हो सकता है, अकाल प्रसव और मृत-प्रसव सामान्यतः गर्भ विफलता के तौर पर नहीं माने जाते।

कृत्रिम गर्भपात

ऐसा अनुमान है कि पूरे विश्व में लगभग 20 करोड़ गर्भधारण की प्रक्रिया प्रति वर्ष घटित होती है। इनमें से लगभग एक तिहाई अनैच्छिक होते हैं और लगभग हर पाँचवें की परिणति जबरन गर्भपात में है। अधिकतर गर्भपात की घटनाएँ अनैच्छिक गर्भधारण के कारण होती हैं। गर्भ को कई तरीकों से समाप्त किया जा सकता है। गर्भपात का तरीका भ्रूण की गर्भावधि पर निर्भर करता है कि जो कि गर्भ की अवधि बढ़ने के साथ आकार में विकसित होता रहता है। कुछ विशिष्ट प्रक्रियाओं का चयन वैधता, स्थानीय उपलब्धता के साथ-साथ चिकित्सक और मरीज की वरीयता के आधार पर भी किया जा सकता है।

गर्भपात के प्रकार

1. आदतन गर्भपात
2. चिकित्सीय गर्भपात
3. सम्भाव्य गर्भपात
4. अनिवार्य गर्भपात
5. अपूर्ण गर्भपात
6. पूर्ण गर्भपात
7. अप्राप्त या लुप्त गर्भपात
8. प्रेरित गर्भपात
9. पूती भूत गर्भपात।

पेट में खिंचाव

पेट में खिंचाव पीड़ा विहीन होते हैं और दसवें हफ्ते में ही शुरू हो जाते हैं परन्तु पूरी तरह वे अन्तिम ट्रिमस्टर में ही उभरते हैं। जब ये खिंचाव जल्दी और ज्यादा होने लगते हैं तो कभी-कभी उसे प्रसव की प्रारम्भावस्था मान लेने की भूल भी हो जाती है।

चेतावनी संकेत–गर्भ को खतरे की सूचना देने वाले कौन-कौन से लक्षण होते हैं? निम्नलिखित संकेतों को गम्भीर स्थिति का सूचक माना जा सकता है–(1) योनि से रक्तस्राव या धब्बे लगना (2) अचानक वजन बढ़ना (3) लगातार सिर में दर्द (4) दृष्टि का धूमिल होना (5) हाथ-पैरों का अचानक सूजना (6) बहुत समय तक उल्टियाँ (7) तेज बुखार और सर्दी लगना (गर्भ की प्रारम्भिक स्थिति में अचानक पेट में तेज दर्द (9) भ्रूण की गतिविधि को महसूस न करना।

योनि से रक्त स्राव अथवा धब्बे किसके सूचक हैं? प्रारम्भिक महीनों में योनि से रक्त स्राव या धब्बे लगने के साथ-साथ पेट में दर्द भी हो तो उसे सम्भावित गर्भपात की चेतावनी माना जा सकता है। बाद के महीनों में यदि रक्त स्राव होता है तो उसे इसका संकेत माना जा सकता है कि बीजाण्डासन (प्लैसैन्टा) बहुत नीचे है अथवा वह गर्भाशय की दीवारों से अलग हो गया है।

अचानक वजन बढ़ना, लगातार सिर दर्द, धूमिल दृष्टि, हाथ पैरों में अचानक सूजन आना किस चीज के संकेत है? ये लक्षण गर्भकाल में उच्च रक्त चाप के जिसे कि टौक्सीमिया भी कहा जाता है, उसके सूचक हो सकते हैं। ऐसे लक्षण होने पर महिला को रक्तचाप सामान्य करने के लिए अथवा भ्रूण परीक्षण के लिए अस्पताल में भर्ती कराने की जरूरत पड़ सकती है। टौक्सीमिया से कई कठिनाइयाँ हो सकती हैं जैसे कि भ्रूण की अपर्याप्त वृद्धि, अपरिपक्व प्रसव या प्रसव के दौरान भ्रूण पर संकट।

गर्भकाल में तेज बुखार खतरनाक क्यों होता है? ठंडी कंपकंपी के साथ तेज बुखार अथवा बिना सर्दी के तेज बुखार इस बात का संकेत हो सकता है कि भ्रूण के आस-पास के मैमब्रेन्स में सूजन है जिसे कि एम्निओनिटिस भी कहते हैं। यह भ्रूण के लिए विशेषकर खतरनाक होता है और इसके परिणामस्वरूप अपरिपक्व प्रसव भी हो सकता है।

आदतन गर्भपात

एक के बाद एक करके जब दो तीन बार लगातार गर्भपात हो जाते हैं तब उसे आदतन गर्भपात की संज्ञा दी जाती है। आदतन गर्भपात का कारण मुख्यतः प्रोजेस्टीरोन का अभाव होता है। आंतरिक संवरणी जो गर्भाशय के मध्य की ओर पाई जाती है, कभी-कभी ढीली हो जाती है जिससे भ्रूण रूकता नहीं है और फिसलकर ग्रीवा तक आ जाता है। इसमें प्रसव पीड़ा नहीं होती है।

कुछ महिलाओं में लगातार गर्भपात होता है। गर्भ धारण के शुरू में एक या दो बार गर्भपात होने के बाद महिला को चिंता नहीं करने की सलाह देना चाहिए। लेकिन तीसरी और चौथी बार देर से गर्भपात होने पर महिला को किसी चिकित्सक से संपर्क करने के लिए प्रोत्साहित करना चाहिए, ताकि यह पता चल सके कि ऐसा क्यों हो रहा है।

निवारण

इसके उपचार के लिए निम्नलिखित कदम उठाये जा सकते हैं–

1. असंतुलित भोजन से भी ऐसा होना संभव है अतः रोगी को पर्याप्त भोजन देना चाहिए और रोग के मूल कारण का भी पता लगाना चाहिए।
2. रोगी को यथासंभव यात्रा पर जाने, लैंगिक सम्पर्क तथा अधिक परिश्रम करने आदि से बचाना चाहिए।
3. इसके अलावा चिकित्सक से परामर्श करते रहना चाहिए और आवश्यक होने पर गर्भवती को अस्पताल में भर्ती करवाने में भी नहीं हिचकिचाना चाहिए।

4. आदतन गर्भपात को रोकने के लिए एक विशेष प्रकार की रिंग का प्रयोग किया जाता है। जिसको ग्रीवा के मुँह पर लगा देते हैं। इससे भ्रूण फिसलकर बाहर नहीं आ पाता है।
5. इस स्थिति में रोगी को पूर्ण विश्राम तो देना ही चाहिए, साथ ही साथ मानसिक ढांढस भी बंधाना चाहिए।

दूसरे तिमाही का गर्भकोश पानी भरे थैली के साथ गर्भपात

गर्भ के किसी गड़बड़ी या दुर्घटना के कारण अपने आप गर्भपात हो जाता है। अपने आप होने वाले गर्भपातों में से एक तिहाई सदोष भ्रूण के कारण होते हैं। प्राकृतिक गर्भपातों की चिकित्सीय लक्षणों के अनुसार सम्भावित, अपरिहार्य (जिससे बचना सम्भव नहीं), अपूर्ण और लीन गर्भपातों में बाँटा जाता है। इन सभी में अस्पताल में दाखिल किया जाना जरूरी है।

चिकित्सकीय गर्भपात

यदि गर्भवती स्त्री की जान पर आ बनी हो तथा गर्भपात करवाने से उसका जीवन सुरक्षित हो सकता है; गर्भवती स्त्री के शरीर में विद्यमान गर्भ से अन्य बच्चों के शारीरिक और मानसिक स्वास्थ्य पर असर होता है और यदि भ्रूण के पैदा होने पर गम्भीर विकृति और शारीरिक तथा मानसिक रूप से विकलांग होने की संभावना हो तो इन सभी स्थितियों में गर्भपात करवाना हितकर होता है। इस प्रकार करवाए गए गर्भपात को चिकित्सकीय प्रसव की संज्ञा दी जाती है।

आजकल कानूनन गर्भपात भी किया जाता है। यदि गर्भवती स्त्री हृदय की बीमारी से पीड़ित है, उच्च रक्तचाप अथवा गुर्दे की रोगी है तो इस स्थिति में भी गर्भपात करवाना लाभदायक होता है। फेफड़ों के रोग, कैंसर तथा यकृत की बीमारी के समय गर्भावस्था की वृद्धि से माता का जीवन खतरे में पड़ जाता है और मृत्यु तक संभव होती है। इसलिए इस अवस्था में गर्भपात आवश्यक होता है। गर्भिणी यदि वायरस रोग से पीड़ित है तो वह भ्रूण तक सहजता से पहुँच सकता है। रीज़ूस कारक, आनुवंशिक रोग, पागलपन आदि के कारण बालक विकलांग या असामान्य है तो इस स्थिति में भी गर्भपात करवाना आवश्यक हो जाता है।

निवारण

इसके प्रमुख उपचार निम्नलिखित हैं–

1. इस अवस्था में रोगी को पूर्ण विश्राम देना चाहिए।
2. रक्त, शर्करा, रक्तचाप, रक्त समूह का परीक्षण करवाना चाहिए।
3. आवश्यकता होने पर एक्स-रे भी करवाना चाहिए।

पहले ट्रिमस्टर के गर्भपात करने के चिकित्सकीय विधियाँ

इसमें मुख्यतः प्रोस्टाग्लेन्डिन नामक ड्रग समूह की दवाओं का प्रयोग किया जाता है जिसमें मुख्यतः प्रोस्टाग्लेन्डिन नामक ड्रग समूह की दवाओं का प्रयोग किया जाता है

पहले ट्रिमस्टर में गर्भपात कराने की विधि

पहले ट्रिमस्टर में किए जा सकने वाले गर्भपात है।
ग्रीवा को ढीला करके गर्भाशय को खाली करना।
क्युरेटैज-सॅक्शन इवैक्युरेशन-वैक्युम एसपिरेशन-डिलेटेशन और खाली करना
माहवारी एसपिरेशन (एम आर)
चिकित्सकीय विधियाँ

जिसका अनेक मार्गों से उपयोग किया जा सकता है जैसे कि मुख (जिन्हें एबोरशन पिल कहते हैं), इन्टरामस्कुलर, इन्टराबीनस या योनि में इन्जैक्शन द्वारा। इन दवाओं को अकेले अथवा कुछ दवाओं के साथ मिलाकर दिया जाता है।

1. **मैथोट्रक्सेंट-मिसोप्रोस्टल विधि**–महिला को मैथोट्रक्सेट का इन्जैक्शन दिया जाता है। पाँच से सात दिन के बाद वह वापिस आती है और उसे योनि में डालने के लिए मिसोप्रोस्टल की गोलियां दी जाती है। एक दो दिन के बाद घर पर ही गर्भ समाप्त हो जाता है। गर्भ के दौरान जो भ्रूण एवं अन्य टिशु पैदा हुए थे वे योनि द्वार से बाहर निकल जाते हैं।
2. **मिफेप्रिस्टोन-मिसोप्रोस्टल विधि**–मिफेप्रिस्टोन को आर यू - 486 भी कहते हैं, यह एन्टीप्रोजेस्ट्रोन होता है। महिला मिफेप्रिस्टोन का एक डोस खाती है पाँच से सात दिन में लौटकर अपनी योनि में मिसोप्रोस्टल की गोलियां डालती है। चार घन्टे के अन्दर घर पर ही गर्भ समाप्त हो जाता है। गर्भ के दौरान जो भ्रूण या अन्य टिशु पैदा हुए थे वे योनि द्वार से बाहर निकल जाते हैं।

सम्भाव्य गर्भपात

गर्भावस्था के प्रथम अट्ठाइस सप्ताह की अवधि में यदि योनि मार्ग द्वारा रक्त स्राव होने लगता है, इस स्थिति में ऐसा संभव है कि गर्भाशयी पेशी संकुचन विमोचन से रहित हो, तो गर्भपात होना सम्भव होता है। भयभीत होने से आघात अवश्य लगता है लेकिन यह आवश्यक नहीं है कि गर्भपात हो ही जाएगा। यदि इस अवस्था में रोगी की देख-रेख ध्यानपूर्वक की जाए और उसको पूर्ण विश्राम दिया जाए तो गर्भपात की सम्भावना कम हो जाती है। इस स्थिति में यदि रक्त स्राव के साथ पीड़ा भी होती है तो स्थिति को गम्भीर समझना चाहिए। इस अवस्था में यदि ग्रीवा का विस्फारण नहीं हुआ है तो स्थिति में सुधार लाया जा सकता है।

अगर गर्भपात के समय योनि में से खून निकले और पेट में ऐंठन वाला दर्द हो (बच्चेदानी के सिकुड़ने से) परन्तु गर्भाशयग्रीवा बन्द रहे तो यह सम्भावित गर्भपात है। कभी-कभी इलाज के बिना भी गर्भपात की यह प्रक्रिया रुक सकती है और गर्भावस्था आगे चल सकती है। कभी-कभी यह बिगड़कर अपरिहार्य गर्भपात में बदल सकता है। सोनोग्राफी की तकनीक से कारण का सही पता चल सकता है।

सम्भावित गर्भपात में अस्पताल में इलाज कराना चाहिये। गर्भाशय के मांसपेशियों को ढीला करने वाली दवाएँ जैसे आईसोक्सस्प्रिन और पूरा आराम सम्भावित गर्भपात के आम इलाज हैं। प्रोजेस्टेरोन और एचसीसी भी इस्तेमाल होते हैं। सम्भावित गर्भपातों में से आधों में सामान्य गर्भावस्था बहाल हो जाती है।

निवारण

सम्भाव्य गर्भपात के प्रमुख

1. रोगी को पूर्ण विश्राम करने देना चाहिए। उसके कम से कम पाँच दिनों तक पूर्ण शारीरिक और मानसिक विश्राम की व्यवस्था करना आवश्यक है।
2. इसके अतिरिक्त अल्ट्रासोनिक उपकरण द्वारा उसकी परीक्षा करके भ्रूण का आकार, हृदय की धड़कन आदि के सन्दर्भ में निश्चय किया जा सकता है।

अनिवार्य गर्भपात

कभी-कभी गर्भाशय बिना किसी सहायता के ही अपने अन्दर समाहित पदार्थों को बाहर कर देता है। इसे अनिवार्य गर्भपात की संज्ञा दी जाती है क्योंकि यह अपरिवर्तनीय प्रक्रिया होती है। इसमें योनि मार्ग द्वारा रक्त-स्राव के अलावा नियमित पीड़ादायक गर्भाशयी संकुचन होने लगता है। जिससे ग्रीवा विस्फारित हो जाती है, उल्वा निकल जाता है। इस अवस्था में रक्त स्राव की मात्रा अधिक होती है और रक्त चमकीले लाल रंग के थक्कों सहित निकलता है।

निवारण

इसके प्रमुख उपचार निम्नलिखित हैं–

1. यदि बिना गर्भपात के ही रक्त स्राव तीव्र हो जाता है तो रोगी को बेहोश करके चूषण क्रिया करवानी चाहिए। इसमें रक्त भी चढ़ाया जा सकता है।
2. रोगी को पर्याप्त विश्राम करना चाहिए। इसमें ज्यादा मौकों पर भ्रूण की मृत्यु हो जाती है। इसलिए हार्मोन के इन्जेक्शन से कोई लाभ नहीं पहुँचाया जा सकता।

अपूर्ण गर्भपात

अपरा का कुछ अंश या अन्तःस्तर का कुछ अंश यदि गर्भाशय में ही रह जाता है तो उसको अपूर्ण गर्भपात कहते हैं। यह संक्रामक भी हो सकता है। इससे रोगिणी को अधिक आधात पहुँचता है। इसमें रक्त स्राव तीव्र भी हो सकता है एवं उसके विषाक्त होने का भी डर रहता है। परिस्थिति के अनुरूप रक्त दान की स्थिति भी उत्पन्न हो सकती है।

कभी-कभी गर्भपात पहले से ही हो चुका होता है पर वो अपूर्ण होता है। जिसका अर्थ है कि भ्रूण या पूंछ का कुछ हिस्सा अभी भी गर्भाशय के अन्दर ही रह गया होता है। इससे गर्भाशय के सिकुड़ने में रुकावट आती है और इसमें से खून निकलने लगता है। खून बहुत ज्यादा निकल सकता है और यह जानलेवा भी हो सकता है। गर्भाशय की पूरी सफाई अर्थात् क्युरेटिंग ही इन मामलों में पूरा इलाज है।

कोई गर्भपात उस समय अपूर्ण होता है, जब भ्रूण या प्लेसेंटा का कोई भाग गर्भ में रह जाता है। गर्भ धारण के 10वें और 20 वें सप्ताह के बीच में होने वाला गर्भपात अकसर अपूर्ण रह जाता है। उस हालत में रक्तस्राव जारी रहता है और गर्भ में बच गये ऊतकों में संक्रमण की आशंका बनी रहती है, जिससे बुखार और पेट में दर्द होता है। जब कोई गर्भपात अपूर्ण होता है, तब गर्भाशय को किसी प्रशिक्षित स्वास्थ्यकर्मी द्वारा किसी अस्पताल या क्लिनिक में जल्द से जल्द पूरी तरह साफ कर देना चाहिए। यदि संक्रमण का तत्काल इलाज नहीं किया जाये, तो गर्भ नलिकाओं के छिलने का खतरा बढ़ जाता है, जिससे महिला की प्रजनन क्षमता ही खत्म हो सकती है। यदि किसी महिला को गर्भपात के बाद संक्रमण के लक्षण दिखाई दे, तो उसे तत्काल पूरी जाँच करानी चाहिए।

निवारण

1. इस स्थिति में रोगी को बेहोश करके गर्भाशय को साफ किया जाता है। इसके निमित रोगी को चिकित्सालय में भर्ती कराना तथा उसे पूर्ण विश्राम देना अत्यन्त आवश्यक है।
2. ग्रीवा से शेष पदार्थों को फार्सेप्स की सहायता से निकाला जा सकता है।

पूर्ण गर्भपात

पूर्ण गर्भपात में गर्भाशय में विद्यमान पदार्थ पूर्णरूप से निष्कासित हो जाते हैं, दर्द भी कम हो जाता है और रक्तस्राव भी कुछ दिन बाद स्वयं ही बन्द हो जाता है। पूर्ण गर्भपात के बाद गर्भाशय धीरे-धीरे छोटा होकर संकुचित हो जाता है तथा कुछ दिनों के बाद सामान्य आर्तव चक्र पुनः आरम्भ हो जाता है।

निवारण

1. इस अवस्था में बिस्तर पर पूर्ण विश्राम करना चाहिए।
2. कभी कभी इससे दर्द तथा स्राव से मुक्ति मिलना संभव है।

लुप्त प्रसव

इस प्रकार के गर्भपात में भ्रूण की मृत्यु होने के बाद भी कई अंकुरों के मध्य रक्त स्राव होने लगता है तथा थैली के चारों ओर इकट्ठा होने लगता है। उल्व स्थिर रहता है लेकिन चारों ओर रक्त का तालाब बन जाता है। इसमें योनि मार्ग द्वारा रक्त स्राव होता है। लेकिन अन्य गर्भावस्था की भांति विकास होता नहीं दिखाई देता। गर्भाशय का आकार स्थिर रहता है, ग्रीवा कस कर बन्द रहता है तथा भूरे रंग के तरल पदार्थ का स्राव होता रहता है।

निवारण

1. इस स्थिति में रोगिणी को चिकित्सालय में भर्ती करवाना जरूरी है। वहाँ चिकित्सक की सहायता से गर्भाशय की सफाई करवाना चाहिए।
2. इसमें ऑक्सिटोसिन इन्जेक्शन भी दिया जाता है।

प्रेरित गर्भपात

प्रेरित गर्भपात को अपराधी गर्भपात की संज्ञा भी दी जाती है। इस तरह का गर्भपात विवशता में कराया जाता है। गर्भ को यथाशीघ्र साफ करवाने की कोशिश में सफाई, सुरक्षा एवं निसंक्रामकता पर अधिक ध्यान नहीं दिया जाता जिससे संक्रमण सरलता से होना संभव है। इसमें पीड़ा के अतिरिक्त रक्त स्राव भी अधिक होता है।

गैर-कानूनी गर्भपात, अप्राकृतिक गर्भपात है जो अप्रशिक्षित और अनाधिकृत व्यक्ति या संस्थानों द्वारा किया गया हो। इसलिए एमटीपी (जिसके बारे में हम बाद में बात करेंगे) के अलावा किए गए सभी प्रेरित गर्भपात गैर-कानूनी गर्भपात हैं। गैर-कानूनी गर्भपात के लिए कानून में कड़ी सजा है और इस अपराध के लिए जेल भी हो सकती है। इसके बावजूद बड़ी तादाद में गैर-कानूनी गर्भपात किए जाते हैं। गैर-कानूनी गर्भपात बड़ा खतरनाक या जानलेवा साबित हो सकता है। बच्चेदानी फटना, अत्यधिक रक्तस्राव, संक्रमण सभी प्रकार के खतरे इसमें मौजूद हैं।

इनमें से कई एक गर्भपात सामाजिक रूप से अवांछित गर्भाधान से जुड़े होते हैं - जैसे छोटी बच्चियों के, या शादी के बाहर के सम्बन्ध से या बलात्कार के कारण गर्भधारण होने पर करवाए जाते हैं। पुरुष प्रधान समाज में डर, अपराध बोध और गोपनीयता के कारण महिला इस तरह गलत तरीकों से गर्भपात करवाने पर मजबूर हो जाती है। वे पैसे या जानकारी की कमी के कारण भी खतरा उठाने पर मजबूर हो जाती हैं। दुर्भाग्य से एमटीपी की सुविधाएँ बहुत कम और शहरों में ही उपलब्ध हैं। (दूरदराज में उपलब्ध नहीं) गर्भपात कराने अस्पताल पहुँचने से भी वहाँ के लोगों का बर्ताव अकसर ठीक नहीं होता। इस कारण भी महिलाएँ वहाँ जाना पसन्द नहीं करती।

निवारण

1. इस प्रकार के गर्भपात करवाने से पहले रोगी को उच्च एण्टीबायोटिक देना देना चाहिये है।
2. उसके बाद ही इस सम्बन्ध में शल्य चिकित्सा करनी चाहिए।

गर्भपात के गलत तरीके

हार्मोन के इंजेक्शन–गर्भपात के लिए हार्मोन, खासकर इपीफोर्ट के इंजेक्शनों का इस्तेमाल बहुत आम है। बहुत-से डॉक्टर इनका इस्तेमाल जानते हुए या अनजान होने के कारण में करते हैं। इपीफोर्ट से गर्भपात तो नहीं हो सकता परन्तु गर्भ में बढ़ रहे शिशु में गड़बड़ियाँ आ सकती हैं। जिस कारण से फिर गर्भपात किया जाना जरूरी हो जाता है। इसका इस्तमाल कभी न करें।

नुकीली चीज से गर्भपात–गैरकानूनी गर्भपात में लकड़ी या और कोई नुकीली चीज गर्भाशय में घुसाना सामान्य तरीका है। इससे गर्भाशय या पेट में स्थित अन्य अंगों को चोट लग सकती है। ऐसी चोट लगना बहुत ही गम्भीर स्थिति होती है। गैरकानूनी गर्भपात में संक्रमण या मृत्यु हो जाना बहुत आम है।

गर्भपात कराने वाली जड़ी-बूटियाँ–भारत में गर्भपात की सामाजिक जरूरत के कारण गर्भपात के लिए जड़ी-बूटियों का इस्तेमाल भी काफी अधिक किया जाता है। ऐसी किसी भी जड़ी-बूटी को चिकित्सा शास्त्र में शामिल किए जाने से पहले इसके बारे में पूरी बैज्ञानिक जानकारी होना काफी जरूरी है। कुछ जड़ी-बूटियाँ आज चिकित्साशास्त्र में इस्तेमाल हो रहे तरीकों के हिसाब से ज्यादा सुरक्षित हो भी सकती हैं। पर इनका पहले वैज्ञानिक अध्ययन किया जाना चाहिए। तबतक इनको इस्तेमाल न करना उचित होगा।

वैद्यकीय गर्भपात (एम.टी.पी. – मेडिकल टर्मिनेशन ऑफ प्रेग्नेन्सी)

गर्भपात के बारे में काफी गलतफहमियाँ हैं। इसी कारण महत्त्वपूर्ण निर्णय लेने में कठिनाई होती है। गर्भपात के बारे में उचित जानकारी आवश्यक है। यह जानकारी आप लें तथा जरुरतमंद दंपत्तियों को भी बतलाएँ। कुछ गर्भपात प्राकृतिक होते हैं। गर्भधारण के 20 सप्ताहों तक प्राकृतिक गर्भपात हो सकता है। 20 सप्ताहों तक गर्भ गर्भाशय के बाहर जीवित नहीं रह सकता। तदनंतर गर्भ जी सकता है।

कभी-कभी कृत्रिम गर्भपात करना पड़ता है। इसके लिये सुरक्षित तथा वैद्यकीय पद्धतियाँ हैं। चोरी छुपे और जान जोखिम में डालकर गर्भपात करवाने की कोई जरुरी नहीं होती। लेकिन वैद्यकीय गर्भपात सिर्फ 20 हफ्तों तक ही किया जा सकता है। तदनंतर गर्भपात करवाना अवैध तथा असुरक्षित है।

एम.टी.पी. कौन करवा सकता है?

कोई भी 18 साल से बड़ी उम्रवाली महिला किसी भी जायज कारण से बिना किसी की रजामन्दी से अपनी इच्छा से एम.टी.पी. करवा सकती है। नाबालिग या मानसिक रुप से विकल लड़कियों के लिए माँ या बाप का रजामन्दी और या अभिभावक की उपस्थिति जरूरी है।

गर्भपात के लिये वैध कारण

1. कानून के अनुसार गर्भपात के कानूनी कारण इस प्रकार हैं।
2. गर्भनिरोधक पद्धतियों के प्रयोग के बावजूद गर्भधारण होना।
3. व्यंग जैसे प्राकृतिक कारण से भी गर्भपात होते हैं

4. सामाजिक दृष्टि से अस्वीकार्य गर्भधारण उदाः बलात्कार या परिवारिक अत्याचारों के कारण गर्भधारण।
5. सदोष गर्भ होने की संभावना, जिसे सोनोग्राफी या अन्य तकनीकों से पता लगाया जा सकता है।
6. स्त्री गर्भ होना गर्भपात का कारण कतई नहीं हो सकता। एच.आई.बी. या एड्स ग्रस्त माता इसी कारण गर्भपात करवा सकती है।
7. गर्भधारण से स्त्री के स्वास्थ्य को संभवतः खतरा होना। उदाः पीलिया या दिल की बिमारी।
8. महिला के मानसिक बिमारी के चलते बच्चे को पालने की क्षमता न होने पर गर्भपात करवा सकते हैं।

पूती भूत गर्भपात

पूती भूत गर्भपात एक तरह का अंताक्षिक सुरक्षा प्रेरिक गर्भपात है। अनैच्छिक गर्भपात के समय ज्यादातर संक्रमण होने का डर रहता है। अपूर्ण एवं प्रेरित गर्भपात में भी यह हो जाता है। इस अवस्था में पहले ज्वर तथा कंपन होते हैं, नाड़ी की गति 120 प्रति मिनट हो जाती है तथा योनि मार्ग से बदबूदार स्राव आने लगता है। स्राव का रंग गुलाबी होता है। जो थक्केदार भी होता है।

निवारण

इसके प्रमुख उपचार निम्नलिखित हैं–

1. इस प्रकार की रोगी को एण्टीबायोटिक औषधियाँ दी जाती हैं जिससे संक्रामक जीवाणुओं पर कावू पाया जा सके।
2. रक्त व मूत्र का परीक्षण करवाया जाता है।
3. इस अवस्था में खून की कमी का होना सम्भव है इसलिए रक्त का ध्यान रखना भी आवश्यक है। रक्ताल्पता को समाप्त करने के लिए 'लोहतत्व' (आयरन) की गोलियाँ भी दी जाती हैं।

अस्थानिक-गर्भ

अस्थान का अर्थ है अपनी सही जगह से हटकर। गर्भाशय से बाहर किसी भी जगह में गर्भावस्था अस्थान गर्भ कहलाती है। अस्थान गर्भ की सबसे आम जगह फैलोपियन ट्यूब (डिम्बवाही नली) है। कभी-कभी यह अण्डाशय में भी हो सकती है। ऐसा ट्यूब के आंशिक रूप से बन्द होने के कारण हो सकता है। अकसर इसका कारण श्रोणी प्रदाहक रोग होता है। इस अधखुली स्थिति में शुक्राणु तो छोटे होने के कारण ट्यूब में अन्दर तक जा सकते हैं। परन्तु अण्डाणु इससे बहुत बड़ा होने के कारण बाधा पार नहीं कर पाता। शुक्राणु अण्डे को निषेचित कर देते हैं। निषेचित अण्डाणु फैलोपियन नली में ही अटका रह जाता है। इस कारण उसी जगह पर गर्भावस्था शुरू हो जाती है। नली में क्योंकि सीमित जगह ही होता है वह लगभग 6 सप्ताह में फट जाता है। इसका परिणाम यह है कि खूब सारा बहा हुआ खून पेट में इकट्ठा हो जाता है। अस्थानिक गर्भ एक बहुत ही खतरे वाली स्थिति होती है।

कभी-कभी अस्थान गर्भ होते हुए भी पेट में दर्द और हल्के धब्बों के रूप में माहवारी के जैसा स्राव शुरू हो जाता है। कुछ मामलों में खून भी आ सकता है जिसे माहवारी समझने का धोखा हो सकता है। इससे धोखा खाने की सम्भावना काफी होती है। ऐसी सभी महिलाओं को जल्दी से जल्दी सोनोग्राफी टेस्ट करवा लेना चाहिए। सोनोग्राफी से समय पर निर्णय हो सकता है।

अस्थान गर्भ के करीब एक तिहाई मामलों में काफी खतरा होता है। अस्थानिक गर्भ के पेट के अन्दर फट जाने से पेडू में एक ओर बहुत जोर का दर्द होता है। खून बह जाने से सदमाड़ी वाली खतरे की स्थिति बन जाती है। नाड़ी तेज चलती है, रक्तचाप कम हो जाता है और बेहोशी हो जाती है। महिला अचानक पीली पड़ जाती है। बहुत अधिक खून बह जाने से माँ की मृत्यु भी हो सकती है। आन्तरिक जाँच करने में समय न बरबाद करें। इससे स्थिति और भी बिगड़ भी सकती है। तुरन्त ऑपरेशन और खून दिए जाने से जान बचाई जा सकती है। महिला को तुरन्त अस्पताल ले जाएँ और इस बारे में अस्पताल में पहले से खबर कर दें।

गर्भपात की पद्धतियाँ (Methods of Abortion)

गर्भपात जितनी जल्दी किया जाय उतना ही अच्छा है इसमें गर्भवती को तकलीफ और खतरा कम होता है। इसके लिये मूत्र परीक्षण द्वारा 10 दिनों में ही गर्भ की जानकारी मिल सकती है। गर्भपात के प्रमुख तरीके इस प्रकार हैं।

एम.व्ही.ए. तकनीक–छः हफ्तों से पूर्व निर्वात पंप से गर्भ निकाल सकते हैं। अतः ग्रीवा सुन्न नहीं करनी पड़ती है। इसके बाद क्युरेटिंग भी नहीं करना पड़ता है।

आर.यू. 486–यह रीति 6-8 हफ्तों के गर्भ के लिये हैं। इसे गर्भपात गोली कहते है। पहली गोली के 2 दिन बाद दूसरी गोली खानी होती है। पहली गोली से गर्भाशय से रक्तस्त्राव शुरू होता है तो दूसरी गोली से गर्भाशय में दर्द शुरू होता है। इसके बाद 6-8 घण्टों में गर्भपात होता है। कभी-कभी इसके बाद क्यूरेटिंग करना पड़ता है। डॉक्टरी सलाह के बिना अपने आप यह उपचार कभी न करें।

गर्भाशय अंदर से खरोंचना गर्भपात की एक पद्धति है (क्युरेटिंग)

क्युरेटिंग उर्फ डी.एन.सी. पद्धति - पद्धति 6-12 हफ्तों तक प्रयोग में लाई जा सकती है। इस पद्धति में गर्भाशयमुख नलिका को विस्तारित करके अंदरुनी गर्भ निर्वात पंप से निकाल लेते हैं। इसके लिये केवल उस स्थान मात्र को इंजेक्शन लगाकर सुन्न करना पड़ता है। गर्भ निकालने पर गर्भाशय का अंतर्भाग खुरचकर निकाला जाता है। इस तरह के गर्भपात पश्चात मरीज को अस्पताल में 3-4 घण्टे रहना पड़ता है। शासकीय अस्पतालों में यह गर्भपात मुफ्त में होता है। निजी अस्पतालों में इसे 2-4 हजार तक खर्चा हो सकता है। यह तरीका बिल्कुल सुरक्षित और विश्वसनीय है। लेकिन इसमें थोड़ा खतरा होता है। रक्तस्त्राव या कोख में सूजन जैसे दुष्परिणाम भी संभव है।

दवा के द्वारा गर्भपात–12-20 हफ्तों तक प्रोस्टा ग्लैंडिन दवाई से गर्भ गिराया जाता है। गर्भाशय में गर्भ आवरण के चारों ओर इस दवाई को नली से फैलाया जाता है। इस दवाई से गर्भाशय में दाह होने से 2-3 दिनों में गर्भ गिर जाता है। इस क्रिया में कुछ अधिक रक्त स्त्राव हो सकता है। इससे गर्भपात ना हो तो शल्य क्रिया द्वारा गर्भ खुरचकर निकाला जाता है। लेकिन इससे खर्च व तकलीफ बढ़ती है। 12-20 हफ्तों के गर्भपात की अपेक्षा पहले ही गर्भपात करवाना हमेशा अच्छा है। अन्य रास्ता ना हो तभी इस पद्धति का प्रयोग करें।

आपरेशन गर्भाशय छेदन (गर्भाशय को कट लगाकर खोलना) का इस्तेमाल भी गर्भपात के लिए किया जाता है। परन्तु यह ऐसी महिला के मामले में नहीं किया जा सकता जिसे भविष्य में माँ बनना हो। ऐसा इसलिए किया जाता है क्योंकि इससे गर्भाशय में निशान रह जाता है। गर्भाशय छेदन के साथ नलिका बन्दी भी की जा सकती है। गर्भाशय छेदन का इस्तेमाल अकसर गैरकानूनी ढंग से 20 हफ्तों के बाद गर्भपात करने के लिए होता है। क्योंकि लड़कियाँ अकसर

उस समय गर्भपात के लिए आती हैं जब तक कि कानूनी गर्भपात के लिए काफी देरी हो चुकी होती है।

गर्भपात कौन कर सकता है?

सिर्फ प्रशिक्षित चिकित्सीय विशेषज्ञ ही गर्भपात कर सकते हैं। डॉक्टर जो विशेषज्ञ है वही गर्भपात कर सकते हैं। अन्य एम.बी.बी.एस. डॉक्टर या विशेषज्ञ भी किसी मान्यता प्राप्त सरकारी केन्द्र में गर्भपात का प्रशिक्षण हासिल कर सकते हैं। इसके बाद ही वो गर्भपात करवा सकते हैं।

पहले तिमाही में गर्भपात

निर्वात पंप से गर्भपात करना

यह गर्भ के पहले तिमाही यानी 12 सप्ताह तक प्रयोग किया जा सकता है। यह एक सुरक्षित और अच्छा तरीका है। इसके अधिकांश स्थितियों में बच्चेदानी के मुँह को फैलाना नहीं पड़ता है। बच्चेदानी या उसके मुँह में चोट लगने की संभावना कम रहती है। संक्रमण कम होता है और रक्तस्त्राव भी कम होता है। डी एण्ड सी (क्युरेटिंग) तरीके में विपरीत घटनाओं की संभावना अधिक रहती है।

गर्भपात कराने में कोई भी सक्षम डॉक्टर इसे कर सकता है।

इसका उपयोग 12 सप्ताह तक के गर्भ की गर्भपात, 12 सप्ताह तक का अपूर्ण गर्भपात और अलक्षित गर्भपात में किया जा सकता है।

इन महिलाओं में इसका इस्तेमाल न करे जिन्हें योनि या योनि संक्रमण के लक्षण हो, जिसमें पहले किए गए इलाज के कारण बच्चेदानी में छेद होने का संदेह है। जहाँ अस्थान गर्भ होने का संदेह है।

इन महिलाओं में इसका इस्तेमाल करते हुए विशेष ध्यान दें–20 वर्ष से कम उम्र वाली औरतें, अगर बच्चेदानी में गोला है (फाईब्राइड) अगर बच्चेदानी का मुँह सिकुड़ा हुआ है, अगर उसे पहले बच्चेदानी का ऑपरेशन हुआ हो, और अगर अन्य बिमारियाँ हो जैसे बहुत ज्यादा खून की कमी, रक्तचाप बढ़ा हुआ हो, मधुमेह (शुगर) की बिमारी, दिल की बीमारी, गुर्दे की बीमारी हो, या खून जमने में गड़बड़ी हो, इसके इस्तेमाल में महिला को बेहोश नहीं करना पड़ता है, दर्द के लिए गोलियाँ और स्थानीय इंजेक्शन (सुन्नपन के लिए) पर्याप्त है।

महिला को खतरे के संकेत के बारे में बतायें अगर उसे अधिक रक्तस्त्राव या पेट में दर्द हो तो तुरंत अस्पताल वापस जायें

गर्भनिरोधक विधि अपनाना चाहें तो उपलब्ध करायें

गोलियों के द्वारा गर्भपात कराना

इसमें दो दवाओं का इस्तेमाल होता है - मेफिप्रेस्टोन और मीसोप्रोस्टॉल। यह विधि गर्भ के पहले सात सप्ताह (49 दिन तक) सबसे प्रभावशाली होता है, मगर उसके बाद भी 9 सप्ताह (63 दिन) तक उपयोग किया जा सकता है।

5 प्रतिशत तक महिलाओं में इसके बाद अपूर्ण गर्भपात होने के कारण डी एण्ड सी करवाना पड़ता है, मगर बाकी में अपने आप गर्भपात पूर्ण हो जाता है।

जिन महिलाओं को गंभीर अनिमिया है (8 ग्राम से कम) उच्च रक्तचाप है योनि प्रदाहक रोग है, मिर्गी की बीमारी है, वी इनमें गोलियाँ न दें।

पहले दिन मेफिप्रेस्टोन की एक गोली (200 मि.ग्रा.) खाने को दें। तीसरे दिन मीसोप्रोस्टॉल की 400 मैक्रोग्राम (200 मै.ग्रा. के दो गोली) मुँह से लें या योनि में लगाएँ।

रक्तस्त्राव 8-13 दिन तक हो सकता है और भारी माहवारी हो सकती है। अगली माहवारी 1-2 सप्ताह देर से हो सकती है।

महिला को काफी पेटदर्द और मितली हो सकती है। इसे कम करने की दवाइयाँ दें।

अगर मीसोप्रोस्टॉल की गोलियाँ खाने बाद महिला तुरन्त उल्टी कर देती है या गोली खाने से 24 घंटे बाद भी रक्तस्त्राव शुरु नहीं होता तो मीसोप्रोस्टॉल की 400 मैक्रोग्राम की एक और खुराक दें।

विशेष रूप से जानें–

1. गर्भपात गर्भनिरोधन पद्धति नहीं है। अन्य विकल्प ना होने पर ही गर्भपात करवाएँ। उचित समय पर गर्भनिरोधक साधनों का प्रयोग करें और गर्भपात टालना उत्तम नीति है।
2. गर्भपात में किसी ना किसी तकलीफ या खतरे की संभावना रहती है।
3. गर्भपात के बाद रोगी में कभी-कभी बांझपन भी आ सकता है।
4. गर्भपात हेतु कभी भी झोलाछाप डॉक्टर या बाबा के पास ना जाएँ। उससे खर्च, समय और जानलेवा खतरा कई गुना बढ़ जाता है। गर्भपात केंद्र के अधिकृत होने का भरोसा कर ले।
5. 12-20 हफ्तों का गर्भपात सुव्यवस्थित अस्पताल में ही करवाएँ।
6. गर्भपात हेतु डॉक्टर भी मान्यता प्राप्त होना चाहिये। गर्भपात केंद्र में इसका दाखिला होता है।
7. गर्भपात केंद्र में सफाई ना होने पर आप वहाँ गर्भपात कराने से इनकार कर सकते हैं।
8. गर्भपात करवाना गुनाह नहीं है। खुद को इसके लिये अपराधी न समझें। सही कारण हेतु गर्भपात करवाना आपका हक है।
9. हर गर्भपात का पंजीयन अस्पताल में किया जाता है।
10. इस गर्भपात के बाद बच्चे की चाहत ना होने पर नसबंदी करवाना उत्तम है।
11. गर्भधारण के 20 हफ्तों बाद गर्भपात करवाना गैरकानूनी है और यह स्वास्थ्य के हिसाब से खतरनाक भी है। 12 हफ्तों से पहले गर्भपात करने का तरीका 12 से 20 हफ्तों के बीच गर्भपात करने के तरीके से अलग होता है।

मान्यता प्राप्त एम.टी.पी. केन्द्र

एम.टी.पी. करने वाले केन्द्र में सभी सुविधाएँ उपलब्ध होनी चाहिए और उसे सरकार द्वारा मान्यता के लिए सर्टिफिकेट मिला हुआ होना चाहिए। स्वास्थ्य अधिकारियों द्वारा मान्यता मिले बगैर किसी भी अस्पताल या क्लीनिक में गर्भपात नहीं किया जा सकता है। अगर उस केन्द्र में पेट के ऑपरेशन, खून चढ़ाने और ऐनेस्थीशिया की सुविधा हो तो 20 हफ्तों के भीतर होने वाले गर्भपात की इजाजत मिल सकती है। छोटे केन्द्रों में गर्भधारण के 12 हफ्तों के भीतर के गर्भपात हो सकते हैं। 12 हफ्तों के बाद के गर्भपात के लिए दो डॉक्टरों का सहयोग और गर्भपात का निर्णय लेना जरूरी है। 12 हफ्तों से कम वाले गर्भपात में एक डॉक्टर की राय भी काफी होती है।

एम.टी.पी.के तरीके

डी और सी–गर्भाशय ग्रीवा फैलाना और खाली करना, 12 हफ्तों के कम से गर्भ को गिराने का तरीका है। गर्भाशयग्रीवा को ढीला किया जाता है ताकि उसमें एक अँगली प्रविष्ट कराया जा सके (करीब एक सेन्टीमीटर)। फिर प्लास्टिक का एक आखुरण का उपकरण गर्भाशिय में डाला जाता है। एक उपकरण के द्वारा उसके अन्दर का गर्भ भ्रूण खुरचकर निर्वात पंप से बाहर निकाल दिया जाता है। इसके लिये एक दिन का समय काफी है, हालाँकि 2-3 घंटे में ही घर जा सकते हैं।

प्रोस्टेंग्लेंडिंस–12 हफ्तों बाद गर्भावस्था बढ़ने के कारण नलिका से खींचकर निकालना सम्भव नहीं होता। गर्भाशय को उत्तेजित करने वाली कोई दवा जैसे प्रोस्टेंग्लेंडिंस के अन्दर डालने से गर्भाशय संकुचित हो जाता है। यह इससे अन्दर का सब कुछ बाहर निकाल देता है। गर्भपात 23 से 48 घण्टों में हो जाता है। अगर ऐसा न हो तो गर्भाशय को आपरेशन द्वारा खोलना ही एकमात्र उपाय रह जाता है। इसलिये 12 हप्ते के पहिले गर्भपात करना ज्यादा आसान है।

सावधानी–एम.टी.पी. आमतौर पर सुरक्षित होती है पर हमेशा नहीं। इसके कुछ खास खतरे हैं–इन खतरों के कारण गर्भपात की सलाह देने से पहले काफी सोच-विचार की जरूरत होती है, खासकर पहली बार माँ बन रही महिलाओं के लिए। ऐसा भी हो सकता है कि वो फिर माँ ही न बन सकें।

दूसरे ट्रिमस्टर में एम टी पी

दूसरे ट्रिमस्टर में एम.टी.पी. के लिए चिकित्सा परक और शल्यक्रिया परक विधियाँ शामिल हैं। चिकित्सापरक विधि में प्रोस्टाग्लेन्डिन सम्बन्धी ड्रग्स का प्रयोग किया जाता है जो कि मुख से या इन्टरावेजनली दिया जाता है या सीधे गर्भशय के छिद्र में इंजैक्शन द्वारा पहुँचाये जाते हैं।

चिकित्सापरक विधियों के खतरे–

रोगी को अस्पताल में तीन दिन तक रहना पड़ता है

इन्फैक्शन (संक्रमण)

बढ़ा हुआ रक्त स्रावपदार्थों का बच रहना जिन्हें निकालने के लिए शल्य क्रिया की जरूरत पड़ सकती है।

दूसरे ट्रिमस्टर के गर्भ का पतन करने के लिए शल्य चिकित्सापरक विधियों में शामिल हैं–

एसपिरोटमी– यह विस्तृत करके निकाले जाने के सामान है।

हिस्टरोटोमी– गर्भाशय खोलकर भ्रूण को हटा देना।

हिस्टरोक्टोमी– पूरे गर्भाशय को हटा देना।

मासिक नियंत्रण

अगर कोई महिला माहवारी बन्द होने के बाद दो हफ्तों के अन्दर गर्भपात करवाना चाहती है तो मासिक नियंत्रण एक अच्छा तरीका है। यह एक छोटे-से निर्वात पिचकारी (एम.आर। प्रवेशिनी), द्वारा किया जाता है। परन्तु महीना बन्द होने के बाद दो हफ्तों से ज्यादा समय नहीं बीता होना चाहिए। इसके लिए गर्भाशयग्रीवा को फैलाने की जरूरत नहीं होती है। इसमें बहुत थोड़ा-सा ही खून बहता है। इसके तुरन्त बाद महिला घर जा सकती है। यह किसी एम.टी.पी. केन्द्र के ओ.पी.डी. में भी किया जा सकता है।

आर.यू. – 486 या गर्भपात की गोलियाँ

यह गर्भपात करने वाली नई दवा है जो गोलियों के रूप में मिलती है। यह प्रोजेस्ट्रोन के स्तर को घटाकर गर्भावस्था समाप्त कर देती है। इससे कुछ दिनों के अन्दर रक्त-स्राव के साथ भ्रूण बाहर आता है। खून बहने के बाद पूरी तरह सफाई के लिए डी और ई करना पड़ता है। भारत में अनके लिये अधिकाँश औरतें एनीमिया से पीड़ित होती हैं और स्वास्थ्य सेवाएँ भी पर्याप्त नहीं होतीं। इसलिए आर.यू.-486 का तरीका यहाँ के लिए उपयुक्त नहीं है क्योंकि इसमें मुश्किलें हो सकती हैं। गर्भपात के परम्परागत तरीके और जड़ी-बूटियाँ हजारों सालों से महिलाएँ जड़ी-बूटियों और अन्य तरीकों का इस्तेमाल गर्भपात और जन्म नियंत्रण के लिए करती रही हैं। उनमें से कुछ तो काफी असरकारी हैं और बहुत से समुदाय उनका इस्तेमाल लम्बे समय से करते आ रहे हैं। पर कुछेक काफी खरतनाक भी हैं।

पहले ट्रिमस्टर में गर्भपात की क्या विधियाँ हैं?

माहवारी नियमन को मिनिसक्शन, मिनीसबार्शन, वैक्युम एसपिरेशन, लंच टाइम एबोरशन भी कहते हैं जो कि माहवारी न होने के 1 से 3 सप्ताह के भीतर किया जाता है। यह प्रक्रिया बाह्य रोगी के रूप में ही की जाती है। गर्भाशय में प्लास्टिक की एक पतली सी ट्यूब डाली जाती है और सरिंज में नैगेटिव प्रेशर बनाकर अन्दर के पदार्थ को बाहर खींच लिया जाता है। इस प्रक्रिया को करने में दस मिनट का समय लगता है।

माहवारी नियमन के लाभ–

1. अस्पताल में भर्ती होने की जरूरत नहीं।
2. एनस्थीशिया के बिना किया जाता है।
3. शल्यक्रिया के खतरे कम होते हैं।
4. व्यक्ति घर जा सकता है और अपने दैनिक कामकाज कर सकता है।

माहवारी नियमन के खतरे–

1. प्रक्रिया की असफलता
2. रक्त स्राव
3. इन्फैक्शन

एक अवैज्ञानिक और बेहद खतरनाक तरीका है, कोई डण्डी, जड़ या धातु की तार

गर्भाशयग्रीवा द्वारा अन्दर डालकर भ्रूण थैली को फाड़ना। पारम्परिक चिकित्सक गर्भपात के लिए कुछ जड़ी-बूटियों का इस्तेमाल भी करते हैं। आजकल के चिकित्सा शास्त्र में इनके बारे में बहुत कम जानकारी है। लोग कुछ बीज और सब्जियाँ (अकसर गाजर के बीज और कच्चा पपीता) इस मकसद के लिए घरेलु उपचार की तरह इस्तेमाल करते हैं। कई जनजातियों में महिलाएँ शराब पीकर भी गर्भपात करने की कोशिश करती हैं। इनमें से लगभग सभी तरीके सफल रहते हैं क्योंकि इनसे गर्मी पैदा होती है। आजकल अकसर महिलाएँ गर्भपात के लिए काफी देरी से आती हैं क्योंकि वे पहले स्थानीय गर्भपात की दवाएँ इस्तेमाल कर रही होती हैं और साथ में नुकसान करने वाली घरेलु और पारंपरिक तरीकों का भी इस्तेमाल करती है। जबकि इनका कभी इस्तेमाल न करें क्योंकि ये दवाएँ लेकर इन्तजार करने में वे महत्त्वपूर्ण समय बरबाद कर देती हैं। कभी-कभी ये दवाएँ भ्रूण के लिए जहरीली होती हैं। इससे भ्रूण में विकार हो जाता है पर गर्भपात नहीं होता। इससे बच्चे में शारीरिक या मानसिक गड़बड़ियाँ हो सकती हैं।

अल्ट्रासोनोग्राफी द्वारा गर्भनिदान

पुरुष प्रधान दुनिया में आधुनिक तकनीक ने भी नए हथियार ही दिए हैं। अब अल्ट्रासोनोग्राफी द्वारा गर्भनिदान एक सामाजिक समस्या बन चुका है। समाज में ऐसे चलन पूरी तरह से उखाड़ कर फेंक दिए जाने चाहिए। सामाजिक कारणों से मादा भ्रूण का गर्भपात पूरी तरह से अनैतिक है। गर्भपात अपने आप में खतरनाक होता है। मादा भ्रूण को खत्म करने से समाज में दोनों लिंगों के बीच असन्तुलन बन जाता है और वैसे भी लड़कियों के साथ इस तरह का भेदभाव एक अपराध है। अगर कोई दम्पत्ति बच्चा नहीं चाहता तो है उसे गर्भधारण से बचाव करना चाहिए। परन्तु अगर एक बार गर्भधारण कर लिया तो बेहतर है कि बच्चे का जन्म हो जाए, सिर्फ उन परिस्थितियों को छोड़कर जिनमें गर्भपात वैध होता है।

सरकार ने लिंग निर्धारण के सभी टेस्टों पर प्रतिबन्ध लगा दिया है। लिंग पूर्व चुनाव कानून के तहत इस प्रक्रिया में सजा हो सकती है। हमारे ऐसे व्यवहार के लिए तकनीक को ही जिम्मेदार नहीं ठहराया जा सकता है। हमारी सोच में बदलाव लाना बेहद जरूरी है। दूसरी शादी करना इसका हल नहीं सामाजिक सुरक्षा, लड़कियों को समान दर्जा दिलाना यही इसका हल है।

दुर्भाग्य से कई परिवारों में महिलाएँ भी ये तरीके इस्तेमाल करने की इच्छुक

जन्म से पहले शिशु के लिंग की जाँच और मादा भ्रूण का गर्भपात जघन्य अपराध है।

पुरुष प्रधान समाज में लड़के की इच्छा होना पुराने समय से ही चला आ रहा है। ऐसा इसलिए क्योंकि यह माना जाता है कि लड़के से ही वंश आगे चलता है। यह आज भी जारी है और खेती और व्यापारी परिवारों में तो ऐसी इच्छा और भी ज्यादा होती है क्योंकि यह लड़कों को सम्पत्ति और विरासत दिए जाने से जुड़ जाता है।

कुछ परिवारों में केवल लड़के हो सकते हैं, कुछ में केवल लड़कियाँ, कुछ में दोनों और कुछ में कोई भी नहीं। समाज और सामुदायिक चलन के अनुसार लड़कियों की शादी करने की आर्थिक जिम्मेदारी और शादी के बाद उन्हें दूसरे परिवारों को सौंप देने की परम्परा के कारण भी लोग बेटियाँ के मुकाबले बेटों की इच्छा रखते हैं। राजस्थान और अन्य कई राज्यों में लड़कियों को जन्म के बाद मार दिया जाता है। बेटियाँ जो कभी किसी भी कुल की रानी मानी जाती थीं आज बोझ समझी जाती हैं।

होती हैं। प्रतिबन्ध लग जाने का केवल थोड़ा-सा ही असर हुआ है। सबसे पहले सामाजिक बदलाव आना जरूरी है। उत्तराधिकार के कानूनों में बदलाव, शिक्षा, बुढ़ापे के लिए सामाजिक सुरक्षा, और महिलाओं के लिए रोजगार के अवसरों से ही कुछ फर्क पड़ सकता है, क्योंकि फिर बेटियों को बोझ नहीं माना जाएगा। भारत जैसे गरीब देश में जहाँ 70 प्रतिशत लोग खेती से होने वाली अनिश्चित आमदनी से गुजारा करते हैं, वे सुरक्षा के लिए बेटों पर निर्भर करते हैं।

ग्रीवा को ढीला करके गर्भ खाली करना

यह गर्भ की प्रारम्भावस्था में की जाने वाली शल्यक्रिया है, यह गर्भ के 12 सप्ताह के होने से पहले होती है, पहले ग्रीवा को ढीला किया जाता है इसके लिए अन्दर से एक खाली रॉड डाली जाती है जो कि ग्रीवा को विस्तृत कर देती है, फिर मशीन द्वारा गर्भाशय के अन्दर के पदार्थ को खरोंचकर या चूसकर या दोनों तरीके से बाहर निकाल लिया जाता है। इस प्रक्रिया में लगभग 15 मिनट लगते हैं।

ग्रीवा को विस्तृत करने और खाली करने के लाभ–

1. एक बार की प्रक्रिया
2. सुरक्षित
3. नसबन्दी या इन्टरायुटरीन डिवाइस डालने की सम्भावना रहती है
4. उसी दिन घर वापिस जा सकते हैं।
5. दूसरे दिन काम पर वापिस लौट सकते हैं।

ग्रीवा परक विस्तार और खाली करने की विधि के खतरे–

1. एनसथिशिया के लिए प्रयुक्त दवाओं की प्रतिक्रिया
2. रक्त स्राव
3. गर्भाशय और अण्डवाही ट्यूब में इन्फेक्शन
4. गर्भाशय के छेदन की दुर्घटना
5. भावात्मक कष्ट

गर्भपात से सम्बन्धित कानून

राष्ट्रीय जनसंख्या नीति 2000 में जनसंख्या के स्थायित्व के लिए दी गयी कार्यसूची को प्रभावी और निष्पक्ष तरीके से कार्यान्वित करने के लिए समुचित और समग्र कानून का होना बहुत महत्त्वपूर्ण है। हालाँकि इस बारे में दो कानून है जो दो विशिष्ट उद्देश्यों के लिए है। ये निम्नलिखित हैं–

गर्भपात की चिकित्सापरक विथियों से जुड़े खतरे

चिकित्सापरक विधियों से सम्बन्धित खतरों में शामिल है–

मिफेप्रिस्टोन, मैथोट्रक्सेट और मिसोप्रोस्टाले से चक्कर आते हैं और उल्टी या डायरिया होता है।

यदि गर्भपात पूरी तरह न हो तो भ्रूण को शल्यक्रिया द्वारा निकालना पड़ेगा।

भारी रक्त स्राव हो सकता है जो कि सात दिनों तक चल सकता है

ये ड्रग आसानी से मिलते नहीं और महंगे होते हैं

पितृत्व उपचारित तकनीक विनियमन व निषेध कानून 1994

यह कानून एक जनवरी, 1996 को लागू हुआ। इसमें उन स्थितियों का विवरण है, जिनमें भ्रूण की गड़बड़ी को ठीक करने के लिए चिकित्सकीय तरीके से तकनीक के इस्तेमाल की इजाजत दी गयी है। भ्रूण के लिंग की जानकारी देना पूरी तरह निषिद्ध है। कानून के उल्लंघन के लिए सजा का प्रावधान है। प्रसव पूर्व चिकित्सकीय तकनीक (विनियमन व दुरुपयोग का निषेध) कानून, कन्या भ्रूण हत्या की सामाजिक बुराई के उन्मूलन के उद्देश्य से बनाया गया एक प्रगतिशील कानून है।

गर्भ के चिकित्सकीय समापन कानून (एमटीपी)

गर्भपात के कारण होने वाली मौत और अपंगता पर नियंत्रण तथा रोकथाम के लिए गर्भ के चिकित्सकीय समापन कानून (एमटीपी) को 1971 में संसद ने पारित किया, जिसे जम्मू-कश्मीर को छोड़ पूरे भारत में एक अप्रैल 1972 से लागू किया गया। जम्मू-कश्मीर में इसे नवंबर 1976 में लागू किया गया।

एमटीपी कानून 1971 में उन परिस्थितियों का जिक्र है, जिनमें गर्भपात कराया जा सकता है, जो गर्भपात करा सकता है और जहाँ गर्भपात कराया जा सकता है।

कानून में निम्नलिखित बातें कही गयी हैं–

माँ की चिकित्सकीय स्थिति–जब माँ किसी शारीरिक या मानसिक बीमारी से ग्रस्त हो या गर्भ के कारण उसके जीवन को खतरा हो या गर्भ उसके शारीरिक या मानसिक स्वास्थ्य के लिए हानिकारक हो।

अपंगता–यदि विषाणु संक्रमण, दवा खाने, गर्भकाल के दौरान एक्स-रे या विकिरण से गुजरने, रक्ताल्पता या मानसिक बीमारी के कारण पैदा होने वाले शिशु को गंभीर शारीरिक या मानसिक बीमारी होने की आशंका हो।

दानवीय–जब बलात्कार के बाद गर्भ ठहर गया हो।

गर्भधारण–परिवार नियोजन के उपाय के विफल होने के कारण गर्भधारण। यह धारा महिला के अनुरोध पर गर्भपात की अनुमति देता है।

सामाजिक-आर्थिक स्थिति–वैसी स्थिति, जिससे माँ के स्वास्थ्य पर असर पड़े।

कानून के अनुसार केवल ओबीजी में निर्धारित अनुभव रखने वाले निबंधित चिकित्सक ही एमटीपी कर सकते हैं। यदि गर्भ 12 सप्ताह से कम का हो, तो चिकित्सक किसी दूसरे चिकित्सक से सलाह के बिना भी गर्भपात करा सकता है। यदि यह 12 सप्ताह से अधिक का है, तो दो चिकित्सक ही इस बारे में फैसला कर सकते हैं और कोई एक चिकित्सक गर्भपात करा सकता है। आपात स्थिति में यदि गर्भ 20 सप्ताह या उससे अधिक का हो, एक चिकित्सक किसी दूसरे से परामर्श के बिना भी किसी अनिबंधित अस्पताल या क्लिनिक में भी एमटीपी कर सकता है।

किसी भी स्थिति में महिला की लिखित स्वीकृति लेना बहुत महत्त्वपूर्ण है। यदि महिला अवयस्क या आघात से ग्रस्त या मानसिक रूप से असंतुलित है, तो उसके अभिभावक से लिखित स्वीकृति प्राप्त करना जरूरी है। एमटीपी कानून 1971 के तहत गर्भपात को व्यक्तिगत मामला माना गया है। इसलिए सेवा प्रदाता द्वारा संपूर्ण गोपनीयता बरतनी चाहिए तथा महिला की पहचान गोपनीय रखनी चाहिए।

गर्भपात के दौरान या उसके बाद पैदा होने वाली समस्या या किसी अन्य गड़बड़ी के लिए चिकित्सक के खिलाफ कानूनी कार्रवाई नहीं की जा सकती, बशर्ते चिकित्सक ने प्रक्रिया के दौरान पूरी सावधानी बरती हो। लेकिन यदि कोई नियम भंग होता है, तो चिकित्सक सजा का भागीदार बन सकता है, जिसके तहत एक हजार रुपये तक का जुर्माना लगाया जा सकता है।

चिकित्सा या अपंगता के आधार पर गर्भपात माँ और बच्चे, दोनों के लिए अच्छा है, लेकिन इसका उपयोग अनचाहे गर्भ या खासकर बालिका भ्रूण को समाप्त करने के लिए किया जाना सामाजिक बुराई, कलंक और अपराध है तथा इसे हतोत्साहित किया जाना चाहिए। बार-बार का गर्भपात माँ के स्वास्थ्य के लिए हानिकारक है और इसके कारण शिशु मृत्यु दर व अपंगता बढ़ सकती है। महिलाओं को इस बात के प्रति जागरूक बनाया जाना चाहिए और उन्हें गर्भ रोकने के दूसरे तरीकों के बारे में बताया जाना चाहिए।

एम टी पी एक्ट के अनुसार, किन-किन कारणों से महिला गर्भपात करवा सकती है?

एम टी पी एक्ट के अन्तर्गत जिन कारणों से महिला गर्भपात करवा सकती है वे निम्नलिखित हैं–

जहाँ महिला को कोई गम्भीर रोग हो और गर्भ रखने से उसको जान का खतरा हो, जैसे–

1. हृदय रोग
2. उच्च रक्तचाप में अत्यधिक वृद्धि
3. गर्भ के दौरान अनियन्त्रित उल्टियाँ
4. ग्रीवापरक-स्तन कैंसर
5. मेल्लिटस मधुमेह के साथ आँखों का रोग (रैटिनोपैथी)
6. मिरगी
7. मनोवैज्ञानिक बीमारी

जहाँ गर्भ को धारण किए रहने से नवजात को भारी खतरा हो जिससे उसमें गम्भीर शारीरिक, मानसिक अपंगता की आशंका रहे जैसे–

1. दीर्घकालिक बीमारियाँ
2. पहले तीन महीनों में माँ को रूबेला वॉयरल इन्फैक्शन (जर्मन मीसलस)
3. यदि पहले बच्चों को कोई जन्मजात अप्राकृतिक विकृति हो।
4. आर.एच.इसो - इम्यूनाइसेशन
5. भ्रूण का प्रकाश में उदघाटन
6. बलात्कार के परिणामस्वरूप गर्भधारण
7. वे सामाजिक आर्थिक परिस्थितियाँ जो माँ के स्वस्थ्य गर्भ विकास और स्वस्थ बच्चे के जन्म में बाधक हो।

गर्भनिरोधक की असफलता–चाहे जिस भी माध्यम का उपयोग किया गया हो (प्राकृतिक विधि, अवरोधक विधि-हॉरमोनल विधि) यह परिस्थिति भारतीय कानून की विलक्षण विशेषता है। इन स्थितियों में सभी प्रकार के गर्भों का गर्भपात कराया जा सकता है।

संशोधन

एमटीपी कानून में 1975 में संशोधन किया गया। उसमें निम्नलिखित बातें शामिल की गयीं–गर्भपात कराने के योग्य चिकित्सकों के लिए आवश्यक योग्यता को प्रमाणित करने का अधिकार मुख्य जिला चिकित्सा पदाधिकारी को दिया गया है। पहले यह प्रमाणीकरण बोर्ड द्वारा किया जाता था।

गर्भपात कराने के लिए आवश्यक योग्यता

यदि निबंधित चिकित्सक 25 एमटीपी में सहयोग कर चुका हो।

यदि चिकित्सक ने ओबीजी में छह महीने तक हाउसमैन शिप किया हो।

यदि उसने ओबीजी में स्नातकोत्तर की डिग्री ली हो।

यदि कोई चिकित्सक 1971 में इस कानून के लागू होने से पहले चिकित्सा की स्नातक डिग्री ले ली हो और उसे ओबीजी में एक साल का अनुभव हो।

गैर-सरकारी संगठन भी मुख्य जिला चिकित्सा पदाधिकारी से लाइसेंस लेकर गर्भपात सेवाएँ दे सकते हैं।

यदि गर्भपात के विभिन्न तरीकों का विकल्प उपलब्ध हो, तो प्रदाता को इस बात के लिए प्रशिक्षित किया जाना चाहिए कि वह महिला को स्पष्ट बतायें कि उसके लिए कौन-सी विधि उपयुक्त है। विधियों का चयन गर्भधारण की अवधि, महिला की चिकित्सकीय स्थिति और संभावित खतरों को देखते हुए किया जाना चाहिए।

गर्भपात प्रक्रियाओं के बारे में सूचनाएँ

किसी महिला को न्यूनतम निम्नलिखित जानकारी दी जानी चाहिए–

1. प्रक्रिया से पहले और बाद में क्या किया जायेगा।
2. उसे कैसा अनुभव होगा (जैसे माहवारी जैसी अकड़न, दर्द और रक्त-स्राव)।
3. प्रक्रिया में कितना समय लगेगा।
4. दर्द प्रबंधन के लिए उसे क्या उपाय उपलब्ध कराये जा सकते हैं।
5. विधि से संबंधित खतरे और शिकायतें।
6. वह कब सहवास समेत अपना सामान्य कामकाज फिर से शुरू कर सकेगी।
7. बाद की देखभाल।

एम टी पी करवाने के लिए क्या औरत को अपने पति से लिखित अनुमति की जरूरत रहती है?

यदि औरत अठारह वर्ष से ऊपर है तो स्वयं अनुमति दे सकती है उसे पति से अनुमति की जरूरत नहीं होती। अगर वो अठारह वर्ष से कम की है तो ऐसी स्थिति में उसे अपने संरक्षक की लिखित अनुमति की जरूरत रहती है।

एम टी पी करने वाली कौन सी सरकार द्वारा मान्यता प्राप्त संस्थाएं होती है जिन्हें इसे करने की अनुमति रहती है?

जिस किसी संस्था के पास सरकार का लाइसेन्स हो उसे एम टी पी करने का अधिकार रहता है।

गर्भपात के दीर्घकालिक प्रभाव

गर्भपात कराने वाली औरतों को चिन्ता हो जाती है कि इसका भविष्य में गर्भधारण करने या बच्चे को जन्म देने की उनकी सामर्थ्य में कमी आ जायेगी। उन्हें यह जानकर प्रसन्नता होगी कि अब सामान्यतः यह माना जाता है कि 12 हफ्ते के गर्भ में अगर एक गर्भ का पतन कराया जाए तो भविष्य में गर्भ धारण कर पाने की योग्यता में कोई कमी नहीं होती। हाल ही में विश्व स्वास्थ्य संगठन द्वारा कराये गए एक अध्ययन से पता चला है कि जिन औरतों के दो-तीन गर्भपात कराये जाते हैं उनके प्राकृतिक गर्भ पतन की, अपरिपक्व प्रसव या जन्म के समय बच्चे के कम वजन की आशंकाएं दो से तीन गुना ज्यादा बढ़ जाती हैं।

9

प्रसव का समय

एक जीवित शिशु को योनि से बाहर दुनिया में लाने की प्रक्रिया को प्रसव कहा जा जाता है। प्रसव का अर्थ होता है जनन या बच्चे को जन्म देना। गर्भावस्था के निर्धारित काल पूरा होने पर बच्चे का जन्म बिना किसी परेशानी के होना साधारण और सरल कहलाता है। बच्चे के जन्म को ध्यान से देखने पर यह महसूस होता है। कि बच्चे के जन्म लेने की विधि को हम तीन भागों में बाँट सकते हैं। प्रथम भाग में बच्चेदानी का मुँह खुलना और फैलना, दूसरे भाग में बच्चे मे सिर का दिखाई पड़ना और तीसरा भाग जिसमें औवल बाहर आता है। प्रथम भाग बच्चे के जन्म का प्रथम चरण लगभग 10 से 12 घंटे या अधिक समय का होता है। प्रथम चरण का समय इस बात पर निर्भर करता है कि महिला का कौन-सा बच्चा है। पहले बच्चे में यह चरण अधिक समय लेता है। दूसरे बच्चे में कम तथा तीसरे बच्चे में और कम समय लगता है। प्रथम चरण में योनि की दीवारों का पतला होना, फैलना, खिंचना और धीरे-धीरे करके बच्चे का सिर का बाहर खिसकता है। योनि का फैला और खिंचा हुआ भाग धीरे-धीरे बच्चेदानी के मुँह को आगे आने में मदद करता है। इस चरण के साथ ही एक चिकना पदार्थ भी निकलता है जो कि एक झिल्ली के समान होता है जिसको शो कहते हैं।

कभी-कभी संकुचन के साथ-साथ एमनीओटिक सैक फट जाता है तथा एमनीओटिक द्रव निकलने लगता है। दूसरा भाग बच्चे के जन्म के दूसरे चरण में बच्चेदानी का दबाव प्रत्येक दो-दो मिनट बाद होता है तथा आधे या एक मिनट तक रहता है। इस दबाव के कारण बच्चा धीरे-धीरे नीचे ढकेला जाता है। इस चरण में बच्चे का सिर देखा जा सकता है। इसके बाद योनि धीरे-धीरे सिमटते हुए परतों के रूप में एक परत दूसरे के ऊपर चढ़ती रहती है। साधारणतया बच्चे का सिर ऊपर की ओर तथा उसका धड़ नीचे की ओर होता है।

कभी-कभी दर्द के साथ बच्चे को निकालने के लिए पेट से भी बच्चे को हल्के हाथों से दबाया जाता है । इस चरण में महिला को लम्बी साँस का व्यायाम लाभकारी होता है। क्योंकि साँस को रोककर ही महिला को जोर लगाना पड़ता है। कई बार बच्चों को निकालने के लिए औजारों का भी प्रयोग किया जाता है। बच्चे का जन्म होते समय जब बच्चा बाहर आता है माँ को ऐसा महसूस होता है कि जैसे कि उनके शरीर से मल बाहर आ रहा हो। प्रसव के समय सबसे पहले बच्चे का सिर बाहर आता है। फिर एक कँधा, दूसरा कंधा तथा बाद में पूरा धड़ बाहर निकल आता है। इस प्रकार के बच्चे के जन्म लेते ही दूसरा चरण पूरा हो जाता है।

घर में आने वाला नवजात शिशु माता-पिता तथा परिवार के अन्य सदस्यों के लिये कौतुहल का विषय होता है। गर्भवती माँ तो अपने शिशु के जन्म के विषय में विशेष रूप से उत्सुक व जागरूक

रहती है। स्वस्थ्य और हृष्ट-पुष्ट शिशु के जन्म के लिये सम्पूर्ण गर्भकालीन अवस्था में माँ की समुचित देखभाल की जरूरत होती है, लेकिन शिशु जन्म के समय किसी प्रकार की कठिनाई न हो और प्रसव प्रक्रिया सामान्य व आसान हो इसके लिये भी शिशु आगमन से पूर्व विशेष तैयारी करनी पड़ती है। प्रसव पूर्व चिकित्सा केन्द्रों में जो गर्भवती स्त्रियाँ गर्भावस्था के अन्तिम सप्ताह तक पहुँच चुकी होती हैं, उनको प्रसव की प्रक्रिया के विषय में बताना उचित होता है। उनको सामान्य भाषा में तथा शब्दों में प्रसव पीड़ा के कुछ लक्षणों के विषय में जानकारी देना चाहिए जिससे वह उचित समय पर मदद की माँग कर सके। सबसे पहले गर्भाशय का संकुचन 30 मिनट के अन्तर से होता है पहले धीमे और बाद में यह संकुचन तीव्रता से होता है। इस संकुचन के कारण पीड़ा होती है। जब संकुचन 10 मिनट के अन्तर से होने लगता है तथा पीड़ा और असुविधा का अनुभव धीरे-धीरे असह्य होने लगता है तब गर्भवती स्त्री को अस्पताल की ओर प्रस्थान करना चाहिए। मिडवायफ या प्रशिक्षित दाई को बुलवाकर घर पर भी प्रसव का प्रबन्ध किया जा सकता है।

नवजात शिशु के आगमन के समय की सूचना के प्रमुख लक्षण हैं–पेट की पेशियों का कठोर हो जाना, पीठ और पेट के निचले भाग में पीड़ा होना, कभी-कभी अल्प मात्रा में रक्त स्राव अथवा श्लेष्मा भी निकलती है जो ग्रीवा के मुँह को ढके रहती है। यदाकदा उल्व की थैली पहले फट जाती है तथा उल्व तरल फव्वारे के रूप में योनि द्वार से निकलता है। इन सभी बातों की जानकारी गर्भवती स्त्री को पहले देना उचित रहता है। एक गर्भवती स्त्री को (1) प्रसव पीड़ा के कारण, (2) प्रसव पीड़ा की अवस्थाएँ, (3) प्रसव के लक्षण, (4) प्रसव की अवधि, (5) असामान्य प्रसव, (6) नवजात शिशु के आगमन की तैयारी आदि के विषय में जानकारी देनी चाहिये।

प्रसवपूर्व देखभाल

प्रसव पूर्व देखभाल, गर्भावस्था की विभिन्न जटिलताओं की जाँच के लिए महत्त्वपूर्ण है। इसके लिए शारीरिक और नियमित प्रयोगशाला परीक्षणों के लिए नियमित रूप से परीक्षण स्थल जाना पड़ता है–

पहली तिमाही

पूर्ण रक्त गणना (कम्प्लीट ब्लड काउंट) (सीबीसी (CBC))

रक्त का प्रकार (ब्लड टाइप)

एचडीएन (HDN) के लिए सामान्य रोग-प्रतिकारक की जाँच (अप्रत्यक्ष कूम्ब्स परीक्षण)

आरएच डी (Rh D) नकारात्मक प्रसव पूर्व रोगियों को आरएच (Rh) रोग की रोकथाम करने के लिए 28 सप्ताह में रोगैम (RhoGam) लेना चाहिए।

द्रुत प्लाज्मा अभिकर्मक (आरपीआर (RPR)) जो उपदंश की जाँच करता है

रूबेला रोगप्रतिकारक जाँच

हेपटाइटिस बी सतह प्रतिजन

सूजाक और क्लामीडिया संवर्ध

तपेदिक (टीबी) के लिए पीपीडी (PPD)

पैप स्मीयर

मूत्र-विश्लेषण और संवर्ध

एचआईवी (HIV) की जाँच

ग्रुप बी गोलाणु की जाँच

डाउंस सिंड्रोम (त्रिगुणसूत्रता 21) और त्रिगुणसूत्रता 18 की आनुवंशिक जाँच

दूसरी तिमाही–

एमएसएएफपी-क्वैड जाँच (एक साथ चार बार खून की जाँच) (मातृ सीरम अल्फा-भ्रूणप्रोटीनय इनहिबिनय एस्ट्रियॉलय बीएचसीजी या मुफ्त बीएचसीजी) - उत्थान, कम संख्या या विषम पद्धति जो त्रिगुणसूत्रता 18 या त्रिगुणसूत्रता 21 के बढे हुए जोखिम और तंत्रिका नली दोष के जोखिम से सहसम्बन्धित है।

गर्भाशय ग्रीवा, गर्भनाल, तरल पदार्थ और बच्चे का मूल्यांकन करने के लिए पेट या पारयोनि का अल्ट्रासाउंड

उल्ववेधन (गर्भवती महिला के गर्भाशय की जाँच) उन महिलाओं के लिए राष्ट्रीय मानक है जिनकी उम्र 35 से अधिक है या जो मध्य गर्भावस्था तक 35 की हो जाती हैं या जिन्हें पारिवारिक इतिहास या जन्म पूर्व इतिहास की दृष्टि से ज्यादा खतरा होता है।

तीसरी तिमाही–

लोहितकोशिकामापी (दिए हुए रक्त में लाल रक्त कोशिकाओं की आयतन प्रतिशतता) (कम होने पर माता को लौह अनुपूरण दिया जाएगा)

ग्लूकोज भरण परीक्षण (जीएलटी (GLT)) - गर्भकालीन मधुमेह की जाँचय 140 मिलीग्राम प्रति डेसीलिटर से अधिक होने पर ग्लूकोज सहिष्णुता परीक्षण (जीटीटी (GTT)) किया जाता हैय ग्लूकोज की मात्रा 105 मिलीग्राम प्रति डेसीलिटर से अधिक होने पर गर्भकालीन मधुमेह होने का संकेत मिलता है।

अधिकांश डॉक्टर कोला, नींबू या संतरे में 50 ग्राम ग्लूकोज के एक पेय के रूप में सुगर (शर्करा) भरते हैं और एक घंटे (5 मिनट आगे या पीछे) बाद रक्त निकालते हैं। 1980 के दशक के अंतिम दौर के बाद से मानक संशोधित मानदंड को कम करके 135 कर दिया गया है।

प्रसव पीड़ा (Labor Pain)

सामान्यरूप से शरीर में किसी भी बाह्य पदार्थ के प्रवेश की नकारात्मक प्रतिक्रिया होती है और शरीर उस पदार्थ को पुनः बाहर निकालने के लिए प्रयत्न करता रहता है। गर्भाशय में विद्यमान ट्यूमर अथवा शिशु को भी गर्भाशयी मांसपेशियाँ बाहर करने की कोशिश करती रहती हैं। लेकिन यहाँ प्रश्न यह उठता है कि गर्भस्थ शिशु गर्भावस्था की निश्चित अवधि के बाद ही बाहर निकलने का प्रयत्न क्यों करता है। उसे पहले अथवा बाद में क्यों नहीं प्रयत्न करता? इसका प्रमुख कारण यह है कि गर्भावस्था में शरीर में प्रोजेस्टीरोन नामक हॉर्मोन रक्त में अधिक मात्रा में प्रवाहित होता रहता है। यह प्रोजेस्टीरोन गर्भावस्था के अन्त में अर्थात् प्रसव के कुछ दिनों या घण्टों पहले कम हो जाता है। जिससे गर्भाशयी पेशियाँ सक्रिय हो जाती हैं तथा प्रसव पीड़ा शुरू हो जाती है। सामान्य रूप से अगर प्रसव पीड़ा पैदा नहीं हो पाती है तो अकसर ऑक्सीटोसिन नामक हॉर्मोन का इन्जेक्शन दिया जाता है अथवा उल्व तरल की थैली को छेद करके तरल पदार्थ को निकाल देते हैं जिससे गर्भाशय के अन्दर का भ्रूण सम्बन्धी दाब बढ़ जाता है और पीड़ा शुरू हो जाती है।

गर्भाशय को दो भागों में विभाजित किया जा सकता है। गर्भाशय का ऊपरी भाग सशक्त पेशियों से बना हुआ होता है। जो सर्वप्रथम संकुचित होता है, मोटा तथा छोटा होने लगता है। यह निचले निर्बल भाग को अपनी ओर खींचता है जिससे ग्रीवा ऊपर की ओर खिंच जाता है तथा विस्फारित हो जाता है। निचला भाग तुलनात्मक रूप से निष्क्रिय होता है तथा ऊपर वाले हिस्से से प्रभावित रहता है। इसके कारण गर्भाशय से लेकर योनि द्वार तक एक चौड़ा रास्ता बन जाता है। प्रसव में काम आने वाली तीन मुख्य पेशियाँ हैं–गर्भाशय के ऊपर के हिस्से की पेशियाँ, पेट की पेशियाँ तथा महा प्राचीरा पेशी।

प्रसव पीड़ा की अवस्थाएँ

प्रसव पीड़ा की तीन अवस्थाओं में से प्रथम अवस्था को विस्फारण नाम दिया गया है। यह स्थिति ग्रीवा के सम्पूर्ण विस्फारण तक बनी रहती है। दूसरी अवस्था को निष्कासन की स्थिति कहते हैं। यह स्थिति ग्रीवा के विस्फारण से लेकर भ्रूण के जन्म तक बनी रहती है। तीसरी अवस्था तब तक बनी रहती है जब तक अपरा एवं अन्य झिल्लियों का सम्पूर्ण निष्कासन नहीं हो जाता है।

प्रथम अवस्था में उल्व तरल की थैली भी फट सकती है, हर पेशीय संकुचन के साथ-साथ भ्रूण का सिर नीचे की ओर उतरता है लेकिन नीचे की ओर उतरने की गति अत्यन्त धीमी होती है। यह अवस्था गर्भ में सामान्यरूप से बारह घण्टों तक रहती है और दूसरी, तीसरी और चौथी सन्तानों के समय छः से आठ घण्टे तक रहती है। सबसे पहले पीड़ा संकुचन के समय अपेक्षाकृत कम होती है। जबकि दूसरी अवस्था से पहले बहुत तीव्र हो जाती है। प्रथम अवस्था का अन्तिम भाग प्रायः कठिन माना जाता है। इस समय पेशीय संकुचन प्रति पाँच मिनट के बाद होता है तथा यह आधे मिनट तक रहता है।

दूसरी अवस्था में निचले हिस्से का संघर्ष समाप्त हो जाता है। जिससे गर्भाशय के ऊपर के भाग के तीव्र संकुचन से भ्रूण नीचे की ओर उतरता है। इस समय उदर की पेशियों एवं महा प्राचीर पेशियों की सहायता से भ्रूण के निष्कासन में विशेष मदद मिलती है। प्रथम सन्तान के लिए द्वितीय अवस्था की अवधि एक घण्टे से ज्यादा की नहीं होती है। ग्रीवा के सम्पूर्ण विस्फारण के कारण इस अवस्था में, प्रथम अवस्था के अन्त की अपेक्षा पीड़ा कम होती है। भ्रूण के सिर का दबाव जैसे ही पैर की नाड़ियों पर पड़ता है वैसे ही कभी-कभी पैरों की पेशियों का पीड़ादायक संकुचन होने लगता है। जिस क्षण संकुचन होने लगता है, स्त्री गहरी श्वास लेती है एवं उसे रोक कर पेट पर ऐच्छिक दबाव डालती है, निःश्वास के समय कराहने जैसी आवाज आती है जो कि अनैच्छिक एवं प्रतिवर्ती क्रिया होती है। संकुचन के समय भ्रूण के हृदय की धड़कन बढ़ जाती जो विमोचन के समय सामान्य हो जाती है। भ्रूण के सिर के निकलते ही एक तीव्र संकुचन के साथ उसका सम्पूर्ण शरीर भी बाहर निकल जाता है। इसके बाद उल्व तरल का बचा हुआ भाग भी निकल जाता है, पीठ की पेशियाँ सख्त हो जाती हैं, मुँह लाल, नाड़ी तीव्र गति से चलने लगती है और स्त्री पसीने से नहा जाती है। यह अवस्था दूसरी, तीसरी तथा चौथी सन्तान होते समय पन्द्रह मिनट अथवा उससे कम समय तक रहती है। शिशु जन्म लेने के उपरांत दो बार हाँफता है और उसके बाद रोने लगता है।

तीसरी अवस्था में अपरा नाभिरज्जु और अन्य झिल्लियाँ जैसे उल्व तथा जरायु का निष्कासन हो जाता है। गर्भाशय का आकार अचानक कम हो जाता है तथा एक कठोर गेंद की तरह दिखाई देता है। इस अवस्था में दस से पन्द्रह मिनट की अवधि में ही उपयुक्त पदार्थ बाहर निकल आते हैं। गर्भाशय नाभि से 5 सेमी. नीचे रहता है। 500 मिली. रक्त फव्वारे की भाँति सामान्यतः बाहर आता है और तदुपरान्त अपरा का निकास होता है। अपरा के योनि तक पहुँचते ही प्रसूता अपनी उदर की पेशियों

की सहायता से ऐच्छिक रूप से उसको बाहर निकाल सकती है। अपरा के बाहर आते ही गर्भाशय के पेशीय तन्तु अपरा तक रक्त पहुँचाने वाली रक्त नालिकाओं को घोटते हैं जिससे रक्त-स्राव अधिक न हो सके तथा फटे हुए भाग पर फाइबिन के जमने की क्रिया को प्रोत्साहित करते हैं।

प्रसव की वेदना से छुटकारा

माँ बनना हर महिला का सबसे खूबसूरत सपना होता है पर जाने-अनजाने वह प्रसव के दर्द को लेकर चिंतित रहती है जबकि आज विज्ञान इतनी तरक्की कर चुका है कि प्रसव से कतई नहीं घबराना चाहिए प्रसव की प्रथम अवस्था हल्के दर्द से प्रारंभ होती है। इस अवस्था में गर्भाशय धीरे-धीरे बढ़ता है। करीब 10 सेंटीमीटर मुँह खुलता है। तभी शिशु को बाहर निकलने का मार्ग मिलता है। प्रथम प्रसव में करीब 12 से 16 घंटे और द्वितीय प्रसव में 8 से 12 घंटे लगते हैं। इस दौरान होने वाला दर्द गर्भाशय की माँसपेशियों में होने वाले संकुचन के कारण होता है। जब गर्भाशय का मुँह पूरा खुल जाता है तब शिशु नीचे सरकने प्रारंभ करता है। यह प्रसव की द्वितीय अवस्था है। ये दोनों अवस्थाएं अत्यंत कष्टकारी हैं। कई ग्रामीण, कम पढ़ी-लिखी, मेहनत-मजदूरी करने वाली मजबूत महिलाएं यह दर्द आसानी से सहन कर लेती हैं। परंतु शहरी, नाजुक स्त्रियाँ कई बार यह दर्द सहन नहीं कर पातीं और जिद करके आपरेशन द्वारा प्रसव के लिए चिकित्सक को मजबूर करने लग जाती हैं। दर्द से छुटकारा दर्दनाशक दवाइयाँ व पेथिडिन, डायजापाम, केटमिन, फोर्टविन आदि इंजेक्शन दर्द को कम करते हैं। इससे थोड़ी नींद भी आती है पर इनसे कभी-कभी शिशु को पहुँचने वाली ऑक्सीजन की मात्रा कम होने की आशंका रहती है। अतएव प्रसव काल में चिकित्सक और नर्सिंग स्टाफ आदि को बहुत सावधान रहना चाहिए। दर्दनाशक सूंघने की दवाई (इन्हेलेशन एनेस्थीसिया) में ऑक्सीजन और नाइट्रस ऑक्साइड (हँसाने वाली गैस या लाफिंग गैस) गैस का मिश्रण प्रसूता को सुंघाया जाता है। इसे एंटोनाक्स अपरेटस कहते हैं। इसका मास्क प्रसूता स्वयं ही नाक पर रख कर जब तक दर्द हो, सूंघ सकती है। इससे यह लाभ होता है कि शिशु पर कुप्रभाव नहीं पड़ता और प्रसव की सही प्रोग्रेस होती रहती है। बहुत अधिक मात्रा में दवा सूंघने से अधिक नींद की अवस्था हो सकती है और शिशु घबरा सकता है।

ये हैं चमत्कारिक दवाएँ। सर्वाधिक महत्त्वपूर्ण है एपीड्यूरल एनेस्थीसिया। यह 2 प्रकार का होता है। काडल एपीड्यूरल और लंबर एपीड्युरल। इस विधि से प्रसव में बिलकुल भी दर्द का अनुभव नहीं होता और यह बहुत ही असरकारक है। पीठ में एक पतले से इंजेक्शन की सहायता से सुन्न करने वाली दवा की कुछ मात्रा समय-समय पर अंदर पहुंचाई जाती है। इसके असर से प्रसव के समय होने वाला दर्द बिलकुल बंद हो जाता है जबकि गर्भाशय की माँसपेशियों का संकुचन जाता रहता है अर्थात् प्रसव की सामान्य प्रोग्रेस होती रहती है। एपीड्युरल कैथेटर की सहायता से लिग्नोकेन या ब्यूपिवाकेन नामक दवा शरीर में पहुँचाई जाती है। जब दर्द शुरू हो जाते हैं और बच्चेदानी का मुँह करीब 3 सेंटीमीटर खुल जाता है तब यह इंजेक्शन आरंभ किया जाता है। इस दौरान माँ और बच्चे की पूरी देखभाल और मॉनिटरिंग की जाती है। माँ की नब्ज, ब्लडप्रेशर आदि की मॉनिटरिंग की जाती है ताकि यह पता चलता रहे कि वह गर्भ में घबरा तो नहीं रही। माता को दर्द नहीं हो रहा होता तो वह कुछ बताने मे असमर्थ होती है। लेबर रूम के स्टाफ को ही ध्यान रखना पड़ता है। कभी-कभी इस दवा के प्रयोग से प्रसव की द्वितीय अवस्था में ज्यादा देर लग सकती है क्योंकि दर्द का कुछ पता न चलने के कारण माता द्वारा जोर नहीं लगाया जाता है तब वैक्यूम या फोरसेप की सहायता

से प्रसव कराया जाता है। यह तकनीक एक वरदान है जो माताओं को असहनीय प्रसव की वेदना से छुटकारा दिलाकर माँ बनने के अनुभव को खुशनुमा बना देती है।

प्रसव–पीड़ा की पहचान

प्रसव-पीड़ा के लक्षण प्रत्येक औरत के लिए अलग-अलग होते हैं, पर आप इसे समझ सकती हैं अगर इन लक्षणों में से एक या अधिक आपको महसूस हों।

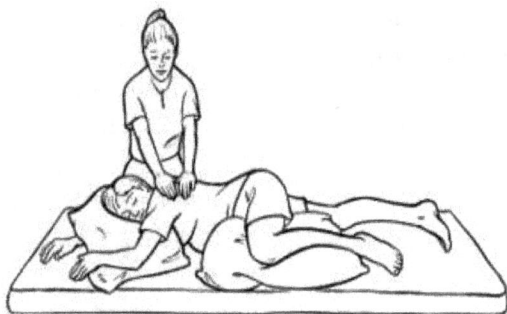

जब नियमित और कम अंतराल पर गर्भ की पेशियाँ खिंचें या तनें। इसके अलावा जब यह अधिक समय तक और तीव्रता से हो।

माहवारी के दिनों की तरह आपको शरीर के पिछले हिस्से में दर्द हो।

आपकी योनि से एक भूरा या खून के रंग का तरल पदार्थ निकले।

आपका बच्चा तरल पदार्थ के एक बैग से सुरक्षित रहता है। यह प्रसव पीड़ा के दौरान टूटता है और पानी गिरना शुरु हो जाता है। यह प्रसव का ही एक निशान है अगर उसी समय आपको खिंचाव महसूस हो।

आपका सर्विक्स (आपके गर्भ का सबसे निचला हिस्सा, जो योनि तक जाता है) जब दस सेंटीमीटर तक फैलने लगे। आपका डॉक्टर या दाई इस बात को बेहतर तरीके से बता सकते हैं।

डॉक्टर या दाई को कब बुलाएं?

अगर आप निश्चित तौर पर प्रसव-पीड़ा के बारे में नहीं जानती, तो डॉक्टर या दाई को बुलाएं। वह उन महिलाओं के बुलावे के आदी होते हैं, जो प्रसव में हैं लेकिन इसके बारे में जानती नहीं हैं, साथ ही वे यह भी जानते हैं कि किनको सलाह देनी चाहिए।

अपने डॉक्टर या दाई को बुलायें यदि–

आपके गर्भ के तरल पदार्थ की थैली टूट गई हो।

आपकी योनि से खून बह रहा है।

आपको बुखार, तीखा सरदर्द हो, देखने में पहले के मुकाबले बदलाव आया हो या पेट में दर्द हो

क्या प्रत्येक दर्द प्रसव-पीड़ा नहीं भी हो सकता है?

हाँ आपको झूठी प्रसव-पीड़ा भी हो सकती है अगर आपका सर्विक्स नहीं खुलता (आपका डॉक्टर या दाई आपकी जाँच कर इसे बेहतर बता सकते हैं) और आपका खिंचाव लगातार और तीखा नहीं है और आपके पेट या पीठ का कोई भी दर्द एक गरम स्नान या मसाज से ही ठीक हो जाता है।

क्या पहले से प्रसव-पीड़ा को समझा जा सकता है?

हालाँकि आप इसके बारे में बाखबर नहीं होंगे, लेकिन आपका शरीर बच्चों को जन्म देने के एक महीने पहले ही तैयार होने लगता है। कुछ महिलाओं में–

1. सर्विक्स पहले ही खुलने लगता है।
2. बच्चे का सिर जन्म की स्थिति में आने लगता है।
3. योनि से होने वाला रिसाव बढ़ने लगता है।
4. ब्रेक्सटन हिक्स कांट्रैक्शंस (जिसे अभ्यासी खिंचाव के नाम से भी जाना जाता है जिसमें गर्भ की पेशियाँ गर्भावस्था के बीच से ही 30 से 60 सेकंड के लिए खिंचने लगती हैं) नियमित और तीव्र हो जाती हैं।

दर्दरहित प्रसव

आपके बच्चे का जन्म वह अनूठा मौका है, जिसका पूरा परिवार बेसब्री से इंतजार करता है। यह महत्त्वपूर्ण क्षण आपके और बच्चे के लिए सुरक्षित एवं आनंदमय हो सके, इसके लिए कुछ जरूरी बातों का ध्यान रखा जाना चाहिए। जब आप गर्भवती होती हैं, तो समय-समय पर आप गर्भाशय को सिकुड़ता हुआ महसूस कर सकती हैं। जब आपकी प्रसव प्रक्रिया शुरू होती है, तो यह सिकुड़न नियमित और काफी शक्तिशाली हो जाती है। सिकुड़ने के कारण दर्द हो सकता है और साधारणतया जैसे-जैसे आप प्रसव प्रक्रिया में आगे बढ़ती हैं, यह दर्द भी अधिक होता जाता है। साधारणतया आपका पहला प्रसव सबसे लंबे समय का होगा। प्रसव की प्रक्रिया में दर्द कम करने के उपलब्ध विभिन्न तरीकों में से जो विधि माँ एवं बच्चे दोनों के लिए सुरक्षित है, वह है रीजनल एपिड्यूरल ब्लॉक।

रीजनल एपिडयूरल ब्लॉक

इस विधि से प्रसव वेदना का आंशिक या पूर्ण रूप से निदान संभव है। इस विधि में कमर के निचले भाग में इंजेक्शन दिया जाता है, जो कि विशिष्ट चिकित्सक जो एनेस्थेसियोलॉजिस्ट कहलाते हैं, के द्वारा लगाया जाता है। एपिड्यूरल ब्लॉक आपके होश में रहते हुए, आपके शरीर के निचले भाग की संवेदनशीलता को घटाता है।

कैसे करता है काम

एपिड्यूरल ब्लॉक कमर के निचले हिस्से में दिया जाता है। यह लगाते समय आगे झुककर बैठने या करवट से लिटा कर आपकी त्वचा को साफ किया जाता है। फिर एक विशेष प्रकार की सुई के जरिए एक बारीक ट्यूब को रीढ़ में नसों के पास पहुँचा दिया जाता है। सुई को निकाल लेते हैं एवं नली को टेप से चिपका देते हैं। अब इस नली में दर्द कम करने की दवाइयाँ बार-बार दी जाती हैं।

असर शुरू होने का समय

15 से 20 मिनट के अंदर। इस विधि से काफी आराम आ जाता है। आपको पीड़ा तो नहीं होगी, परंतु प्रक्रिया का कुछ अहसास होता रहेगा। दूसरे शब्दों में, स्पर्श का अहसास होगा, परंतु दर्द का अहसास जाता रहेगा। जानना खास होगा कि आप बैठ सकती हैं, चल भी सकती हैं, बात कर सकती हैं व पेय पदार्थ ले सकती हैं।

बच्चा कैसे होगा

दर्द का केवल अहसास जाता रहेगा, बच्चेदानी सिकुड़ने की प्रक्रिया तो ऐसे ही चलती रहेगी। जब दर्द होगा तो पेट में कड़ापन आप महसूस करेंगी।

जोर लगा पाएंगे

जब बच्चेदानी का पूरा मुँह खुल जाता है, सिर्फ उसी समय जोर लगाने की आवश्यकता होती है। आम तौर पर जच्चा हर दर्द पर जोर लगाने की कोशिश करती है, जो गलत है। इस विधि में दर्द खत्म होने से, माँसपेशियों को आराम मिलता है तथा जच्चा का दर्द के साथ जोर लगाना कम हो जाता है, जिससे कि प्रसव आसान हो जाता है।

शिशु पर कोई असर

यह विधि माँ और शिशु दोनों के लिए सुरक्षित है। यहाँ तक कि कुछ परिस्थितियों में यह विधि सर्वोत्तम है और अतिरिक्त सुरक्षा प्रदान करती है, जैसे कम दिनों का शिशु, उल्टा बच्चा, जुड़वाँ बच्चे, ब्लड प्रेशर, हृदय की बीमारी, शुगर की बीमारी, मोटापा, थायरॉइड, अस्थमा, लीवर की बीमारियाँ आदि।

आवश्यक सावधानियाँ

सामान्यतः इस प्रक्रिया में कोई खतरा नहीं होता है और जो भी खतरे होते हैं, उनके लिए विशेष सावधानियाँ रखी जाती हैं।

ऑपरेशन करना पड़े तो

आज के प्रगतिशील दंपत्ति एक या दो संतान ही चाहते हैं। बच्चे को अगर खून या ऑक्सीजन की कमी होती है, तो सबसे ज्यादा असर उसकी बुद्धि पर पड़ता है। अतः सभी चाहते हैं कि बच्चा आगे आने वाले जीवन में मानसिक एवं बौद्धिक रूप से पूरी तरह स्वस्थ हो और समाज में उच्च स्थान प्राप्त कर सकें।

अगर ऑपरेशन करना पड़ता है, तो इसी में ऑपरेशन पूर्ण सुन्न करके करते हैं। प्रसव जितना पीड़ारहित होगा, माँ भी बच्चे के जन्म देते समय आनंद की अनुभूति कर सकती है।

प्रसव की अवधि (Duration of Labor)

सामान्यरूप से प्रसव पीड़ा की अवस्थाओं के अनुसार प्रसव की अवधि प्रथम संतान एवं बाद की संतानों में अन्तर होती हैं। इसे निम्नलिखित सारणी से स्पष्ट किया जा सकता है–

प्रसव अवधि	प्रथम सन्तान	दूसरी सन्तान
पहली अवस्था	10-12 घण्टे	5.5 से 7.5 घण्टे
दूसरी अवस्था	2/3-1 घण्टे	0.4 घण्टे
तीसरी अवस्था	1/4 घण्टा	1/4 घण्टे

प्रसव की अवधि को अन्य कारक भी प्रभावित करते हैं जैसे–अगर गर्भवती स्त्री की उम्र 30 वर्ष से अधिक है तो प्रसव की अवधि भी लम्बी होगी। इसके अलावा अगर गर्भस्थ शिशु का आकार बड़ा है, वह गर्भ में सही स्थिति में नहीं है उसका सिर ऊपर की ओर तथा पैर नीचे की ओर है तब भी प्रसव की अवधि अधिक हो जाती है। इस पर भी अगर गर्भवती स्त्री को प्रसव के विषय में सही जानकारी हो, उसका स्वास्थ्य उत्तम हो, अपने चिकित्सक पर विश्वास हो, सुसमायोजित हो तो प्रसव की अवधि कम हो सकती है।

प्रसव के लक्षण (Signs of Labor)

अन्तिम आर्तव चक्र की तारीख से गिनकर सामान्यरूप से 280 दिन या 40 सप्ताह के उपरांत प्रसव की पीड़ा शुरू होती है। इसके चार मुख्य लक्षण हैं–

1. गर्भाशय का पीड़ादायक संकुचन जो पहले 15 अथवा 30 मिनट में एक बार आता है और 1/2 मिनट तक रहता है तथा बाद में तीव्र गति से और अधिक समय तक रहने लगता है।
2. कम रक्त स्राव जिसको शो की संज्ञा दी जाती है, रक्त से मिश्रित श्लेष्मा होती है। यह ग्रीवा की श्लेष्मिक झिल्ली से अलग होकर निष्कासित होती है। इसके अलावा विस्फारण के समय अन्य पर्तों के पृथक हो जाने से भी रक्त-स्राव होता है।
3. आन्तरिक संवरणी के विस्फारण से ग्रीवा का ऊपर की ओर खिंच जाना अगर इसके साथ उल्व की थैली मार्ग के पास दिखाई दे तो समझ लेना चाहिए कि प्रसव पीड़ा शुरू होने वाली है।
4. झिल्लियों का फटना उल्व तरल की थैली कठोर, तनावपूर्ण, उभरी हुई होकर फट जाती है। जिससे उल्व तरल बाहर निकल जाता है। इसके बाद ही गर्भाशय की पेशियों की तीव्र संकुचन से शिशु का जन्म हो पाता है।

जटिल गर्भावस्था के लक्षण

1. 18 वर्ष से कम या 35 वर्ष से अधिक आयु में प्रसव होना।
2. 4 फीट 10 इंच (145 सेमी.) से कम कद होना।
3. गर्भवती महिला का वजन 40 किलो से कम होना।
4. पैरों में सामान्य से अधिक सूजन होना।
5. उच्च रक्तचाप होना।
6. हीमोग्लोबिन 10 ग्राम से कम होना।
7. गर्भावस्था के समय किसी प्रकार की जटिलता जैसे झटके आना, बुखार आना।
8. पूर्व प्रसव में आंवल का रूक जाना, मुश्किल से बाहर निकलना या अत्यधिक रक्त स्त्राव होना।
9. पहला का प्रसव ऑपरेशन से होना।
10. तीन से अधिक बार गर्भधारण किया हो।
11. बीच-बीच में रक्त स्त्राव हो रहा हो।
12. क्षय रोग, हृदयरोग, मधुमेह, पीलिया की रोगी हो।
13. पहला शिशु जन्मजात विकृति वाला हो।
14. उपरोक्त एक या एक से अधिक लक्षण पाये जाने पर भी घबरायें नहीं। चिकित्सक की सलाह से पूरा उपचार लें एवं सुरक्षित प्रसव करवायें।

असामान्य प्रसव (Unusual Delivery)

अगर गर्भस्थ शिशु का सिर ऊपर की ओर तथा धड़ एवं पैर के नीचे की ओर हो तो इसे मध्य अवस्था कहते हैं। जुड़वाँ अथवा तीन, चार, पाँच शिशु एक साथ गर्भ में होने से, माता की शारीरिक स्थिति के कारण, जैसे–कटि प्रदेश छोटा होने से, हड्डियों के टयूमर से, अण्डाशय एवं गर्भाशय के टयूमर से, ग्रीवा के अत्यन्त सख्त होने से गर्भाशय के आलस्य से, गर्भाशय के फट जाने से ग्रीवा, योनि अथवा बाह्य द्वार के फट जाने से, गर्भाशय के उल्टा होकर बाहर निकल जाने से, गर्भाशय की स्थान च्युतता से, अपरा के गर्भाशय में चिपक जाने से तथा न निकलने से प्रसव असामान्य हो जाता है। इस अवस्था में ठीक उसी समय अगर उपचार या चिकित्सा नहीं की जाती है तो गर्भवती स्त्री या गर्भस्थ शिशु या माँ और शिशु दोनों की मृत्यु निश्चित होती है।

प्रसव की अवस्थायें और प्रबंध (Management of Delivery)

शिशु जन्म या प्रसव की तीन प्रमुख अवस्थायें होती हैं–

प्रसव की प्रथम अवस्था (विस्तारण)

यह अवस्था प्रसव दर्द के प्रारम्भ होने से योनि के विस्तारण तक रहती है। इसलिये इस अवस्था को विस्तारण की अवस्था भी कहते हैं।

प्रसव की प्रथम अवस्था का संकेत निम्न बातों से मिलता है–

1. योनि मार्ग से श्लेष्मा के साथ रक्त का स्राव,
2. कमरदर्द और दर्दयुक्त गर्भाशयिक संकुचन,
3. एकनिऑटिक द्रव का निष्कासन।

प्रसव की प्रथम अवस्था में गर्भाशय की माँसपेशियों में तीव्र संकुचन होता है। जिससे पेट तथा कमर के निचले हिस्से में दर्द आरम्भ हो जाता है। हर गर्भाशय पेशीय संकुचन के साथ भ्रूण का सिर नीचे योनि की ओर आने लगता है। पेशीय संकुचन से गर्भाशय का ऊपरी भाग कठोर हो जाता है तथा निचला भाग कोमल होकर फैल जाता है। अतः यह अवस्था योनि मार्ग के प्रसारण (फैलाव) की अवस्था है। इस अवस्था में शिशु बाहर आने के लिये मार्ग तैयार करता है।

प्रसव की प्रथम अवस्था के दौरान योनि मार्ग जो सामान्य अवस्था में केवल 1.25 सेमी. ही खुलता है। इतना फैल जाता है कि शिशु का सिर आसानी से बाहर निकल आता है।

प्रथम अवस्था की अवधि–जब किसी स्त्री का प्रथम प्रसव होता है तो प्रथम अवस्था में अधिक समय लगता है। प्रथम प्रसव में यह अवधि लगभग 12 से 16 घन्टे तथा बहुप्रसव में 6 से 8 घन्टे होती है।

प्रबन्ध–प्रसव की प्रथम अवस्था में निम्नलिखित प्रयास करने चाहिये–

1. दर्द निवारक दवा देकर दर्द में आराम पहुँचना चाहिये।
2. यदि प्रथम अवस्था की अवधि अधिक है तो इन्ट्रोविनस विधि से ग्लूकोज सॅलाइन देना चाहिये।
3. निर्जलीकरण की रोकथाम के लिये माँ को अधिक मात्रा में तरल पदार्थ लेने के लिये प्रोत्साहित करना चाहिये।
4. गर्भवती को मानसिक रूप से ढ़ाढ़स बंधाकर प्रसव के लिये तैयार करना चाहिये।
5. गर्भस्थ शिशु के हृदय की धड़कन नोट करते रहना चाहिये जिससे गर्भस्थ शिशु को कोई हानि न हो।

प्रसव की द्वितीय अवस्था (निष्कासन)

द्वितीय अवस्था योनि के पूर्ण विस्तारण से आरंभ होकर शिशु जन्म होने तक रहती है। अतः यह शिशु जन्म की अवस्था है। इस अवस्था में गर्भस्थ शिशु माँ के शरीर से बाहर आता है। अतः इस अवस्था को निष्कासन की अवस्था भी कहते हैं। प्रथम अवस्था में गर्भाशय संकुचन से भ्रूण नीचे आ जाता है और योनि मार्ग फैल जाता है। जैसे-जैसे गर्भाशय की पेशियों पर दबाव बढ़ता जाता है शिशु योनि मार्ग से बाहर आने का प्रयास करता है। फलस्वरूप कमर के निचले हिस्से में तीव्र पीड़ा होती है और पीड़ा के साथ सर्वप्रथम शिशु का सिर बाहर आता है फिर कंधे तथा शेष शरीर बाहर आता है। इस अवस्था में गर्भवती की नाड़ी की गति तेज हो जाती है। योनि मार्ग से बाहर आने पर शिशु बलपूर्वक अपनी भुजाओं व टाँगों को घुमाता है और तेजी से रोता है।

द्वितीय अवस्था की अवधि–इस अवस्था की अवधि प्रथम प्रसव 1-2 घन्टे तथा बहु प्रसव में आधा घन्टे से कम होती है।

प्रबन्ध

1. गर्भवती को मानसिक सहारा प्रदान करना चाहिये।
2. प्रत्येक 5 मिनट में गर्भस्थ शिशु के हृदय की धड़कन सुननी चाहिये। यदि गर्भस्थ शिशु के हृदय गति की दर 160 प्रति मिनट से अधिक और 100 प्रति मिनट से कम हो तो तुरंत समुचित उपचार करना चाहिये।
3. शिशु जन्म के साथ-साथ योनि मार्ग फैलता जाता है। गर्भस्थ शिशु का सिर जब योनि से बाहर आ जाये तो प्रत्येक संकुचन के दौरान शिशु के सिर को स्थिर रखना चाहिये अन्यथा सिर के हिलने डुलने से योनि मार्ग अनावश्यक रूप से फैल सकता है।
4. शिशु जन्म के समय यदि नाभि नाल गर्दन के आस-पास ढीले रूप में लिपटी हो तो उसे सिर व कंधों पर से फिसलाकर निकाल देना चाहिये।

प्रसव की तृतीय अवस्था

यह अवस्था शिशु जन्म के बाद से प्लेसेन्टा तथा अन्य झिल्लियों के पूर्ण निष्कासन तक रहती है। यह अवस्था गर्भाशय की सफाई की अवस्था है जब शिशु का जन्म हो जाता है तो प्लेसेन्टा पृथक हो जाने के बाद रक्त प्रवाह तेज हो जाता है और नाभिनाल लम्बी हो जाती है। गर्भाशयिक संकुचनों से लगभग दस से पन्द्रह मिनट में सभी पदार्थ जैसे–अपरा, नाभिनाल श्लेष्मा, रक्त सभी बाहर आ जाते हैं। प्लेसेन्टा का निष्कासन पूर्ण रूप से हुआ है या नहीं यह ज्ञात करने के लिये प्लेसन्टा व झिल्लियों का परीक्षण किया जाता है। सम्पूर्ण पदार्थ बाहर आने पर योनि मार्ग को धोकर साफ किया जाता है और यदि योनि मार्ग फट गया है तो टाँके लगाये जाते हैं। शिशु जन्म के एक घन्टे बाद तक गर्भवती का सूक्ष्म निरीक्षण किया जाता है तथा नाड़ी और रक्तचाप को नोट किया जाता है।

प्रसव के प्रकार (Types of Labor)

प्रसव कई प्रकार से होता है। शिशु जन्म की प्रक्रियायें निम्नलिखित हैं–

1. सामान्य व स्वाभाविक प्रसव।
2. उल्टा प्रसव।
3. औजारों व उपकरणों द्वारा प्रसव।
4. ऑपरेशन द्वारा प्रसव।

सामान्य व स्वाभाविक प्रसव

शिशु जन्म की यह प्राकृतिक और स्वाभाविक प्रक्रिया है इसमें प्रसव की तीनों अवस्थायें बारी-बारी से क्रियान्वित होती हैं। सर्वप्रथम योनि मार्ग का विस्तार होता है, फिर शिशु योनि से बाहर आता है और अंत में गर्भाशयिक संकुचन द्वारा सम्पूर्ण व्यर्थ पदार्थों का गर्भाशय से निष्कासन हो जाता है।

लाभ–इस अवस्था के प्रमुख लाभ अग्रलिखित हैं–

1. प्रसूता माँ को अस्पताल या प्रसूति केन्द्र में अधिक समय तक नहीं रहना पड़ता है।
2. जन्म के बाद शिशु तथा प्रसूता माँ की बहुत अधिक देखभाल की आवश्यकता नहीं होती है।
3. सामान्य प्रसव से उत्पन्न बालकों की वातावरण के साथ समायोजन की क्षमता अधिक होती है।
4. इस प्रसव प्रक्रिया में शिशु के जन्म में अधिक समय नहीं लगता है।
5. प्रसव के समय माँ तथा शिशु दोनों को अधिक कठिनाई नहीं होती है।

6. माँ तथा शिशु का स्वास्थ्य जन्म के बाद ठीक रहता है।

ऑपरेशन द्वारा प्रसव

जब शिशु सामान्य व प्राकृतिक प्रक्रिया द्वारा योनि मार्ग से बाहर आने में असमर्थ होता है तो माँ के उदर में चीरा लगाकर शिशु को बाहर निकाला जाता है तो उसे ऑपरेशन द्वारा प्रसव कहते हैं।

ऑपरेशन के द्वारा प्रसव निम्न परिस्थितियों में किया जाता है–

1. योनि मार्ग का संकरा होना तथा शिशु का आनुपातिक रूप से बड़ा होना।
2. सामान्य प्रक्रिया द्वारा जन्म लेने पर शिशु की जान को खतरा होना।
3. गर्भ में शिशु की स्थिति सामान्य न होना।
4. गर्भ में शिशु की मृत्यु हो जाना।
5. गर्भाशयिक संकुचनों का कम होना।
6. किन्हीं कारणोंवश शिशु जन्म निर्धारित समय से पूर्व आवश्यक होना।

हानि–इससे निम्नलिखित हानि हैं–

1. ऑपरेशन के कारण प्रसूता को अधिक आराम की आवश्यकता होती है।
2. ऑपरेशन द्वारा प्रसव में अधिक समय व धन लगता है।
3. यह प्रसव घर पर नहीं कराया जा सकता है।
4. प्रसूता को अधिक समय तक प्रसूति केन्द्र में रहना पड़ता है।
5. शिशु जन्म के बाद प्रसूता और नवजात दोनों को अधिक देखभाल की आवश्यकता होती है।
6. आपरेशन द्वारा प्रसव के बाद गर्भाशय को अपने सामान्य आकार में आने में अधिक समय लगेगा।

उल्टा प्रसव

जब गर्भाशय में शिशु की स्थिति उल्टी होती है अर्थात् पैर नीचे और सिर ऊपर होता है तथा गर्भवती को प्रसव वेदना प्रारंभ होने के कारण निचला भाग और पैर पहले बाहर आते हैं तथा धड़ और सिर बाद में बाहर आते हैं तो ऐसी प्रसव प्रक्रिया को 'उल्टा प्रसव' कहते हैं। प्रसव प्रक्रिया में औजारों की मदद ली जाती है।

इस प्रसव प्रक्रिया में प्रसव की तीनों अवस्थायें–योनि मार्ग विस्तारण, शिशु निष्कासन तथा गर्भाशायिक व्यर्थ पदार्थों का निष्कासन सामान्य प्रसव के समान ही होती है।

हानि–इस प्रक्रिया से निम्नलिखित हानि हैं–

1. शिशु के प्रसव के लिये औजारों की सहायता ली जाती है जो कभी-कभी माँ के जननांगों तथा शिशु के कोमल अंगों को ये औजार हानि पहुँचा सकती है।
2. सामान्य प्रसव प्रक्रिया से अधिक समय लगता है।
3. प्रसव के समय गर्भवती माँ तथा शिशु दोनों को अधिक कठिनाई का सामना करना पड़ता है।

मेडिकल उपकरणों द्वारा प्रसव

जब गर्भस्थ शिशु किन्हीं कारणों से सामान्य प्रक्रिया द्वारा योनि मार्ग से स्वतः बाहर नहीं आ पाता है और गर्भवती माँ प्रसव वेदना से पीड़ित होती है तो औजारों व उपकरणों की सहायता से योनि मार्ग को चौड़ाकर शिशु को औजारों की सहायता से बाहर निकाला जाता है।

निम्न परिस्थितियों में आपरेशन द्वारा प्रसव किया जाता है–

1. गर्भस्थ शिशु के कमजोर होने पर।
2. योनि मार्ग छोटा होने पर।
3. शिशु का अपने सही स्थिति में न होने पर।
4. शिशु का सिर बड़ा होने पर।
5. गर्भाशयिक संकुचन के कम हो जाने पर।
6. गर्भाशयिक पानी की थैली के फट जाने पर।

इन सभी अवस्थाओं में शिशु स्वाभाविक रूप से बाहर नहीं आ पाता हैं अतः औजारों की सहायता से उसे बाहर निकाला जाता है।

हानि

1. इस प्रसव प्रक्रिया में माँ के जननांगों तथा शिशु के कोमल अंगों को औजारों से हानि हो सकती है।
2. इस प्रसव प्रक्रिया में अधिक समय लगता है।
3. गर्भवती माँ तथा शिशु दोनों को अधिक कठिनाई का सामना करना पड़ता है।
4. प्रसव के लिये अनुभवी व योग्य चिकित्सक की आवश्यकता होती है।
5. यह प्रसव घर पर नहीं कराया जा सकता है।

शल्यक्रिया द्वारा प्रसव (Delivery by Cesarean)

जब माँ के पेट के निचले भाग तथा गर्भाशय की शल्यक्रिया द्वारा शिशु का प्रसव कराया जाता है तो उसे सीजेरियन सैक्शन कहते हैं। कुदरती तरीके से हुए शिशु कुदरत की हिफाजत में संसार में आ जाते हैं। किन्तु कुछ कारणों की वजह से सीजेरियन का बिकल्प रखना पड़ता है। सीजेरियन से हुए शिशु का सफर अलग होता है। नौ महीने माँ की कोख में पलने के बाद जब एक शल्यक्रिया का निर्णय लिया जाता है तब कुदरत की बागडोर कुछ इनसानों के हाथ चली जाती है। कई बार जरूरी और कई बार बिना किसी खास अनुरूप तर्क के यह विकल्प चुना जाता है।

जब शिशु योनिमार्ग से नहीं गुजरता तो उसके फेफड़े का पानी ठीक से नहीं निचुड़ पाता। कुछ शिशु यह सामान्य तरीके से सहन कर लेते हैं। कुछ की साँस ज्यादा चलने लगती है। शिशु को इससे तकलीफ हो सकती है। इस स्थिति को ट्रान्सियन्ट टैकिप्निया ऑफ न्यूबॉर्न कहते हैं।

योनिमार्ग से नहीं निकलने की वजह से सर पर कोन(कैपुट) भी नहीं बनता है।

सीजेरियन एक अहम् शल्यक्रिया है। अन्य किसी भी शल्यक्रिया की ही तरह इसमें उतना ही खतरा है। यह खतरा कोई सर्जीकल या अनेस्थेटिक कौम्प्लीकेशन, करने वाले डॉक्टर के हुनर की कमी, बच्चे में किसी त्रुटि या फिर स्त्री के शरीर के किसी प्रतिकूल अनुक्रिया की वजह से हो सकती है। किन्तु जब यह आवश्यक हो तब माँ और शिशु दोनों के लिये जीवनदायिनी भी है।

वे कौन सी स्थितियाँ हैं जब कि सोच विचारकर सीजेरियन सैक्शन किया जाता है?

निम्नलिखित स्थितियों में सीजेरियन सैक्शन की योजना बनाई जाती है–

1. यदि पहले पहले या उससे अधिक सीजेरियन हो चुके हो।
2. बीजाण्ड का नीचे की ओर होना।
3. आप के बच्चे का विकृत स्वरूप।

किन परिस्थितियों में आपातकालीन सिजेरियन सैक्शन किया जाता है?

निम्नलिखित परिस्थितियों में आपातकालीन सिजेरियन सैक्शन किया जाता है–

1. भ्रूण पर विपत्ति हो सकता है कि आप का शिशु प्रसव के दबाव को सहन न कर पा रहा हो और हृदय की धड़कन अनियमित या कम होती जा रही हो, या रक्त में एसिड बन रहा हो।
2. कभी-कभी एमनियौटिक तरल पदार्थ का रंग बदलकर हरा-सा हो जाता है (गर्भाशय में भ्रूण के मल या मैकोनियम का मार्ग तो वह विपत्ति का चिन्ह हो सकता है यदि योनि मार्ग से प्रसव तुरन्त न हो सकता है तो सिजेरियन ही बच्चे को बचाने का सर्वश्रेष्ठ साधन है।
3. प्रसव क्रिया में प्रगति का अभाव
4. प्लैसेन्ट (बीजाण्ड में रक्त स्राव)

प्रकार

सीजेरियन सेक्शन के कई प्रकार हैं। एक महत्त्वपूर्ण अंतर त्वचा पर लगाए जाने वाले चीरे के अतिरिक्त गर्भाशय पर लगे चीरे (लंबवत या अंक्षाशीय) का है।

प्राचीन सीजेरियन सेक्शन में मध्यरेखीय लंबवत् चीरा लगाया जाता है, जिसमें शिशु के जन्म के लिए बड़े स्थान की आवश्यकता होती है। हालाँकि इसका प्रयोग अब काफी कम होता है, क्योंकि इससे कई तरह की समस्याएं उत्पन्न होने की संभावना रहती है।

निम्न गर्भाशयी खंड परिच्छेद ऐसी विधि आजकल सर्वाधिक प्रयोग में आने वाली विधि है। इसमें ब्लैडर के किनारे के ऊपर एक अनुप्रस्थ काट लगाई जाती है जिससे कम रक्तस्राव होता है तथा उसकी मरम्मत आसान होती है।

आपातकालीन सीजेरियन सेक्शन एक ऐसी सीजेरियन विधि है जो प्रसवपीड़ा आरंभ होने के बाद संपन्न की जाती है।

क्रैश सीजेरियन सेक्शन सीजेरियन की ऐसी विधि है, जो प्रासविक आपातकाल में संपन्न की जाती है, जहाँ गर्भावस्था की समस्याएँ प्रसव पीड़ा के दौरान अचानक उत्पन्न होती हैं, तथा माँ, शिशु/शिशुओं अथवा दोनों को मृत्यु से बचाने के लिए एक त्वरित कार्रवाई की आवश्यकता होती है।

सीजेरियन हिस्टेरेक्टोमी में गर्भाशय को हटाने के बाद सीजेरियन परिच्छेद किया जाता है। दु:साध्य रक्तस्राव की स्थिति में या जब गर्भाशय से गर्भनाल अलग किया जा सकता है, तब इसे प्रदर्शित किया जाता है।

पारंपरिक रूप से सीजेरियन के अन्य रूपों का प्रयोग किया गया है, जैसे अति-उदरावरणीय सीजेरियन परिच्छेद या पोरो सीजेरियन सेक्शन।

रोगी ने यदि पहले सीजेरियन सेक्शन करवाया हो, तो उस स्थिति में दुहराव सीजेरियन परिच्छेद किया जाता है। विशेष रूप से इसे पुराने निशान पर किया जाता है।

कई अस्पतालों में, विशेषकर अर्जेंटाइना, अमेरिका, युनाइटेड किंगडम, कनाडा, नॉर्वे, स्वीडन, ऑस्ट्रेलिया तथा न्यूजीलैंड में माँ के जन्म सहयोगी को शल्यक्रिया के दौरान वहाँ मौजूद रहने के लिए प्रेरित किया जाता है, ताकि वह उस अनुभव को बाँट सके। निश्चेतक विशेषज्ञ प्रायः पर्दे को नीचे खिसका देते हैं, ताकि माता-पिता अपने शिशु जन्म को देख सकें।

संकेत

सीजेरियन सेक्शन की सलाह तब दी जाती है, जब योनिमार्ग द्वारा शिशु जन्म में माँ या बच्चे की जान को खतरा हो। हालाँकि सभी सूचीबद्ध परिस्थितियाँ अनिवार्य संकेत को नहीं दर्शाती तथा कई स्थितियों में प्रसव विशेषज्ञ को यह तय करने का एकाधिकार होना चाहिए कि सीजेरियन आवश्यक है अथवा नहीं। सीजेरियन शिशु-जन्म के कुछ संकेत इस प्रकार हैं–

1. सामान्य शिशु जन्म में अवरोध उत्पन्न करने के लिए प्रसव-समस्याएँ प्रमुख कारक हैं।
2. काफी लंबा प्रसव या आगे बढ़ने (डिस्टोसिया) में असफलता
3. जानलेवा विपत्ति
4. कॉर्ड प्रोलेप्स
5. गर्भाशयी विदर
6. उल्वी विदर के बाद माँ या शिशु में बढ़ा हुआ रक्तचाप (हाइपरटेंशन)
7. उल्वी विदर के बाद माँ या शिशु में बढ़ी हुई हृदय-गति (टैकाइसाइडिया)
8. अपरा संबंधित समस्याएं (अपरा प्रेविया, अपरा अवखंडन या अपरा एस्क्रेटा)
9. असामान्य गर्भस्थिति (नालपृष्ठ या अनुप्रस्थ स्थितियां)
10. असफल प्रसव प्रेरण
11. औजारों द्वारा असफल जनन (फोरसेप्स या वेंटोयूज द्वारा। कभी-कभी 'फोरसेप्स-वेंटॉज द्वारा शिशु जनन का प्रयास' किया जाता है- इसका अर्थ होता है कि फोरसेप्स-वेंटोयूज जनन का प्रयास किया गया, और यदि फोरसेप्स/वेंटोयूज जनन असफल रहता है, तो इसे सीजेरियन सेक्शन में बदल दिया जाएगा)
12. शिशु का काफी बड़ा होना (मैक्रोसोमिया)
13. नाभि रज्जु की असामान्यता (वासा प्रेविया, बाइ-लोबेट समेत मल्टि-लोबेट तथा सकेंच्युरेट-लोब्ड प्लेसेंटा, वेलामेंटस इंसर्शन)
14. संकुचित कोख
15. गर्भावस्था की अन्य समस्याएं, पूर्व से विद्यमान स्थितियाँ तथा सहवर्ती रोग, जैसे–
    (क) प्री-एक्लैम्प्सिया
    (ख) उच्च रक्तचाप
    (ग) बहु-जनन

(घ) उत्कृष्ट (उच्च जोखिम) भ्रूण

माँ का एच.आई.बी. संक्रमण

यौन-संचरित संक्रमण, जैसे हर्पीज (योनि-जनन द्वारा शिशु के जन्म लेने पर शिशु में हस्तांतरित हो सकता है, पर प्रायः उपचार से यह ठीक भी हो सकता है, इसके लिए सीजेरियन सेक्शन की आवश्यकता नहीं होती)

1. मूलाधार के स्वस्थ्य होने का पहले की समस्याएँ।
2. प्रासविक निपुणता की कमी
3. तकनीक का गलत उपयोग
4. जोखिम
5. माता से जुड़े खतरे

प्रसवोपरांत (Post-Delivery)

बच्चे के जन्म लेने के बाद सर्वप्रथम बच्चे के मुँह और नाक को साफ किया जाता है। कभी-कभी बच्चे के मुँह और साँस की नलिका से चिकने पदार्थ व अन्य द्रवों को साफ करने के लिए मशीन का उपयोग किया जाता है। इसके बाद बच्चे को अच्छी तरह से साफ कपड़े में लपेट लेते हैं जिससे बच्चे के शरीर का तापमान बना रहे। जन्म ने बाद बच्चे के आंखों की सफाई भी आवश्यक होती है। बच्चे के जन्म लेने के बाद बच्चे के सांस लेने की कार्यक्षमता, दिल की धड़कन, त्वचा का रंग, हाथ-पैरों का हिलना व छूने पर बच्चे का स्वभाव देखा जाता है। इसको एपगर कहते हैं। यदि बच्चे की कार्यक्षमता सामान्य होती है तो बच्चे के हाथ-पैर, कान, मल-मूत्रद्वार तथा बच्चे की पीठ को देखने के बाद बच्चे के पेट की सफाई आदि की जाती है तथा भोजन की नलिका के अवरोध को देखा जाता है।

बच्चा

बच्चे के जन्म का तीसरा चरण बच्चे के जन्म होने से औबल को बाहर आने को तीसरा चरण कहते हैं। बच्चे के जन्म होने के बाद बच्चा एक नाल (कोर्ड) से जुड़ा होता है जिसको नाल कहते हैं। यह सफेद, मटमैला और रस्सी के समान आकृति का होता है। इसके बच्चे की धड़कन महसूस की जा सकती है। यह बच्चे को रक्त और ऑक्सीजन पर्याप्त मात्रा में पहुँचाया रहता है। दूसरी तरफ यह नाल ओवल से जुड़ा रहता है जो माँ के बच्चेदानी की दीवार से चिपका रहता है जब बच्चा ठीक तरफ से रोने लगता है और उसका रंग गुलाबी रंग का हो जाए तो इसका अर्थ यह होता है कि बच्चे का दिल और फेफड़े कार्य करने लगे है इसी अवस्था में नाल को बच्चे की नाभि से लगभग 8 से 10 सेमी की दूरी पर क्लैम्प लगाकर काटा जाता है।

नाल को काटकर यह देखें कि यह जमीन या किसी अन्य चीज से छू न जाए क्योंकि यह शीघ्र ही रोग को पकड़ लेता है और उससे बच्चे को रोग हो सकता है। इसीलिए इसे काटने के बाद बच्चे के पेट पर डाल देना ही उचित होता है बच्चे की कटी नाल पर कोई दवा भी लगाई जा सकती है। बच्चे की कटी हुई नाड़ 24 घंटे के अंदर धीरे-धीरे करके सूख जाती है। लगभग 7 से 10 दिन में यह सूखकर शरीर से अलग हो जाती है तथा इसके स्थान पर एक बटन के आकार का दाग शरीर पर रह जाता है जिसको नाभि कहते हैं। जब तक यह शरीर पर रहता है इसकी देखरेख आवश्यक होती है। इसे प्रतिदिन दिन में दो बार डॉक्टरी रूई से स्प्रिट के सहायता से साफ करना तथा कीटाणुनाशक दवा का उपयोग करना चाहिए।

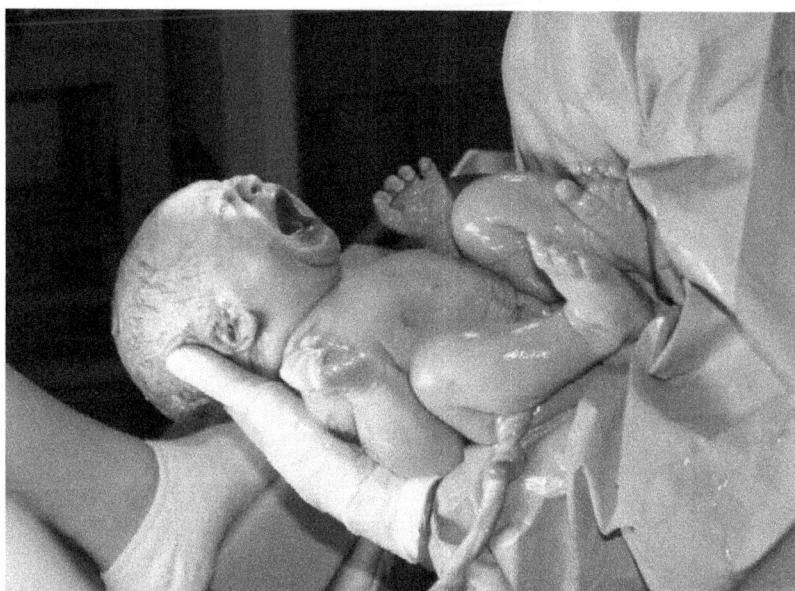

एमनीओटिक झिल्ली के फाड़ने के बाद यह नाल (एमलाइकल कोर्ड) बच्चा पैदा होने से पहले कई बार बाहर निकल जाती है। यह अवस्था यह अवगत कराती है कि बच्चा अपने समय के अनुसार छोटा, शारीरिक त्रुटियाँ, गर्भ में बच्चे की आसामान्य अवस्था या गर्भाशय में एमनीओटिक द्रव का अधिक मात्रा होना प्रमुख कारण होता है। भग से नाल के बाहर आने पर नाल में रक्त का बहाव कम होने लगता है बच्चे के सिर का दबाव तथा माँ के कूल्हे की बीच की हडिड्यों के बीच नाड़ पर लगातार दबाव पड़ने के कारण कई बार रक्त का संचार बिल्कुल ही बंद हो जाता है। इस अवस्था में बच्चे का तापमान व रक्त कम होने के कारण बच्चा गर्भ में ही मर जाता है। इसी कारण इस अवस्था में प्रसव का शीघ्र करना या ऑपरेशन के द्वारा प्रसव कराना लाभदायक होता है।

कई बार नाड़ की इस प्रकार की अवस्था प्रारम्भ में मालूम नहीं हो पाती है। इस अवस्था को मालूम करने के लिए भग द्वारा जाँच करनी पड़ती है। इस दशा में प्रसव शीघ्र नहीं हो पाता है तथा बच्चे के दिल की धड़कनें कम होने लगती हैं। इस कारण यह आवश्यक है कि जैसे ही एमन्योटिक झिल्ली फटती है। उस समय स्त्री की जाँच भग द्वारा शीघ्र होनी चाहिए। ऐसी स्त्रियाँ जिनमें बच्चे का सिर कूल्हे पर आकर न टिका हो उनमें नाल का बाहर आने की संभावना भी अधिक होती है और कुछ समय बाद यह स्वयं सूखकर गिर जाती है तथा बच्चे की नाभि का निशान जीवनपर्यन्त के लिए रह जाता है।

बच्चे के जन्म के समय जैसे ही बच्चे का सिर बाहर आता है तो इस बात को ध्यान देना चाहिए कि बच्चे के चेहरे पर चिकनाईयुक्त द्रव कितना लगा है क्योंकि यही चिकनाईयुक्त द्रव बच्चे को साँस लेने में कठिनाई डाल सकता है। इसी कारण एक साफ कपड़े के टुकड़े द्वारा बच्चे का चेहरा, नाक और मुँह को अच्छी प्रकार से साफ करना चाहिए। बच्चे के पैदा होते ही बच्चे को उल्टा लटकाया जा सकता है। जिससे फेफड़े आदि में गया हुआ चिकना द्रव मुँह में लौटकर आ जाए और मुँह का द्रव फेफड़ों में न जा पाये। इस कारण इसको सक्शन द्वारा सावधानी से निकाला जा सकता है।

थोड़ी सी मात्रा में चिकनाईयुक्त द्रव फेफड़ों में जा सकता है। परन्तु अधिक मात्रा में द्रव फेफड़ों में जाने से बच्चे का रोना ठीक नहीं होता है। ऐसी स्थिति में फेफड़े में नली डालकर इसे निकालना पड़ता हैं तथा बच्चे को दवाइयाँ भी शुरू करनी पड़ती है। पहले बच्चे के फेफड़े गुब्बारे की भांति बिना हवा के होते हैं। परन्तु पहली बार सांस लेते ही फेफड़े हवा से भर जाते हैं। उसमें से रक्त आने लगता है तथा आक्सीजनयुक्त रक्त फेफड़े से बच्चे के हृदय की ओर पहुँच जाता है। इस अवस्था में बच्चे का हृदय शीघ्र ही कार्य करने लगता है। इसी बीच बच्चे का सम्बन्ध औवल से अलग हो जाता है।

बच्चेदानी में कुछ दर्द के साथ औवल भी धीरे-धीरे बच्चेदानी की दीवारों की पकड़ को छोड़ने लगती है तथा धीरे-धींरे करके पूरा औवल अलग होकर इसी द्वार से बाहर आ जाती है। कभी-कभी औवल को आने में 10 मिनट से लेकर आधे घंटे का समय लग सकता है ऐसी स्थिति में मां के पेट की हल्की मालिश भी करनी पड़ सकती है। यदि इसके बाद भी औवल बाहर नहीं आता है तो उसे रिटेनड् औवल कहते हैं। औवल के बाहर आते ही औवल को अच्छी प्रकार से देखना चहिए। यदि औवल का एक भी टुकड़ा नहीं आ पाया तो फिर बच्चेदानी पूरी तरफ से सिकुड़ नहीं पाती तथा रक्तस्राव होता रहता है।

बच्चे के जन्म लेते ही बच्चा कुछ नीले रंग का हो जाता है। परन्तु बच्चे के रोने से ऑक्सीजन और रक्त बच्चे के शरीर में संचरित होने लगता है। इसके कारण बच्चे का रंग गुलाबी हो जाता है। बच्चे के शरीर पर सफेद चिकनाईयुक्त पदार्थ लगा रहता है। इस चिकनाईयुक्त पदार्थ को वरनिक्स कहते हैं। बच्चे को साफ कपड़े से पोंछने या बच्चे को स्नान कराने से यह चिकनाईयुक्त द्रव शरीर से बाहर आ जाता है।

बच्चे के चेहरे पर कुछ सूजन, आँखों का धंसा रहना और बच्चे का सिर का कुछ भाग उठा-सा दिखाई पड़ता है जिसको कैपुट कहा जाता है। यह सब समय के साथ ठीक हो जाता है। बच्चे के पैदा होते समय सिर पर जो मांसपेशियों का जोर लगता है । उससे कैपुट बन जाता है। परन्तु यह कुछ ही दिनों में ठीक हो जाता है। बच्चे के जन्म के समय बच्चे की छाती कुछ बढ़ी हुई होती है। प्रसव में यदि लड़की होती है। तो उसके मूत्रद्वार के दोनों ओर की त्वचा लेबिया कुछ अधिक भूरी और सूजी हुई होती है और कुछ भाग बाहर निकलता दिखाई देता है। कभी-कभी थोड़ा-सा रक्त भी आ जाता है इसी प्रकार लड़के में अंडकोषों का बड़ा होना या कुछ हल्के नीले ब भूरे रंग का दिखाई पड़ना आदि सामान्य बातें होती है जो समय के अनुसार बदल जाती है। गर्भावस्था के समय महिला को यह निर्णय ले लेना चाहिए कि उन्हें प्रसब घर में या अस्पताल में करवाना है। गर्भावस्था के दौरान महिला की किसी स्त्री रोग से विशेषज्ञ से करवानी चाहिए।

प्रसव से हुई जननांगों की पीड़ा कब तक रहती है, सम्भोग का प्रारम्भ कब तक किया जा सकता है?

सामान्यतः चलने और बैठने से होने वाली असुविधा के एक महीने तक समाप्त होने की आशा की जा सकती है पर दो महीने आराम से लग सकते हैं। योनिपरक सम्भोग में होने वाली असुविधा को तीन महीने लगते हैं पर कभी-कभी छः महीने या अधिक भी लग सकते हैं।

प्रसव के बाद मूत्र त्याग में पीड़ा या पेशाब का बार-बार आना और बल्वा में जलन के क्या कारण होते हैं?

प्रसव के बाद गर्भकाल के उच्च इस्ट्रोजन और प्रोजेस्ट्रोन जैसे हॉरमोन्स तेजी से कम हो जाते हैं जिससे योनि में और बल्वा के आन्तरिक म्युकोसल अस्तर में रूखापन आ जाता है। परिणामस्वरूप,

साबून से, रगड़ से, पैड के कैमिकल्स से, कंडोम और अन्य लगाने वाले लोशन से अंदर जलन हो तो वह बहुत कष्ट देती है।

प्रसव के बाद क्या प्रायः औरतों को अनियंत्रित गैस निष्कासन अथवा मल त्याग की समस्या होती है?

योनिपरक प्रसव के बाद कुछ को अपने मल अथवा गैस को रोकना मुश्किल हो जाता है अधिकतर मलद्वारा की स्फिन्स्टर मांसपेशियों में घाव के कारण होता है, घाव के उपचार के बाद भी कई बार ऐसा हो जाता है।

प्रसव के बाद योनि के खुल जाने या श्रोणि भ्रंश के सन्दर्भ में क्या किया जाना चाहिए?

इस के लिए डॉक्टर-फिजियोथैरेपिस्ट से सम्पर्क करें जो कि मांसपेशियों के खिंचाव को कम करने के लिए केगलस व्यायाम सुझाव देंगे।

नवजात शिशु के आगमन की तैयारी

कई स्त्रियों के लिए प्रसव का समय एक तनावपूर्ण और भयदायक अवस्था होती है। इसलिए वह चिकित्सक द्वारा बार-बार विश्वासपूर्ण तथा प्रोत्साहनयुक्त शब्द सुनने की इच्छुक होती है। इस तरह चिकित्सक या नर्स का दृष्टिकोण और व्यवहार इस समय विशेष महत्त्वपूर्ण होता है। चिकित्सालय में आते ही गर्भवती स्त्री, जो प्रसव के लिए आई है, को फव्वारे के नीचे स्नान करने को कहा जाता है। इस समय में चिकित्सक को उसका पिछला रिकार्ड देखने का मौका मिल जाता है। इसके बाद स्त्री के प्यूबिक रोम की सफाई की जाती है तथा एक एण्टीसेप्टिक मरहम लगाया जाता है। स्त्री का मूत्र परीक्षण के लिए भेजा जाता है और इसके उपरांत एक गुनगुने पानी का एनीमा भी उसको दिया जाता है। एनीमा के स्थान पर सपोजीटरी भी दिया जा सकता है। स्त्री के सामान्य परीक्षण के उपरांत तापमान नाड़ी की गति तथा रक्तचाप को भी अंकित किया जाता है। उसके बाद योनि मार्ग द्वारा भ्रूण का परीक्षण किया जाता है। जिससे भ्रूण की दिशा एवं स्थिति के बारे में सही जानकारी मिलती है। इस समय रक्त और ग्लूकोज की भी जरूरत हो सकती है। अतः रक्त चढ़ाने के लिए तथा ग्लूकोज सैलाइन आदि की तैयारी पहले से ही कर ली जाती है।

प्रथम प्रसव के समय स्त्री को प्रोत्साहन अथवा उत्साहपूर्ण शब्दों की जरूरत होती है। वह मित्रतापूर्ण सहानुभूतिपूर्ण व्यवहार की अपेक्षा करती है। कम और तीव्र दोनों संकुचनों के मध्य वह चल सकती है, बैठ सकती है, टेलीविजन देख सकती है तथा मैगजीन पढ़ सकती है। लेकिन जैसे ही सिर ग्रीवा के निकट उतरता है उसको चलना अथवा बैठना नहीं चाहिए। तब वह तकिए की मदद से बैठे या एक पार्श्व में लेटे रहे। प्रसव पीड़ा के आरंभ होने के बाद बर्फ के टुकड़ों के अलावा मुँह द्वारा कुछ भी नहीं देना चाहिए क्योंकि उस समय शनाशय निष्क्रिय हो जाता है। परिणामस्वरूप उसको उल्टी हो सकती है और अगर उसको किसी आवश्यकता के कारण बेहोश करना पड़े तो वह पदार्थ उल्टी द्वारा पुनः फेफड़े में पहुँच सकता है। इस अवस्था में स्त्री को बार-बार मूत्राशय को खाली करने का भी सुझाव दिया जाता है। ऑल्ब्यूमिन एवं एसीटोन की उपस्थिति जानने के लिए मूत्र का परीक्षण भी किया जाता है। पन्द्रह या तीस मिनट के अन्तर से भ्रूण के हृदय की धड़कन भी सुनी जाती है। जो 120 से 160 प्रति मिनट तक सामान्यरूप से होती है। अगर यह धड़कन 100 से कम होती है तो यह समझ लेना चाहिए कि भ्रूण किसी न किसी प्रकार के आफत में है।

दूसरी अवस्था में गर्भवती को सक्रिय सहयोग की जरूरत होती है। इस समय ग्रीवा योनि मार्ग के फटने का डर रहता है। मूत्र के निकास में अगर स्त्री कठिनाई का अनुभव करें तो कैथीटर का प्रयोग किया जा सकता है। स्त्री को पीने के लिए ठण्डा पानी अथवा बर्फ का टुकड़ा मुँह में रखने के लिए देना उचित होता है। इस अवस्था में स्त्री को किसी भी परिस्थिति में अकेला नहीं छोड़ना चाहिए। देखभाल करने वाले व्यक्तियों को इस समय स्त्री को प्रोत्साहन देना तथा उत्साहपूर्ण शब्दों द्वारा उसको दिलासा देना जरूरी है। शिशु के जन्म लेने के साथ ही उसकी आँख, नाक आदि को साफ पानी में रूई भिंगोकर, साफ करना चाहिए। शिशु के मुँह से एवं नाक से श्लेष्मिक स्राव होने लगता है। जरूरत होने पर कभी-कभी नली द्वारा चूसकर भी उनको साफ किया जाता है। जन्म के तुरन्त बाद शिशु को अपरा के स्तर के नीचे पकड़ना चाहिए जिससे उसको 60 मिमी तक अतिरिक्त रक्त मिल जाता है। नाभि को एक दो मिनट ठहरकर ही बाँधना उचित होता है। क्योंकि अतिरिक्त रक्त के मिलने से अधिकतर शिशुओं के गुर्दे एवं श्वसन सम्बन्धी कठिनाइयाँ नहीं रह पाती।

जन्म के उपरांत शिशु अपने हाथ पैरों को हिलाता है तथा पहले प्रश्वास के साथ ही उसका पहला रोना निकलता है। श्लेष्मा के साफ न हो पाने से शिशु देर से रो पाता है। इसके बाद शिशु नियमित श्वास लेने लगता है। शिशु को भली प्रकार पोंछकर गर्म कपड़े में लपेटकर सुलाया जाता है, जिससे उसकी शारीरिक गर्मी का नाश कम हो। अब शिशु का वजन तथा लम्बाई को अंकित किया जाता है। उसके शरीर पर शेष लगे रह गए खून, श्लेष्मा या मल को साफ रूई से हटाया जाता है। उसे साधारणतः नहलाया नहीं जाता है पर हेक्सा क्लोरोफेन मरहम से साफ किया जाता है। उसके बाद तुरन्त साफ किया जाता है क्योंकि अन्य औषधियों का शिशु की कोमल त्वचा द्वारा शोषित होने की और इससे बाँटे जाने की सम्भावना तीव्र रहती है।

24 घण्टे बाद नाभि रज्जु के कटे हुए भाग को पुनः खोलकर बाँधा जाता है तथा उसके आस-पास मरहम लगाया जाता है। पहले चार दिनों में शिशु का वजन 5-10 औंस तक कम होता है। क्योंकि इस समय शारीरिक तरल पदार्थों का निष्कासन होता है। माता के स्तनों में दूध का स्राव जब तक नियमित नहीं हो जाता है तब तक शिशु को भूखे रहना पड़ता है। इससे निर्जलीकरण ज्वर की भी संभावना बनी रहती है। चौथे दिन के उपरांत वजन बढ़ने लगता है और 10 वें दिन तक जन्म के समय के वजन के लगभग बराबर हो जाता है। इसके बाद प्रति सप्ताह 4 से 7 औंस तक शिशु का वजन बढ़ता है।

पहले दो दिनों में शिशु के मल गहरे हरे रंग का होता है। इस समय उसका मल चिपचिपा तरल पदार्थ जैसा होता है, जिसको मेकोनियम कहते हैं। उसकी आँतों में जीवाणुओं की उपस्थिति लगभग नहीं के बराबर होती है, जो दूध पीने के उपरांत धीरे-धीरे बढ़ने लगती है। धीरे-धीरे मल का रंग भी पीला सा हलका हरा हो जाता है। स्तनपान कराने से मल नर्म, कम बदबूदार तथा पीला होता है। माता के स्तनों के दूध के स्थान पर अन्य प्रकार के दूध से मल निकास अनियमित, सख्त, गहरा पीला तथा बदबूदार होता है।

नवजात शिशु के शरीर में तापमान के नियन्त्रण की क्षमता बहुत कम होती है। इसलिए गर्मी के दिनों में रोने से अथवा श्वास से वह अधिक नमी को वाष्पीकृत कर लेता है। अगर तरल पदार्थों से उसकी पूर्ति नहीं की जाती है तो शिशु को उच्च ज्वर हो जाता है। मुँह सूख जाता है। कलांतराल धँस जाता है तथा वजन कम हो जाता है। उस अवस्था में 24 घण्टे तक 200 मिली सैलाइलन मुँह द्वारा शिशु को देना चाहिए। शिशु के शरीर में पानी की मात्रा के बढ़ाने से ज्वर कम हो जाता है।

समय से पहले जन्म लेने वाले बच्चों के लिए विशेष सेवा और देखभाल की जरूरत होती है। उनको गर्म इन्क्यूबेटर से रखना पड़ता है, जो कि गर्भाशय की ही नकल होता है। उसमें संक्रमण होने की सम्भावना रहती है। इसलिए अत्यन्त सावधानी रखने की जरूरत होती है। ऐसे शिशु के लिए पोषण तो उच्च होना ही चाहिए। साथ ही तापमान के अलावा ऑक्सीजन का पूर्ति भी नियंत्रित रूप से की जानी चाहिए। उनमें पीलिया होने का डर रहता है।

शुरुआती दिनों में अधिकतर शिशुओं का बर्ताव

1. जितना हो सके शिशु को अपने शरीर के पास रखें ताकि भूख लगने के छोटे से छोटे संकेत की ओर ध्यान दे सकें। कुछ शिशु बहुत ज्यादा समय तक नींद लेते हैं और भूख लगने पर जागते हैं। कुछ शिशुओं को भूख से भी ज्यादा नींद प्यारी होती है, ऐसे में उसे समय-समय पर फीड करने का ध्यान आपको रखना होगा।

2. शिशु स्वस्थ है या नहीं यह सुनिश्चित करने के लिए उसका रूटीन हेल्थ चेकअप जरूरी होता है।

प्रसव से आसानीपूर्वक निपटने के टिप्स

प्रेगनेंसी के समय लेबर यानी की प्रसव से निपटना बहुत ही जरुरी है। एक बार जब आप दिमागी रूप से इससे निपटने की तैयारी कर लें तब आपको लेबर पेन बिल्कुल भी कष्टदायक नहीं लगेगा। हर गर्भवती प्रसव के दर्द के नाम से काँप जाती है इसलिये आज हम आपको कुछ टिप्स बताएंगे जिसे अपना कर आप इस लेबर पेन से उबर सकती हैं।

घर पर रहें—जब आप डिलवरी के लिये तैयारी कर रही हों तो आपको घर पर ही रहना चाहिये। थोड़ी-सी भी लापरवाही बच्चे के लिये नुकसानदायक हो सकती है इसलिये बेफिजूल में घर में बाहर निकलने से बचें। घर पर आपको ना धक्का मुक्की की चिंता रहेगी और आप अपने मन के ढीले-ढाले कपड़े भी पहन सकती हैं।

अकेली ना सोयें—गर्भवती महिलाओं को सोते समय बुरे सपने आना आम बात है। ब्लड प्रेशर कभी हाई से लो हो जाता है जिसके साथ ही तनाव और थकान का भी अनुभव होता है जिसके कारण रातभर नींद नहीं आती। इस बात के लिये पति जिम्मेदार होता है कि वह अपनी बीवी को अकेले ना सोने दें।

सकारात्मक सोचिये–आपको प्रसव के दर्द को सकारात्मक रूप से लेना चाहिये। यह ऐसा दर्द है जो कि कम समय के लिये होता है। जबकि कुछ महिलाओं को यह दर्द 2-4 घंटों के लिये होता है साथ ही कुछ और भी महिलाएँ हैं जिन्हें 36-45 घंटों तक के लिये दर्द होता है। अगर आपको दर्द की चिंता हो रही है तो योगा करने की सोचें, यह आपको जरुर मदद करेगा।

तैयार रहें–आपको किसी भी समय पर हॉस्पिटल जाना पड़ सकता है तो ऐसे में अपनी जरुरत की सारी तैयारियां करके रखें, जैसे सेनेट्री नैप्किन, बेबी नैप्किन और कपड़े आदि। अपने सामानों को पैक करके रखें और अपने परिवारजन तथा पति को इस बारे में सूचित करें, जिससे जरुरत पड़ने पर उन्हें समान ढूंढना ना पड़े।

खायें, सोयें और व्यायाम करें–प्रसव के पहले, गर्भवती महिला को अच्छा खाना और अच्छी प्रकार से सोना चाहिये। इससे तनाव कम होता है और शरीर को जिस पोषण की जरुरत होती है वह भी प्राप्त होता है। आहार में फॉलिक एसिड शामिल करें और डॉक्टर से पूछकर एक्सारसाइज करें।

प्रसव के पहले और बाद जरूरी सावधानियाँ

औरत के लिए प्रसव एक तरह से दूसरा जन्म कहा जाता है। आंकड़ें बताते हैं कि जिन औरतों के मामलों में गर्भावस्था के दौरान आवश्यक सावधानी नहीं बरती जाती, समय पर उनका इलाज नहीं कराया जाता, उन औरतों में प्रसव के दौरान रिस्क बहुत बढ़ जाता है। इसलिए जरूरत इस बात की है कि सावधानी बरतकर प्रसव को सुखद और सुरक्षित बनाया जाए। गर्भावस्था के दौरान औरतों के शरीर में तमाम तरह के बदलाव होते हैं। अगर समय पर इन बदलावों को डॉक्टर से बात करके सलाह ले ली जाए तो प्रसव के दौरान आने वाली बहुत सारी परेशानियों से बचा जा सकता है। शरीर में जब भी किसी तरह का संकट आने वाला होता है, उसके कुछ लक्षण पहले दिख जाते हैं। जरूरी है कि इन लक्षणों को सही ढंग से समझकर आने वाले संकट का मुकाबला करने के लिए शरीर को तैयार कर लिया जाए। इन लक्षणों को जब नजरअंदाज कर दिया जाता है तो शरीर किसी न किसी गंभीर बीमारी के जाल में फंस जाता है। इसलिए इन लक्षणों को छिपाना नहीं चाहिए और अपने डॉक्टर से मिलकर इन पर खुलकर बातचीत करनी चाहिए। अगर डॉक्टर उचित समझेगा तो जाँच करा कर आने वाली परेशानी को समझ लेगा।

गर्भावस्था में पेशाब का बार-बार आना कोई खतरनाक बात नहीं होती है। गर्भाशय के बढ़ जाने से मूत्राशय पर इसका दबाव पड़ता है, जिसके कारण यह होता है। यदि पेशाब में जलन हो तो इसके बारे में डॉक्टर की राय जरूर लेनी चाहिए।

गर्भावस्था में उलटी का होना भी स्वाभाविक माना जाता है। 50 प्रतिशत मामलों में सुबह सोकर उठने पर उल्टी जरूर होती है। यदि उल्टी पूरा दिन हो तो डॉक्टर से सलाह जरूर लें।

गर्भावस्था के दौरान कब्ज की शिकायत भी बहुत होती है। इससे बचने के लिए खानपान का ख्याल रखें। ज्यादा मात्रा में तरल पदार्थ वाला रेशेदार फल और सब्जियों के खाने से भी इस परेशानी से बचा जा सकता है।

गर्भावस्था के बढ़ने के साथ बच्चों का विकास होता है जिसका असर कमर और हड्डियों पर पड़ता है। इससे शरीर और कमर के आस-पास दर्द होता रहता है। इससे बचने के लिए स्लीपर्स

पहनें, चलने-फिरने में सावधानी बरतें। डॉक्टरी सलाह पर कुछ व्यायाम करके भी इस तरह के दर्द से बचा जा सकता है।

गर्भावस्था में सीने में होने वाली जलन का हृदयरोग से कोई ताल्लुक नहीं होता है। इसका कारण ग्रास नली में द्राह का होना होता है। इससे बचने के लिए एकसाथ भोजन करने के बजाय थोड़े-थोड़े समय पर भोजन करें। अगर साँस लेने में ज्यादा तकलीफ हो तो डॉक्टर से मिलकर बात करें।

गर्भावस्था के आखिरी महीनों में पैरों में ऐंठन होने लगती है। कुछ दवाओं के लेने से इसमें आराम मिलता है। इस दौरान पैरों में सूजन भी हो जाती है। इससे बचने के लिए नमक कम खायें और प्रोटीन वाला भोजन करें। रात को सोते समय पैरों के नीचे तकिया रखकर सोने से सूजन कम होती है।

गर्भावस्था के दौरान सेक्स किया जा सकता है। जिन औरतों को गर्भपात और पहले प्रसव के समय अगर कोई गड़बड़ी हुई हो तो उन्हें इससे परहेज करना चाहिए। खतरे के लक्षण गर्भावस्था के दौरान कुछ लक्षणों को कभी नजरअंदाज नहीं करना चाहिए। समय पर इनको समझ कर प्रसव को सुरक्षित और आसान बनाया जा सकता है।

योनि, गुदा और स्तन से थोड़ा-सा भी खून रिसता हुआ दिखाई दे तो इसको नजरअंदाज नहीं करना चाहिए।

अगर चेहरे और हाथों में सूजन हो या किसी तरह का कोई उभार हो तो अपने डॉक्टर से बात जरूर करें।

तेज सिरदर्द भी गर्भावस्था में किसी न किसी गंभीर बीमारी का संकेत देता है।

आँखों के सामने अगर अंधेरा छा जाता है या फिर धुंधला दिखाई देता है तो इसको नजरअंदाज नहीं करना चाहिए। पेट में तेज दर्द, कंपकंपी और बुखार भी खतरनाक संकेत माने जाते हैं।

योनि से तरल पदार्थ का निकलना भी खतरे का संकेत है। इसको नजरअंदाज नहीं करना चाहिए।

पेट में बच्चों का घूमना पता न चले तो भी मामला खतरनाक हो सकता है। प्रसव के बाद सावधानी कई बार ठीक-ठाक प्रसव होने के बाद भी कुछ परेशानियाँ हो जाती हैं। प्रसव के बाद औरत को सामान्य होने में कुछ समय लग जाता है। इसमें सबसे बड़ी समस्या योनि से खून का बहना होता है। आमतौर पर यह सामान्य बात होती है। कभी-कभी इसमें किसी बीमारी के लक्षण भी छिपे होते हैं। इसलिए प्रसव के बाद भी अगर कोई इस तरह की परेशानी आए तो उसको नजरअंदाज नहीं करना चाहिए।

शिशु का जन्म ऑपरेशन से हो या फिर सामान्य रूप से, शरीर प्रसव के बाद अनावश्यक म्यूकस, प्लेसेंटल टिशूज और खून को बाहर कर देता है। यह प्रसव के 2 से 3 सप्ताह तक चलता है। कभी-कभी 6 सप्ताह तक भी चलता है। इसकी परेशानी को कम करने के लिए ज्यादा आराम करें। खड़े रहने और चलने से परहेज कर खून को सोखने के लिए पैड्स का प्रयोग करें।

यह अपने आप ठीक हो जाता है। अगर खून का बहना काफी मात्रा में हो, बुखार हो और ठंड लगे, डिस्चार्ज में कोई गंध हो तो डॉक्टर से संपर्क करें।

पोस्टपार्टम हेमरेज प्रसव के बाद की गंभीर किस्म की बीमारी होती है जिसमें सामान्य से अधिक खून बह जाता है। इसका कारण प्लेसेंटा का पूरी तरह से बाहर न निकलना, प्लेसेंटा का जबरन बाहर खींचा जाना, प्रसव के दौरान गर्भाशय, सर्विक्स या योनि पर चोट लगने से होता है। हमारे देश में प्रसव के चलते होने वाली मौतों में 10 प्रतिशत मौतें इस कारण से ही होती है।

पोस्टपार्टम हेमरेज का पता चलते ही डॉक्टर को अपनी परेशानी के बारे में बताना चाहिए, जिससे वह इलाज कर के मरीज को बचा सके। इस दौरान शरीर की सफाई का खास ख्याल रखें।

लगातार बुखार बना रहे तो यह किसी इन्फेक्शन के कारण ही होता है। इसको कभी नजरअंदाज न करें।

स्तन में गाँठ या दूध पिलाने में दर्द हो तो भी डॉक्टर से सलाह लेनी जरूरी होती है।

अनचाहे गर्भ को रोकने के लिए गर्भनिरोधक साधनों का इस्तेमाल करें।

अन्त में....

हमें विश्वास है कि प्रस्तुत पुस्तक में आपको गर्भावस्था में देखभाल करने संबंधी आपकी संपूर्ण जिज्ञासाओं का समाधान मिल गया होगा। मातृत्व एक गंभीर विषय है। इससे संबंधित अन्य जानकारियों के लिए आप हमारे यहाँ से इस विषय पर प्रकाशित कोई अन्य पुस्तक लेकर अपने मन में आये अपनी तमाम आशंकाओं का समाधान पा सकती हैं।

आत्म–विकास/व्यक्तित्व विकास

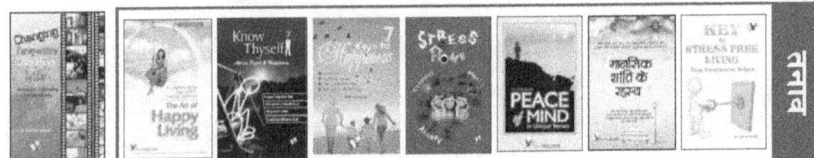

Also Available in Hindi

Also Available in Hindi

Also Available in Kannada

Also Available in Kannada

हमारी सभी पुस्तकें www.vspublishers.com पर उपलब्ध हैं

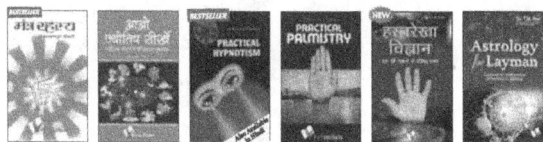

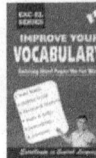

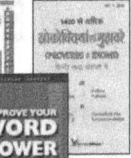

www.ingramcontent.com/pod-product-compliance
Lightning Source LLC
Chambersburg PA
CBHW071445090426
42737CB00011B/1792